현직 경찰대 교수가 말하는 범죄학과 인문학의 만남

사이코패스의 저편

사이코
패스의
저편

초판 1쇄 발행. 2022년 3월 31일
　2쇄 발행. 2022년 12월 31일

지은이. 노성훈
펴낸이. 김태영
독자편집. 김근회, 김나정, 김희경, 문설희, 새우, 설정아, 신경재,
　　　　　이건임, 이지은, 조아름, 조윤희, 최은지

발행. 도서출판 큐
주소. 경기도 고양시 덕양구 청초로 66, 덕은리버워크 B동 1403호
전화. 02-323-5609
팩스. 02-337-5608

ISBN 979-11-91811-05-6 (03330)

※이 책의 저작권은 지은이에게 있습니다. 저작권 법에 따라 보호를 받는 저작물이므로
　어떤 형태로든 무단 전재와 복제를 금합니다.
※파손된 책은 구입하신 곳에서 교환해드립니다.

현직 경찰대 교수가 말하는
범죄학과 인문학의 만남

사이코패스의 저편

노성훈 지음

일러두기
이 저서는 2017년 대한민국 교육부와 한국연구재단의 지원을 받아 수행된 연구입니다.
(NRF-2017S1A6A4A01021099)

추천사
06

서문
07

1. 사이코패스의 뇌, 범죄자의 DNA

11 : 유전자

2. 나를 증명하기 위해 너를 공격한다

41 : 젠더

3. 삶의 의미, 폭력이 되다

81 : 존재론적 불안

4. 완벽하게 아름답다는 착각

117 : 혐오

5. 당신의 사이코패스 점수는 몇 점?

141 : 범죄자의 탄생

6. 돈이 잡아먹은 인간의 욕망

169 : 자본주의

7. 잘못은 아니지만 범죄입니다

195 : 범죄의 의미

8. 다시 한 번 기회를 줘도 될까요?

229 : 변화

9. 공공의 적이 사라지지 않는 이유

263 : 권력

추천사

한국 범죄학계를 이끄는 경찰대학 노성훈 교수의 본 저서에는, 범죄학의 지배적인 관점 중 하나인 실증주의에 가려 그간 접근이 미흡했던 범죄에 대한 철학적인 질문을 통해, 기존 담론의 공백을 메워 균형을 맞추려는 귀중한 노력이 담겨 있다. 이 책을 통해 범죄학에 대한 대중의 관심이 사이코패스와 연쇄살인 등 일부 주제에 편향되어 있는 한계를 넘어서서, 인문학의 관점에서 범죄 현상을 보다 넓고 다양한 시각에서 바라볼 수 있게 될 것이다.

― 박지선(숙명여자대학교 사회심리학과 교수)

흉악 범죄, 언제까지 분노만 할 것인가? 범죄의 완전한 근절은 과연 가능할까?《사이코패스의 저편》은 범죄의 현실 속에 사는 우리로 하여금 차분히, 그리고 우리가 사는 세상을 깊이 생각할 기회를 준다. 일독을 권한다.

― 표창원(표창원범죄과학연구소 소장)

서문

 범죄 현상에 대한 철학적 질문과 탐구가 과연 필요할까? 답은, '너무나도 그렇다.' 우리나라 범죄학은 사회학적 실증주의에 뿌리를 둔다. 그래서 귀납적 논리, 인과 관계 법칙, 표본 조사, 정교한 통계 분석을 통해 범죄의 원인을 실증적으로 밝히고자 한다. 그런데 이것이 지나친 나머지 비교적 근래에 등장한 포스트모더니즘 범죄학은 말할 것도 없고, 서구에서 주류에 속하는 비판범죄학 마저 한국에서는 설 자리를 찾지 못하고 있는 형편이다. 과학주의에 경도된 탓이다. 사상적 편식이다.
 범죄학에 대한 학문적 영양 불균형은 과학적 지식에 대한 맹신과 사회 현상에 대한 이해 결핍을 초래했다. 오로지 형법 범죄만이 범죄학의 연구 대상이 되고 폭력 범죄와 재산 범죄 같은 양적 분석이 가능한 범죄에만 연구가 집중된다. 실증주의라는 학문적 틀에 갇힌 셈이다.

범죄, 엔터테인먼트가 되다

사람들이 생각하는 범죄 현상 인식은 사실 심각하게 왜곡된 상태다. 더 큰 센세이셔널리즘을 추구하는 언론은 살인, 강간 등 이른바 이목이 집중되는 사건에 치중하고, 범죄 현상을 자극적이고 선정적인 콘텐츠로 만들어 보도한다.

현실 범죄는 영화와 드라마 속에서 더욱 흥미로운 스토리로 재탄생해 실제에서 더 멀어지기 일쑤다. 미디어가 쏟아내는 사이코패스와 연쇄살인은 일반 대중의 두려움과 불안을 부채질하며 소모되고 곧 사라진다. 드라마 《CSI: 과학수사대》 속 수사관의 손끝의 범죄 '과학' 덕분에 사건 현장에 남겨진 혈흔, 족적, 지문만이 범죄의 구체적인 형상으로 여겨지는 것이다!

미디어 컨슈머리즘은 현실 범죄를 이미지로, 이미지는 실제보다 더 실제 같은 시뮬라크르simulacre로 뒤바뀌고 대중은 범죄학을 하나의 기호가치로 소비한다. 대중의 관념 속 범죄학은 유사과학pseudoscience의 형태로 존재할 뿐이며 어느덧 상품이 되어버린 범죄 현상에 그저 과학적 리얼리티를 덧입히는 역할을 수행할 따름이다.

이리하여 범죄학은 살인자와 성범죄자의 불가사의한 심리를 이해할 수 있도록 도와주는 해설서이자 범죄자를 검거하고 사건을 해결하는 데 지침을 제공하는 매뉴얼처럼 취급된다. 범죄 프로파일링, 현장 감식CSI 등 실무 차원의 수사기법은, 과학이라는 키워드를 매개로 범죄학과 연합하였다. 범죄 프로파일링이 추구하는 과학적 분석은 '인간 존재'로서 살인범이 간직한 고유성과 주체성을 박탈하고 분석 대상을 철저히 객관화, 사물화한다. 그러나, 이

것이 범죄학의 전부일까?

범죄학, 인간을 사유하다

　나는 범죄 현상을 둘러싼 철학적 담론을 다시 살피고 철학과 범죄학의 단절된 관계를 회복시키며 범죄학의 인문학적 잠재성을 바라보고자 한다. 범죄학에 내재되어 있는 철학적 본성을 재발견해 범죄학적 르네상스를 추구하는 것이 이 책의 의도이다. 왜냐하면, 범죄야말로 우리 인간과 우리가 사는 세상을 가장 적나라하게 보여주는 한 이면이기 때문이다.

　범죄자는 타고나는 것일까? 그들은 왜 범죄를 저지르는 것일까? 범죄란 과연 무엇이고, 무엇이 범죄를 부추기는 걸까?

　이 책 곳곳에서 나는 범죄에 관한 철학적 해석과 우리가 망각했던 철학적 텍스트의 복원을 시도하였다. 비유컨대 범죄학자와 철학자가 만나 펼치는 담론의 장이라고 할 수 있겠다.

　실증주의에 의해 단순화된 형이상학적 전제들을 비판의 대상으로 삼았다. 실증주의 프레임으로부터 해방된 범죄는 철학이라는 드넓은 사유의 바다 속에서 비로소 더 폭넓고 다양한 방식으로 재해석되고 이해되는 것이다.

　이 책을 계기로 대중매체의 상업주의, 법 만능주의식 형사정책, 범죄 전문가들의 편향적이고 왜곡된 지식, 그리고 유사과학의 맹신으로 형성된 범죄 현상에 대한 오해가 극복되길 바란다. 또한 현재 한국 범죄학계를 지배하고 있는 과학주의 관점(범죄학은 과학적 방법으로 범죄 원인을 규명하는 학문)과 실용주의적 관점(범죄 문제 해결을 위한 효과적인 대책을 제시하는 학문)에서 탈피할 수 있는 계기가 되기를 기대한다.

   범죄학이란 본래 인간에 대한 학문이다. 기존의 범죄학 지식에 대한 반성과 건강한 비판이 시도되고, 사회학적 실증주의 중심으로 공고해진 학문적 편향성을 어느 정도 해소할 수 있었으면 좋겠다. 우리의 삶과 세상을 들여다보는 또 하나의 유의미한 시간이 되기를 바라며.

   끝으로 범죄학에 잠재된 인문학적 본성에 공감해주신 텍스트CUBE의 김무영 대표님과 편집과 제작, 홍보에 많은 도움 주신 모든 선생님들께 감사드린다. 가장 가까운 곳에서 항상 응원해주고 기도해주는, 사랑하는 아내에게도 감사의 마음을 전한다.

2022년 2월 22일
아산 경찰대학에서

노성훈

1. 사이코패스의 뇌, 범죄자의 DNA

유전자 | 젠더 | 존재론적 불안
혐오 | 범죄자의 탄생 | 자본주의
범죄의 의미 | 변화 | 권력

유진은 뇌 편도체에 불이 들어오지 않는 아이였다. 먹이사슬로 치자면 포식자. - 소설《종의 기원》중

소설《종의 기원》의 주인공 유진은 일명 '포식자'로 불리는 최고 단계의 사이코패스다. 어린 시절 아버지와 친형을 죽음에 이르게 한 일로 사이코패스 진단을 받았다. 그래도 그의 어머니는 포기하지 않고 약물치료를 하면 아들이 평범한 인간답게 살아갈 수 있을 거라 믿는다.

하지만 청년이 된 유진은 부작용을 이유로 어머니 몰래 약을 끊어버리고 급기야 악한 본성에 이끌려 살인을 저지르고 만다. 그리고 이 사실을 알게 된 가족들을 차례차례 살해한다.

유진은 타고난 살인자다. 뇌 편도체의 이상 탓에 어지간해서는 흥분하지 않는다. 죄책감이나 공포심도 거의 느끼지 못한다. 그의 심장이 두근거리려면 살인과 같은 특별한 무언가가 필요했다.

유진과 같은 존재가 실제로 내 주변 어딘가에 있을지 모른다고 생각하면, 상상만으로도 두려움이 몰려온다. 타고난 범죄자가 두려운 이유는 범죄가 필연적이며 불가피하다고 여겨지기 때문이다.

유진의 어머니는 아들의 범죄자 운명을 바꿔보려 했지만 결국 실패하고 만다. 마침내 아들의 손에 죽임을 당하는 순간에야 어릴 때 없애버리지 못한 것을 후회한다. 그리스 신화 속 오이디푸스는 자신이 아버지를 죽이고 어머니와 동침할 것이라는 신탁을 받고 부모 곁을 떠났지만 신이 정해놓은 운명을 피할 수는 없었다. 살인자의 유전자를 가지고 태어난 유진이 살인자의 길에서 벗어날 수 없었던 것처럼.

만일 모든 범죄자가 유진처럼 유전적으로 결정되어 있다면 어떨까? 유전자 검사로 뱃속에 있거나 갓 태어난 아기 중에서 장래에 범죄자가 될 아기를 분별할 수 있다면? 어쩌면 완벽한 범죄예방이 가능해질지도 모른다. 범죄자가 될 아기를 집중적으로 치료하고 관리하여 범죄성이 발현되지 않도록 하면 말이다.

범죄자를 결정하는 인자로 범죄예측이 가능해지면 사전에 범죄행동을 막는 것이 가능하다. 유진의 어머니가 아들이 선천적인 원인 때문에 살인자가 될 수밖에 없다는 걸 알았더라면, 그래서 전문가에게 아들을 맡겼더라면 끔찍한 살인을 모면할 수 있었을 것이다.

영화 《마이너리티 리포트》(2002)에는 프리크라임precrime이라는 이름의 범죄예측시스템이 등장한다. 예지능력을 가진 세 명의 초능력자들이 누가 어디에서 살인을 저지를지 영상으로 보여주면 즉시 경찰이 현장에 출동하여 범인을 검거한다.

영화는 어떤 원인 때문에 살인을 저지르는지는 말해주지 않는다. 하지만 일단 예정된 살인은 어떤 이유로든 저질러질 수밖에 없다. 아직 피해자를 향해 방아쇠를 당기지는 않았지만 경찰의 제지가 없었더라면 분명 총을 발사했을 것이라고 예측하는 이유는 살인행위가 어떤 원인으로 인해 이미 예정되어 있다고 전제하기 때문이다.

인간행동의 예측 가능성은 기계론적 인간관을 배경으로 한다. 18세기 프랑스의 철학자 쥘리앵 오프루아 드 라 메트리Julien Offroy de La Mettrie는 인간의 신체가 물질로 구성된 기계에 불과하다고 주장했다. 인간 고유의 사유능력조차 감각에 의한 신체 작용의 일환이라는 것이다. 몇 세기 전 르네 데카르트René Desxartes가 주장했던 비물질적 형태의 영혼 같은 건 없다고 본 것이다.

기계로서의 인간은 인과율의 지배를 받는다. 생각과 행동은 원인이 되는 물질적 작용의 결과물이다. 기온이 영하로 내려가면 물이 얼음으로 바뀌듯이 인간에게 X라는 요인은 Y라는 생각과 행동을 유발한다. 아이작 뉴턴Isaac Newton의 고전역학에 의하면 물체에 미치는 힘이 운동을 유발하듯 원인적 사건은 반드시 결과적 사건을 일으킨다. 그리고 이러한 인과과정은 a는 b를 낳고, b는 c

를 낳고, c는 d를 낳고 하는 식으로 시간의 축을 따라 확장된다. 그렇기 때문에 a라는 과거의 원인이 d라는 먼 미래의 결과를 결정한다고 말할 수 있는 것이다.

세상의 모든 사건이 인과법칙에 의해 예정되어 있다는 주장이 결정론이다. 우리가 미래의 일을 예측할 수 있는 건 과거에 의해 미래가 결정되기 때문이다. 인간행동에 대한 예측이 가능한 건 과거 어느 시점의 원인이 미래의 행동을 결정하기 때문이다.

결정론에 따르면 우리가 미래를 정확히 예측하지 못하는 이유는 미래의 불확정성이 아니라 예측에 필요한 정보가 부족하기 때문이다. 오래전 프랑스의 수학자 피에르 시몽 라플라스Pierre Simon Laplace는 온 우주의 모든 원자의 위치와 운동량을 알고 있는 악마가 존재한다면 미래의 일을 완벽하게 예측할 수 있다고 말한 바 있다.

결정론적 세계 속에서는 범죄행동을 결정하는 원인을 찾아내어 장차 누가 범죄자가 될지 예측할 수 있지 않을까? 누가 유진과 같은 포식자인지도, 누가 전자발찌를 끊고 살인을 저지를지도 예측할 수 있지 않을까?

오늘날 뇌과학의 비약적 발전으로 인간이 생각 기계와 다름없다는 사실이 점차 입증되고 있다. 첨단 뇌 영상기법과 결합된 인지신경과학은 인간의 생각이 1.5킬로그램의 작은 회백질 덩어리에 불과한 뇌의 전기적·화학적 활동에서 비롯된 결과물임을 밝혀내는 중이다.

인간의 뇌를 모방한 인공지능은 이미 일부 영역에서 인간의 사고력을 능가하고 있다. 어쩌면 머지않은 미래에 영화 《블레이드 러너》(1982) 속 세상처럼 인간과 기계 사이의 경계가 사라지는 건 아닐까? 인간성을 가진 기계와 기계성을 가진 인간이 공존하는 세상이 되면 기계의 작동원리를 이해하듯 인간의 행동원리를 이해할 수 있게 될 것이다.

나쁜 씨를 찾아서

타고난 운명에 대한 믿음은 인류의 역사만큼 오래되었다. 누군가는 세상을 구원할 메시아로, 분열된 나라를 통일시킬 왕으로, 혹은 오이디푸스처럼 아버지를 살해할 아들의 운명을 타고났다고 믿었다. 하지만 근대에 이르러 과학을 만나면서 운명결정론은 인과적 결정론으로 탈바꿈하게 되었다. 19세기에 등장한 실증주의는 모든 현상에 원인이 있다는 인과론과 과학적 방법으로 원인을 규명할 수 있다는 과학적 합리주의의 결합체였다. 초기 실증주의 범죄학자들도 범죄의 원인을 밝히는 데 집중했다. 그리고 일차적 탐색의 대상으로 인간의 신체를 선택했다.

이탈리아 법의학자 체사레 롬브로소Cesare Lombroso는 실증주의 범죄학이 태동하는 데 선구적인 역할을 했다. 그는 유전적 결함으로 인해 태어날 때 이미 범죄를 저지르도록 결정된 자가 존재한다고 생각했다.

이러한 생각의 배경에는 우연한 만남이 있었다. 평소 교도소를 들락거리며 수감된 범죄자를 조사하던 롬브로소는 어느 날 병으로 사망한 어떤 재소자의 두개골을 열어보게 되었다. 그리고 척수와 뇌가 만나는 연결부위에서 직경 2-3센티미터 정도의 동공을 발견하였다. 이러한 동공은 인간의 뇌에서는 흔치 않으며 주로 여우원숭이과 동물에게서나 발견되는 것이었다. 훗날 롬브로소는 당시의 놀라움을 다음과 같이 묘사했다.

> 이것은 그저 하나의 생각이 아니라 계시였다. 그 두개골을 보는 순간 나는 불타는 하늘 아래 펼쳐진 광대한 평원처럼 돌연 모든 것이 밝게 빛나는 것 같았다. 범죄자의 본성은 바로 원시적인 인간성과 열등한 동물의 잔인한 본성이 범죄자에게 재현된 귀선유전 현상이었던 것이다.[1]

롬브로소에 의하면 생래적 범죄자의 신체에는 조상으로부터 물려받은 열등한 특징이 존재한다. 공통적으로 발견되는 특징으로는 두꺼운 두개골, 유달리 돌출한 안면부, 낮고 좁은 이마, 긴 팔, 뛰어난 시력 그리고 큰 귀 등이 있다. 그런데 이러한 특징을 조합해보면 원숭이가 떠오른다.

롬브로소는 성매매 여성의 발이 원숭이를 닮았고 그 때문에 엄지와 검지 발가락 사이가 벌어져 있어서 발로 쉽게 물건을 집을 수 있다는, 상식 밖의 연구 결과를 발표하기도 했다. 어쨌든 범죄자를 인간과 원숭이의 중간 어디쯤에 있는 존재로 여겼다. 그에게 범죄란 조상의 열등한 유전적 특징이 후대에 나타나는 일종의 유전적 퇴행 현상이었다.

만약 롬브로소의 주장이 옳다면 획기적으로 범죄를 줄일 수 있을 것이다. 신체검사를 통해 손쉽게 범죄자가 될 자를 걸러낼 수 있기 때문이다. 하지만 롬브로소의 연구 결과는 후대 범죄학자들에 의해 거의 인정되지 않았다. 연구방법에 있어서 결정적인 결함들이 발견되었기 때문이다.

그럼에도 여전히 일반인들의 관념 속에는 '범죄형 외모'가 존재한다. 이를 반영하듯 영화나 드라마의 악인 역할을 캐스팅할 때도 보편적인 범죄형 이미지가 적용된다. 심지어 영화《관상》(2013)에서는 얼굴 생김새만 보고도 살인범과 탐관오리를 분별할 수 있는 천재 관상가가 등장하지 않았는가? 그렇다면 타고난 범죄자의 신체적 특징은 단지 사람들의 편견 혹은 영화적 상상 속에만 존재하는 것일까?

2008년 뉴질랜드 오타고 대학교의 연구진은 비행청소년에 관해 아주 흥미로운 연구 결과를 발표했다. 뉴질랜드 태생 남자와 여자 천여 명을 출생 시점부터 청소년이 될 때까지 추적해 조사하였다. 그런데 이들 중 청소년기에 반사회적 행동을 보인 청소년에게서 공통적으로 몇 가지 신체적 특징이 발견되었다. 다른 아이에 비해 귀가 좀 더 아래쪽에 위치해 있거나 혀에 더 많은 주름이 있었다. 그리고 이러한 특징은 세 살 때부터 육안으로도 확인이 가능했다. 귀의 위치와 혀의 주름이 범죄성과 어떤 관계가 있는 걸까?

분석한 바에 따르면 이는 임신 중 태아가 음주, 마약, 스트레스 등의 어떤 부정적인 요인에 노출되어 신경이 제대로 발달하지 않을 때 나타나는 특징이었다. 그리고 신경적 결함은 아동기와 청소년기에 발현되는 인지행동장애와 연관되어 있다는 것이다.

　선대의 범죄성이 후대 자손에게로 유전되리라는 생각은 롬브로소의 주장 훨씬 전부터 존재해왔다. 부모의 외모와 성격이 자식에게로 전해지는 것처럼 범죄 기질도 유전될 것이라고 어렵지 않게 추측할 수 있다. 좀 더 확대하면 수백 년에 걸쳐 대대손손 범죄자의 피가 흐르는 저주받은(?) 가문을 상상해 볼 수도 있다. 과연 살인자의 가문이란 게 존재할까? 이탈리아 실증주의 범죄학을 계승한 미국의 우생학자와 생물학자들이 이 질문에 대한 해답을 찾으려 했다.

　대표적으로 우생학자 헨리 고다드Henry H. Goddard는 자신의 연구실에 있던 정신장애여성 데보라 칼리카크(가명)의 가계를 조사했다. 데보라의 5대 선조 마틴 칼리카크는 미국 독립운동에 참전한 영웅으로 퀘이커교도 여성과 결혼한 후 자손들로부터 존경받으며 풍요로운 삶을 살다 간 인물이었다. 결혼 전 마틴은 우연히 들른 술집에서 정신장애가 있는 여자 종업원 데보라를 만나 하룻밤 사랑을 나누게 되는데 이때 계획치 않게 임신을 하게 된다. 이런 사실을 모른 채 집에 돌아온 마틴 칼리카크는 후에 명망가의 여성과 결혼을 했고, 그때부터 두 개의 가지로 갈라진 칼리카크가의 유전나무는 여러 세대를 거치면서 자라났다.

　마틴과 법적 아내 사이에서는 총 490명의 자손이 생겨났고 모두 정상인으로 분류된 반면 정신장애여성 사이에서 난 자손 480명 중 정상인에 속한 사람은 46명에 불과했고 대부분 범죄자, 정신장애인, 또는 알코올 중독자로 밝혀졌다. 그리고 데보라의 정

신장애는 바로 '열등한' 가지를 따라 물려받은 것이었다.[2]

수많은 과학적 연구는 범죄 성향이 생물학적으로 유전될 가능성이 있다는 사실을 입증해왔다. 그중에서 입양아 연구는 유전과 양육의 상대적 크기를 비교하는 방식을 취했다. 어린 나이에 입양된 아이에게 발현되는 범죄 성향은 친부모에게서 물려받은 것일까 아니면 양부모가 제공하는 양육환경의 영향에서 비롯된 것일까?

심리학자 샤르노프 메드닉Sarnoff A. Mednick과 동료들은 14,427명의 덴마크 입양아의 범죄 성향과 그들의 친부모 및 양부모의 전과기록을 비교해 보았다. 분석 결과 입양아의 범죄 성향은 양부모보다는 친부모 쪽에 더 가까웠다. 범죄 전과 3범 이상의 친부모를 둔 남자 입양아는 전체 남자 입양아의 1%에 불과했지만 입양아의 범죄 중 30%를 저지른 것으로 밝혀졌다. 다만 메드닉은 자신의 연구가 범죄행동에 영향을 미치는 유전적 요소를 확인한 것에 불과하고 범죄의 유전적 결정론을 증명한 것은 아니라며 확대 해석을 경계했다.[3]

오늘날에도 유전적 범죄성에 대한 관심은 줄어들지 않은 듯하다. 펜실베니아대학교 범죄학자 아드리안 레인Adrian Raine은 그의 저서 《폭력의 해부》에서 가계에 흐르는 폭력성을 뒷받침할 만한 흥미로운 사례를 소개하고 있다. 제프리 랜드리건은 애리조나 주 교도소에 복역 중인 사형수였다. 태어나자마자 친부모로부터 버려졌지만 운 좋게 훌륭한 집안에 입양되어 양부모의 사랑 속에 성장했다. 하지만 아주 어릴 적부터 심각한 수준의 문제행동을 보였다. 이미 두 살 때부터 분노 조절에 문제를 보였고 열 살이 되자 음주를 시작했으며 청소년기에는 절도와 마약 복용으로 부모의 속을 썩였다. 급기야 홧김에 친구를 칼로 찔러 죽이고 징역 20년형을 선고받았다. 그러나 여기에서 멈추지 않았다. 교도소를 탈주한 뒤 강도 살인까지 저지르게 되고 결국 사형을 선고받고 복역 중이었다.

그런데 우연한 계기를 통해 한 번도 본 적이 없는 그의 친부가 살인을 저지르고 다른 교도소에 사형수로 복역 중이라는 사실을 알게 되었다. 어떤 재소자가 그와 꼭 닮은 사람을 다른 교도소에서 만난 적이 있다고 말해 준 것이다.

더욱 놀랍게도 오래전 제프리의 할아버지 역시 강도를 저지르다가 추격하는 경찰의 총을 맞고 사망한 범죄자였다. 훌륭한 가정에서 사랑으로 양육된 제프리가 살인자가 될 수밖에 없었던 이유가 생물학적 아버지와 할아버지 때문일까? 아니면 그저 우연의 일치에 불과할까? 레인은 '살인 유전자'는 분명 존재하며 어떤 좋은 환경으로도 절대 극복될 수 없다고 단언한다.

> 폭력의 유산을 물려받은 아기가 가난하고 비참한 삶으로부터 사랑으로 양육하는 훌륭한 가정으로 잘 옮겨졌지만 그럼에도 기어코 그 아기가 살인자가 되고야 마는 이 흥미진진한 자연실험은 유전에 의해 결정되는 폭력성향이 존재한다는 사실을 보여준다.[4]

영화 《나쁜 종자》(1956)는 레인의 주장을 그대로 옮겨 놓은 듯하다. 예쁜 미소를 가진 여덟 살 소녀 로다(패트리샤 맥콜막)는 타고난 사이코패스로서 자신이 원하는 걸 얻기 위해 서슴없이 친구를 살해한다. 선천적으로 타인의 감정을 공감하지 못하고 후회나 자책감을 느끼지도 못한다. 무엇 하나 부족함 없이 사랑과 정성으로 키워 온 딸이 잔혹한 범죄를 일삼는 모습에 로다의 엄마는 혼란스럽기만 하다.

모든 수수께끼는 나중에 로다 엄마의 출생의 비밀이 밝혀지면서 비로소 풀린다. 로다의 할머니는 악명 높은 연쇄살인범이었고 그녀의 '나쁜 씨'가 로다 엄마를 거쳐 손녀에게 격세유전되었던 것이다.

생물학적 범죄결정론은 그동안 주류 범죄학으로부터 멀리 벗어나 있었다. 초창기 유전학자, 생물학자들의 주도로 이루어졌던 연구는 인종차별적 선입견에 사로잡혀 유색인종을 태생적 범죄자로 낙인찍었다고 신랄하게 비판 받았다.

연구방법론적인 오류와 결함이 속속 드러나면서 연구 결과에 대한 신뢰성을 의심 받았고 심지어 연구 결과를 인위적으로 조작했다는 주장까지 제기되기도 했다.[4] 무엇보다 설령 신뢰성 있는 연구 결과라고 할지라도 생물학적 결정론이 지향하는 정책적 방향이 논쟁적일 수밖에 없었다.

유전적 특징만으로 누군가를 범죄자로 규정하는 것도 문제지만 아직 일어나지도 않은 일을 근거로 정부가 취할 수 있는 조치도 마땅치 않다. 그래서 생물학적 결정론의 주장은 사회적 원인

중심의 주류 범죄학자들의 목소리에 덮여 오랫동안 들리지 않았다. 하지만 근래 범죄학의 지형도 많이 변하고 있다.

생물학적 범죄결정론에 대한 조심스러운 태도는 점차 사라지는 추세다. 이런 변화를 견인하는 건 단연 뇌과학 분야의 눈부신 발전이다. 뇌과학에서 보면 우리의 생각조차도 하나의 커다란 신경세포 덩어리인 뇌 속에서 오고 가는 전기신호에 불과하다.

최근 범죄생물학 연구는 점차 뇌 결정론으로 귀결되어가는 듯하다. 과학적 증거들이 점점 쌓여가면서 뇌와 범죄 간의 인과관계에 대한 주장이 힘을 얻고 있다. 급기야 뇌과학 증거가 범죄사실과 법리를 다투는 법정에까지 진출하고 말았다.

법정에 선 뇌

뉴욕에 사는 허버트 웨인스타인은 아내와 말다툼을 하다가 홧김에 그녀를 목 졸라 죽였다. 그러고는 자살로 위장하려 시신을 12층 아파트 창밖으로 던졌다. 가족을 비롯한 주변 사람들은 커다란 충격에 빠졌다.

평소 그를 잘 아는 사람들은 그가 그런 끔찍한 범죄를 저질렀다는 게 도무지 이해되지 않았다. 정신검사와 신경검사를 진행했고 모두 정상으로 나왔다. 그런데 MRI로 뇌를 스캔하자 예상치 못한 결과가 나타났다. 뇌의 좌측 전두엽 부위 거미막에 오렌지 크기의 낭종이 자리 잡고 있었다. 그의 변호인은 낭종이 발견된 곳이 뇌에서 충동조절을 담당하는 부위인데 아내를 죽일 당시 낭종으로 인해 웨인스타인이 자신의 의지대로 행동을 통제할 수 없었다고 주장했다. 때문에 웨인스타인은 살인행위에 대한 법적 책임이 없다는 것이었다.

전전두엽은 안구의 뒤에 위치하고 있으며 두뇌활동의 사령탑 역할을 맡고 있다. 특히 옳고 그름을 분간하고, 자신의 행동으로 인한 결과를 예측하고, 충동적 행동을 제어하는 능력을 담당한다. 만약 전전두엽이 충분히 발달하지 않거나 손상을 입으면 판단능력이 떨어지고 행동조절장애를 겪거나 감정이입에 어려움을 겪게 된다.

잔혹한 살인을 저지른 범죄자들의 뇌기능 영상사진fMRI을 보면 종종 전두엽 피질 부분이 일반인보다 활성화 정도가 현저히 낮음을 알 수 있다. 웨인스타인의 경우는 전두엽에 생긴 낭종 때문에 충동조절이 잘 되지 않았던 것이다.

범죄행위와 연관된 또 다른 뇌 부위로 편도체가 있다. 대뇌변연계에 위치하고 있으며 정서 기억을 담당하는 아몬드 모양의 기관이다. 끔찍한 범죄를 목격했을 때 당시 느꼈던 공포심을 기억했다가 다음에 유사한 상황과 마주치는 경우 과거의 두려운 감정을 소환하는 데 편도체가 관여한다.

편도체에 이상이 있으면 웬만해서는 두려움을 잘 느끼지 않는, 이른바 '우르바흐-비테 증후군'Urbach-Wiethe disease을 겪는다. 이러한 증상이 있는 사람은 공포영화를 봐도 감정에 별다른 동요가 생기지 않는다. 타인의 얼굴에 나타나는 기쁨, 슬픔, 놀람, 공포, 분노 등 다양한 감정을 잘 읽어내지도 못한다.

마지막으로 세로토닌 분비가 공격성과 관련되어 있다는 연구 결과들이 있다. 세로토닌은 뇌에서 분비되는 신경전달물질로서 '모노아민 산화효소'monamine oxidase라고 불리는 효소에 의해 조절된다. 만약 세로토닌 분비에 이상이 생기면 분노를 통제하기 어렵거나 공격적으로 행동할 위험성이 높아진다.

오래전 네덜란드의 한 의사가 아들 출산을 두려워하는 어떤 여성을 진찰하면서 이러한 관련성이 처음으로 밝혀졌다. 그녀의 남편뿐만 아니라 시댁 쪽 남자들이 스트레스를 받기만 하면 이성을 잃고 극단적인 폭력을 행사하는 성향이 있었다. 그녀는 자신이 낳을 아들도 그럴까봐 몹시 두려워하고 있었다.

의사는 문제의 집안 남자들에게 유전자 검사를 실시했고 모두 유전적 결함이 발견되었다. 모노아민 산화효소의 유전자에 변이가 있었고 이로 인해 세로토닌이 정상적으로 분비되지 않았던 것이다.

형벌은 행위자에게 자신의 행위에 대한 책임이 있을 때에만 부과된다. 형법에서 말하는 책임은 행위자가 달리 행동할 수 있었음에도 불구하고 그렇게 행동했을 때 성립한다.

만약 누군가가 머리에 총구를 겨누고 어떤 사람을 칼로 찌르라고 강요해서 어쩔 수 없이 시키는 대로 했다면 그 사람은 자신의 행위에 대한 형사상 책임을 면제받는다. 또한 사리분별을 전혀 하지 못하는 정신분열증 환자가 저지른 범죄행위에 대해서도 형사책임을 묻지 않는다. 분명히 행위 자체는 범죄를 구성하지만 그 행위자를 비난할 수는 없기 때문이다. 왜 그럴까?

엄밀히 말해 그건 행위자가 자유의지로 저지른 게 아니기 때문에 그의 행위라고 볼 수 없다. 살인은 그에게 총구를 겨누고 있는 사람의 의지가 실현된 결과이다. 정신분열증 환자의 행위에는 아예 자유의지가 결여되어 있다.

형사책임이 전제하는 행위 주체는 이성적 존재다. 데카르트의 주장을 따른다면 정신이 진짜 나이고 주인이며 신체는 정신의 명령에 따라 움직이는 껍데기일 뿐이다. 따라서 자유로운 정신의 명령에 의한 행위가 아니라면 자신의 행위가 아니다. 당연히 행위의 결과에 대한 책임도 면제된다.

그렇다면 전두엽 손상, 편도체 이상, 세로토닌 분비 장애를 근거로 형사책임을 면제받는 것도 가능할까? 유전적 결함이나 손상에 의해 행위자의 자유의지가 제한되거나 박탈되었다는 사실을 입증하면 행위결과에 대한 책임을 지지 않을 수 있을까?

웨인스타인의 변호인은 재판과정에 뇌영상 사진을 증거물로 제출하려고 했다. 그러자 검사는 배심원들이 뇌영상 사진을 보게 되면 자칫 심신상실에 의한 무죄평결을 내릴지 모른다고 판단했다. 결국 검사는 웨인스타인과 플리바게닝(플리바게닝: 사전형량 조정제도, 검찰이 수사 편의상 관련자나 피의자에 대해 유죄를 인정하거나 증언을 하는 대가로 형량을 낮추거나 조정하는 협상제도다- 편집자 주)을 통해 일급 살인 대신 이급 살인을 구형했다. 판사도 최소 형량인 7년 형을 선고하여 웨인스타인의 손을 들어주었다. 미국 역사상 처음으로 자백한 살인자의 형량을 감경하는 데 뇌 사진이 사용된 사건이었다.

> **뇌기능장애는 언제나 범죄자의 이유가 될 수 있을까?**
>
> 스테펜 모블리 사건은 살인 피의자에게 모노아민 산화효소 결핍 검사를 진행한 최초의 사례다.
>
> 1991년 모블리는 피자가게에 침입해 강도질을 한 뒤 대학생 점원을 총으로 쏴서 살해한 죄로 재판을 받았다. 재판과정에 모블리의 변호사는 모블리의 친인척 상당수가 모노아민 산화효소 유전자 변이로 인해 폭력적이고 반사회적 성향을 보일뿐 아니라 다양한 범죄를 저질러 왔다고 주장했다. 그러면서 모블리의 범죄 또한 같은 유전적 결함에서 비롯된 것이기에 형을 감경해달라고 재판부에 요구했다.
>
> 하지만 재판부는 이러한 주장을 받아들이지 않았다. 유전적 변이와 모블리의 행동 사이에 인과관계를 인정하기에는 아직 연구 결과가 충분하지 않다는 이유에서였다.

지금까지 발표된 수많은 연구가 뇌기능장애와 폭력성 간의 연관성을 과학적으로 입증하고 있다. 그럼에도 불구하고 뇌기능장애는 무죄나 감형을 주장하기 위한 증거로서 몇 가지 한계를 가지고 있다.

우선 뇌영상 사진만으로는 범행 순간 범죄자가 비정상적인 정신 상태였다는 사실을 입증하기 어렵다. 뇌기능장애로 인한 심신상실을 주장하기 위해서는 범행 당시 범죄자에게 의사 통제력이 없었다는 것을 보여줘야 한다. 그러나 뇌영상 사진은 비정상적인 뇌로 인한 충동적이고 공격적 성향을 보여줄 뿐 범행을 저지르는 그 순간 자신의 행동을 제어할 수 없는 상태에 놓여 있었다는 걸 나타내지는 않는다.

다음으로 변호인 측이 제시하는 뇌기능장애와 폭력성 사이의 인과성에 대한 과학적 증거들은 단순히 참고자료일 뿐 해당 사건의 유무죄 판단의 근거로 사용하기는 어렵다. 법정에서는 일반화되고 평균화된 사건을 다루지 않는다. 각 형사사건은 고유성과 개별성을 가진다. 그렇기 때문에 비슷한 사건은 있지만 똑같은 사건은 없다. 과학적 연구를 통해 도출된 일반적인 결론을 법정에서 다루는 개별적인 사건에 그대로 적용할 수 없는 이유가 여기에 있다.

마지막으로 뇌기능장애를 가진 사람이 모두 범죄자가 되지는 않는다. 사실 뇌기능장애를 가진 범죄자의 비율과 범죄자 중 뇌기능장애를 가진 사람의 비율은 비슷해 보이지만 전혀 다른 수치를 제공한다. 전자에 비해 후자가 훨씬 많지만 대부분의 연구 결과들은 후자에 속한다. 그래서 얼마나 많은 사람들이 비슷한 장애를 가지고도 범죄를 저지르지 않고 살아가는지 알 수 없다.

그러나 인간에겐 자유의지가 있다

범죄자가 어떤 원인에 의해 미리 결정되는 게 맞다면 우리는 더이상 범죄를 두려워 할 필요가 없다. 충분히 예측 가능해지기 때문이다. 범죄 원인을 지닌 자에게 사전적 조치를 취해 효과적으로 예방할 수 있다. 뇌과학이 훨씬 더 발달한 미래에는 범죄행동을 결정하는 모든 인자가 확인되어 완벽한 범죄 예방이 가능해질지 모른다. 그러나 이러한 장밋빛 기대를 품기 전에 한 가지 해결해야 할 문제가 있다. 바로 자유의지다.

그렇다. 인간에게는 자유의지가 있다. 영화 《매트릭스》(1999)는 인간세계와 기계세계의 미래를 놓고 결정론과 자유의지가 벌이는 대결을 다룬다. 기계가 만들어 놓은 가상현실 매트릭스는 철저하게 인과율의 지배를 받는 결정론적 세계다. 인간들은 기계를 위한 에너지원으로서 인공지능 프로그램에 의해 조종된 채 살아가고 있다. 매트릭스 속에서는 사람의 의지와는 무관하게 생각하고 행동하고 느낀다. 그럼에도 사람들은 자유의지에 따라 선택한다는 착각에 빠져서 살고 있다.

이에 반해 매트릭스를 탈출하여 현실세계로 온 주인공 네오(키아누 리브스)와 반란군은 자유의지를 가진 존재들이다. 프로그램의 지배를 받지 않기 때문에 매트릭스 속에서 자유자재로 초능력을 발휘한다. 기계의 입장에서 보면 반란군들은 자신들이 구축한 결정론적 세계의 질서를 위협하는 존재들이다.

영화 속에서 자유의지를 가진 존재는 인간만이 아니다. 예언자 오라클(글로리아 포스터)은 프로그램이지만 자유의지를 가지고 있다. 오라클을 찾아간 네오는 자신이 세상을 구원할 자인지 묻고 예상과 달리 아니라는 답변을 듣는다. 오라클은 장차 네오에게 닥칠 선택의 순간에 대해서 이야기한다. 나중에 네오는 자신의 목숨을 건 선택을 통해 스스로 세상을 구원할 자임을 입증한다. 결국 미리 정해진 구세주란 없었다.

《매트릭스》1편은 자유의지의 한판승으로 끝났다. 하지만 2편에 가면 자유의지는 결정론에 의해 보기 좋게 되치기 당한다.

매트릭스의 창시자인 아키텍트(헬무트 바카이티스)를 찾아간 네오는 그로부터 불편한 진실을 듣게 된다. 인간의 자유의지와 선택은 일종의 프로그램 오류이며, 이 문제를 해결하고 매트릭스를 개선하기 위해 네오라는 존재가 필요했다는 것이다. 아키텍트는 네오가 앞서 프로그램 개선에 참여했던 다섯 명의 다른 사람들처럼 예정된 과정을 거쳐 최종지점인 프로그램 소스에 도착한 것뿐이라고 말한다. 결국 네오는 매트릭스 개선을 위해 아키텍트가 설계한 '구세주 시나리오'의 일부에 불과했던 것이다.

자유의지와 결정론 사이의 대결은 오래된 철학적 주제다. 인간이란 존재를 어떻게 규정할 것인가의 문제와 직결되기 때문에 쉽게 결론 내리기 어려운 주제이기도 하다. 철학사적으로 볼 때 출발은 자유의지였다. 플라톤Plato은 자아의 구성요소 중 이성을 중요시했다. 그는 자아의 두 가지 측면을 쉬운 예로 설명했다.

극심한 갈증을 느끼는 어떤 사람 앞에 독이 담긴 물이 있다. 비합리적이고 욕정적인 자아는 그 물을 마시라고 하겠지만 이성적인 자아는 독이 든 물을 마시지 말라고 말릴 것이다. 생명을 보존하기 위해서는 바로 이성적인 자아의 통제를 받는 게 당연하다. 데카르트에 이르면 인간의 정신은 신체로부터 더욱 엄격히 분리된다. 신체를 통해 전달되는 감각적 경험은 우리를 쉽게 기만하기 때문에 인식의 토대가 될 수 없다. 오로지 '생각하는 나'만이 인식의 주체이자 존재의 출발이다.

나는 본질적으로 나의 신체가 아니라 나의 정신이다. 정신으로서 나는 특정한 신체에 우연히 귀속되어 있을 뿐이다. 그러나 나는 설사 내가 나의 신체로부터 분리된다 할지라도, 혹은 내가 다른 신체에 귀속된다 할지라도 여전히 '나' 일 것이다.[5]

데카르트에게 신체는 물질로 이루어진 껍데기에 불과했다. 인간은 자유의지로 신체의 정념을 자유롭게 지배하고 신체를 움직이게 만든다. 동물과 달리 인간은 도덕적 주체가 될 수 있는데 바로 자유의지를 지닌 존재이기 때문이다. 행위의 옳고 그름을 따지려면 자유의지가 전제되어야 하는데 동물은 육체적 욕구와 본능에 따라 행동할 뿐이다.

임마누엘 칸트Immanuel Kant의 의무론도 의지에서 도덕적 판단의 원천을 찾는다. 도덕성은 인간이 선하고자 하는 의무감에 따라 행동했는지 여부로 결정된다. 행위의 결과에 상관없이 스스로의 욕망과 충동을 의지적으로 억누르고 옳은 행위를 선택하려는 의지가 있었는지가 관건이다.

반면 계몽사상가 토마스 홉스Thomas Hobbes는 인간정신이 단순히 신체의 반영이며 신체는 기계와 같다고 보았다. 생각은 그저 두뇌활동에 지나지 않을 뿐이라는 것이다. 인간기계는 신체에서 비롯된 욕망을 가지며 그런 욕망에 부응하려고 부단히 애쓰는 존재다.

한 세기 쯤 후 라 메트리는 《인간기계론》에서 세계는 물질로만 구성되어 있으며 인간 역시 예외가 아니라고 주장하면서 데카르트의 심신이원론을 배척했다. 라 메트리의 주장에 따르면 인간에서 자유의지라는 거추장스러운 옷을 벗기면 남는 것은 발가벗겨진 신체뿐이다. 물질적 존재로서의 인간은 인과율이 지배하는 자연세계에 포섭된다. 이 세계에서 인간의 생각과 행동은 자유의지적 선택과 무관하며 어떤 물질적 원인에서 비롯된 결과일 뿐이다. 바뤼흐 스피노자Baruch de Spinoza는 아직까지 이러한 진리를 깨닫지 못하고 있는 인간들의 무지를 다음과 같이 지적한다.

> 인간이 스스로를 자유롭다고 생각하는 것은 - 즉 자신의 자유의지로 어떤 일을 할 수도 있고 안 할 수도 있다고 생각하는 것은 - 잘못 생각하는 것이다. 이러한 의견은 단지 그들이 자신들의 행동에 대해서는 의식하면서도 자신들을 결정한 원인들에 대해서는 모른다는 것의 표시이다. 그러므로 그들의 자유의 관념은 단지 자신들의 행동의 원인에 대한 무지일 뿐이다. 그들은 물론, 인간의 행동은 의지에 의존한다고 말하지만, 그것은 아무런 대응하는 관념이 없는 말에 불과하다. 왜냐하면 그들 모두는 의지가 무엇인지, 의지가 어떻게 신체를 움직이는지 모르고 있기 때문이다.[6]

《매트릭스》 1편에서 네오는 오라클이 건네는 쿠키를 자연스럽게 받아먹는다(영화 속에서 쿠키는 자유의지를 상징한다). 그러나 2편에서 오라클이 네오에게 다시 캔디를 건네자 그는 오라클에게 자신이 캔디를 받을 걸 알고 있는지 물어본다. 오라클은 그렇다고 대답한다. 네오는 다시 묻는다.

"벌써 알고 있다면 난 어떻게 선택을 하죠?"

자유로운 선택이란 처음부터 없었다. 반란군 지도자 모피우스가 네오에게 빨간 알약과 파란 알약 중 하나를 선택하라고 했을 때에도 사실 네오에게 선택권은 없었다. 결정론이 지배하는 매트릭스를 탈출해 자유의 몸이 되기 위해 빨간 알약을 선택했지만 그 선택조차도 예정된 결과라는 사실을 나중에 매트릭스 설계자 아키텍트를 통해 듣게 된다. 인간은 자신의 의지대로 행동한다고 믿고 있지만 의지 자체를 결정하는 어떤 원인이 있음을 깨닫지 못한다. 무언가 욕망하고 그것을 자유롭게 추구한다고 여기지만 욕망 자체가 어디에서 왔는지 사람들은 알지 못하고 또 알려고 하지 않는다. 오라클은 네오에게 선택의 이유를 아는 것이 중요하다고 알려준다.

"넌 선택하러 온 게 아냐. 선택은 이미 했지. 넌 선택의 이유를 알아야 해."

그런데 나의 행위가 자유로운 선택의 결과가 아니라는 생각은 상식과 직관에 반한다. 책상 위에 놓여 있는 휴대폰을 집는 나의 행위가 자유의지에 의한 선택이 아니라면 도대체 무엇이란 말인가?

상식적으로 생각해보면 휴대폰을 집는 과정은 다음과 같을 것이다. 우선 휴대폰을 집어야겠다는 마음을 먹고 이런 마음(의지)이 뇌로 전달되면 뇌는 팔에게 휴대폰을 집으라고 명령한다. 그런데 일찍이 이러한 상식을 뒤엎는 연구 결과가 발표되어 사람들을 깜짝 놀라게 한 적이 있다.

1980년대 미국 캘리포니아 대학교 심리학자 벤자민 리벳Benjamin Libet은 실험 참가자들을 둥근 시계 앞에 앉히고 자신이 원하는 순간에 각자 앞에 놓인 버튼을 누르도록 시켰다. 그리고 버튼을 누르려고 마음먹은 시간을 기록하도록 했다. 사람들의 머리에는 대뇌의 움직임을 측정하기 위한 장치가 부착되어 있었다. 만약 인간 행위가 자유의지의 결과라면 버튼을 누르겠다고 마음을 먹은 뒤 뇌에서 반응이 일어나고 버튼을 누르는 행위가 그 뒤를 따라야 한다. 그런데 의외의 실험결과가 나왔다.

버튼을 누르려는 마음을 먹는 순간보다 약 0.3초 전 뇌가 먼저 반응했다. 수차례 반복해서 실험해도 마찬가지였다. 뇌가 인간의 의지를 지배한다는 걸 보여주는 결과다. 생각이나 의지는 신체활동의 일종에 불과하다는 유물론자들의 주장이 과학적으로 증명된 셈이다.

그동안 인간존재의 고유한 영역으로 믿어왔던 자유의지가 뇌에서 이루어지는 화학작용이나 전기작용에 불과하다면 과연 인과법칙으로부터 독립적으로 존재하는 자유의지라는 게 있기는 한 걸까?

영화《마이너리티 리포트》는 자유의지와 결정론 사이에서 딜레마에 빠진 주인공의 모습을 보여준다. 프리크라임은 철저한 인과율에 따라 미래를 예측한다. 예지자들은 라플라스의 악마나 마찬가지다. 당구공이 도달할 곳은 큐를 떠나는 순간에 이미 정해지듯 예지자가 살인범으로 지목한 사람은 기어코 살인을 저지른다.

프리크라임의 팀장 존 앤더튼(톰 크루즈)은 어느 날 프리크라임에 의해 살인범으로 지목되지만 시스템 오류라고 생각하고 누명을 벗기 위해 동분서주한다. 그러다 프리크라임이 예측한 시간과 장소에서 아들을 죽인 원수와 맞닥뜨린다. 복수심에 가득 찬 앤더튼은 범인에게 총구를 향한다. 이제 그가 방아쇠를 당겨 원수를 죽이고 결정론의 절대성이 입증되는 일만 남은 듯하다. 그런데 마지막 순간 앤더튼은 망설인다. 예언을 거스르고 살인을 포기하는 선택을 할 수 있을까? 이 선택이 가능하다면 결정론적 세계관은 치명적 타격을 피할 수 없을 것이다.

자유의지적 선택과 결정론은 결코 공존할 수 없을 것만 같다. 범죄 현상을 바라보는 시선 속에도 자유의지와 결정론은 충돌하고 있다. 자유의지에 바탕을 둔 엄벌주의와 결정론을 근거로 한 사이코패스 담론이 공존한다.

흉악범에게 엄한 처벌을 요구하는 이유는 범죄행위가 전적으로 범죄자의 자유의지의 결과로서 잘못된 선택에 대해서 모든 책임을 져야 한다고 생각하기 때문이다. 동시에 흉악범이 사이코패스인지 관심을 갖는 이유는 그토록 끔찍하고 악랄한 범행을 저지른 자는 일반인과 다른 비정상적인 요인의 지배를 받으리라는 기대 심리 때문이다.

형벌정책에 있어서 자유의지와 결정론은 서로 정반대 위치에 있다. 사이코패스처럼 범죄행위가 생물학적 요인에 의해 일정 부분 결정된다면 행위의 결과에 대해 모든 책임을 묻기 어렵다. 이들에게 필요한 건 엄한 처벌이 아닌 폭력성의 원인에 대한 정확한 진단과 치료일 것이다.

이에 대해 미국의 철학자 샘 해리스Sam Harris는 그의 저서 《자유의지는 없다》에서 자유의지라는 관념 자체를 갖지 않는 편이 형사정책적으로 더 유익하다는 주장을 편다.[7] 자유의지를 바탕으로 한 형벌 중심의 정책은 범죄를 제대로 억제할 수 없다는 것이다. 엄한 처벌로 일벌백계할 수 있다는 생각은 인간이 자유의지를 가진 합리적이고 이성적인 존재일 때만 유효하다. 처벌의 고통을 고려해서 범죄행위를 선택하지 않으리라 예상할 수 있다. 하지만 범죄행위가 행위자의 선택이 아니라 유전적 조건의 결과라면 이야기가 달라진다. 자유의지에 따른 결과가 아니라면 행위자에게 책임을 물을 수도 없다. 또한 처벌을 강화한다고 해도 타고난 범죄성으로부터 기인한 행동이 억제되지도 않는다. 해리스는 범죄를 줄일 수 있는 유일한 방법은 치료와 교화뿐이라고 주장한다. 범죄자에게 귀속된 범죄 유발 원인을 제거하는 방법만이 유일한 희망이다.

그럼에도 오늘날 형사정책은 여전히 인간의 자유의지를 고집하면서 엄한 처벌이 사회를 범죄로부터 보호할 것이라는 헛된 기대를 하고 있다는 것이다.

해리스는 우리가 자유의지라는 관념 자체를 포기할 때 불필요한 증오심으로 자유로워질 수 있다고도 말한다. 근거로 9·11 테러와 허리케인 카트리나에 대한 사람들의 상반된 반응을 제시한다.

9·11 테러는 미국인들의 마음속에 엄청난 분노와 증오심을 불러일으켰고, 그 때문에 수많은 생명을 희생해가면서까지 복수를 해야만 했다. 반면 허리케인 카트리나는 수천 명의 생명을 앗아가고 천문학적 피해를 초래했지만 사람들은 절망하고 슬퍼할 뿐 분노하지는 않았다. 허리케인이 쓸고 간 자리에서는 재건의 노력과 재발방지 조치들이 신속하게 이루어졌다.

해리스는 잔혹한 폭력범죄가 자연재해와 별반 다르지 않다고 말한다. 그저 자연현상의 일부일 뿐이다. 자연재해가 어떤 의지의 소산이 아니듯 생래적 범죄자들의 행위도 그러하다. 그래서 그들의 행위가 아무리 잔혹하고 끔찍해도 도덕적으로 비난하느라 열을 올리는 건 무의미하다. 더욱이 대중적 공분도, 엄벌의 요구도 상황을 개선하는 데 별로 도움이 되지도 않는다. 그럴 시간에 한시라도 빨리 반사회적 행동을 유발하는 유전적 결함에 대한 효과적인 치료책을 찾아내는 편이 낫다는 것이다. 허리케인을 증오해 봐야 달라지는 건 없다. 허리케인이 또다시 공격해 올 때를 대비해 바닷물이 범람하지 않도록 방파제를 더 높고 견고하게 쌓아 올리는 편이 현명한 것처럼 말이다.

《종의 기원》의 유진이 저지른 참혹한 범죄 앞에서 독자는 그를 쉽게 비난하지 못한다. 그의 폭력성이 유전적 요인에서 비롯되었고 그래서 그에게 다른 선택의 여지가 없었다고 여겨지기 때문이다. 물론 유진은 상급 포식자로서 극히 예외적인 경우에 해당한다고 할 수 있다. 해리스의 처방도 일부 범죄자에게만 적용된다고 보는 게 옳다. 모든 범죄자들이 유전적 결함을 갖고 태어나는 것도 아니며 유전적 영향이 자유의지를 박탈하는 수준까지 이르는 것도 아니다. 그렇다고 하더라도 모든 사람에게 동일한 선택의 여지가 허락되는 건 아니지 않는가?

《종의 기원》의 마지막 장면에서 유진은 브라질의 리우데자네이루를 향해 떠난다. 전에 엄마와 함께 보았던 영화 《시티 오브 갓》(2005)에 등장한 빈민촌 파벨라를 찾아가는 것이다. 파벨라는 지독한 가난과 갱단의 마약과 폭력으로 악명이 높은 곳이다. 그곳에서 자라나는 아이들에게 선택의 여지는 별로 없는 듯하다. 생존을 위해 일찌감치 폭력을 배우고 마약을 판다. 유진이 생물학적 요인에 이끌려 연쇄살인을 저질렀듯 파벨라의 아이들은 그들을 둘러싼 사회환경적 요인에 이끌려 범죄자가 된다. 유진과 파벨라의 아이들이 우리에게 묻고 있다.

'우리에게 범죄를 선택하지 않을 자유가 있나요?'

2. 나를 증명하기 위해 너를 공격한다

유전자 | **젠더** | 존재론적 불안
혐오 | 범죄자의 탄생 | 자본주의
범죄의 의미 | 변화 | 권력

이제는 페미니즘 영화의 고전이 된 영화《델마와 루이스》(1993)는 내게 특별한 영화다. 그전엔 생각해본 적이 없었던 젠더 문제에 처음으로 눈을 뜨게 해주었기 때문이다. 영화는 스토리 자체만으로도 충분히 재미있다. 평범한 여성들이 벌이는 범죄행각과 그녀들을 괴롭히던 남성들을 향한 통쾌한 복수, 소극적이었던 주인공이 차츰 거침없는 모습으로 변화되는 과정을 관찰하는 건 꽤나 흥미롭다. 그런데 문득 이런 생각이 떠올랐다. '만약 두 주인공이 남성이었다면 어땠을까? 그래도 여전히 흥미로운 이야기일까?'

아무래도 그렇지 않을 것 같았다. 여행을 떠난 두 친구가 술집에서 만난 여성을 살해하고 경찰의 추격을 피해 도주하는, 그냥 특별할 것 없는 로드무비에 불과할 것이다. 이 영화의 특별함은 평범한 여성 주인공들이 '여성다움'에서 한참 벗어나 있다는 것이 아닐까? 그래서 영화 속에 등장하는 남성들은 당황하고 혼란스러워한다. 평범한 가정주부와 식당 종업원인 두 여성이 총으로 사람을 죽이고 편의점을 털고 경찰을 위협해 순찰차에 감금하는 행위들은 결코 '여성다워' 보이지 않는다. 저속한 말로 성희롱을 하는 트레일러 기사의 트럭을 총으로 폭파하고 깔깔대는 모습도 여성의 전형에서 한참 벗어나있다. 그 때문에 영화 속 경찰들도 그녀들의 범행 동기를 파악하지 못해 애를 먹는다.

영화의 관전 포인트는 여성답지 않은 여성과 이를 본래의 '여성다운' 상태로 되돌려 놓으려는 남성 간에 벌어지는 대결에 있다. 제멋대로 가출한 아내에게 다소곳한 가정주부의 자리로 돌아오라고 윽박지르는 남편, 사랑을 앞세워 한 남자의 여자로 안주하라고 설득하는 남자친구, 여성을 성희롱으로 겁박하는 트레일러 기사, 그리고 마지막 장면에서 이제 그만 투항하라고 다그치는 경찰까지(이 장면에는 남성 경찰만 등장한다).

영화는 여성에게 여성다움을 강요하는 주체가 비단 남성 행위자에게만 국한되지 않는다는 사실을 보여준다. 가부장제, 여성의 경제적 종속, 사법기관의 2차 폭력, 강간신화 등 사회문화와 제도도 여성을 압박한다. 더 나아가 영화는 관객에게도 묻는다. 이러한 강요와 압박의 메커니즘 속 당신의 기여분은 없는지. 당신이 느끼는 영화적 즐거움의 기저에 여성에 대한 고정관념이 자리 잡고 있지는 않은지.

언제부터인가 한국사회에 젠더라는 단어가 유통되기 시작했다. 생물학적 성$_{sex}$에 대비되는 사회적 성$_{gender}$을 의미한다는 정도의 설명은 불친절하게 느껴진다. 뒤이어 젠더폭력$_{gender\ violence}$이란 용어도 등장했다. 기존의 다른 법에서 사용하는 성폭력과는 어떤 관계인지, 주로 여성계에서 사용해오던 여성폭력$_{violence\ against\ women}$과는 무슨 차이가 있는지가 쉽게 정리되지 않았다. 그러다가 젠더폭력의 의미를 학습할 좋은 계기가 마련되었다. 바로 〈여성폭력방지기본법〉 제정 과정에 용어를 둘러싼 논란이 불거졌기 때문이다.

처음에 논의된 법안명은 〈젠더폭력방지기본법〉이었다. 그러나 젠더라는 표현이 낯설고 어렵다는 의견이 많아 〈여성폭력방지기본법〉으로 변경하여 법안이 발의되었다. 그런데 문제의 발단은 여성폭력이 '여성에 대한 폭력'으로 해석되면서 젠더폭력의 원뜻으로부터 멀어진 데에 있었다. 전자가 생물학적 성을 기준으로 하는 반면 후자는 사회적 성과 연관된 문제이기 때문이다. 법안을 검토하던 당시 작성된 국회 회의록을 보면 애초에 gender violence에 딱 들어맞는 국어표현을 찾지 못해 혼란이 야기되었음을 엿볼 수 있다. 젠더폭력의 의미를 살리기 위해 '성별 기반 폭력', '성차별 폭력' 등의 용어가 제시되었고, 남성도 폭력피해자에 포함하려고 '양성폭력', '남녀폭력' 등의 용어가 제시되거나 법명을 '여성폭력 등 방지기본법'으로 바꾸려는 시도도 있었다. 긴 논의에도 대안을 찾지 못하고 결국 법안은 최초 발의된 이름대로 통과되었다.

〈여성폭력방지기본법〉 제정 과정은 젠더폭력의 의미에 대한 집단적 이해에 도달하는 게 얼마나 어려운지 잘 보여준다. 가해자와 피해자의 생물학적 성이 논의의 중심에 등장하고 이를 지켜보는 일반 대중 사이에서는 젠더 대결 양상으로 전개되기도 했다.

그렇다면 젠더폭력은 도대체 무엇을 의미할까? 기존에 폭력 가해자를 처벌하고 피해자를 지원하는 여러 법이 있음에도 여전히 젠더폭력을 방지하기 위한 기본법을 별도로 이야기하는 이유는 무얼까?

이 질문에 대한 해답을 찾기 위해서는 젠더폭력의 본질에 좀 더 다가가야 한다. 그러려면 Who가 아닌 Why에 집중해야 한다. '남성'이 '여성'에게 가하는 모든 폭력을 젠더폭력이라고 정의해 버리면 Who의 문제에 붙들려 버린다. 젠더폭력은 '여성이라서'가 아니라 '여성답지 않아서' 가해지는 폭력이다. 충분히 여성답지 않기 때문에 가해지는 억압이고 통제다. 그렇다고 '여성다운' 여성이 젠더폭력으로부터 안전한 것도 아니다. 여성다움을 계속 유지하라는 강요를 당하기도 한다.

《델마와 루이스》는 단순히 여성에 대한 남성의 폭력을 현상적 차원에서 문제 삼고 있는 게 아니다. 영화의 마지막 장면에서 주인공들은 경찰에게 투항하는 대신 절벽을 향해 나아간다. 그 행동의 의미를 폭력으로부터의 탈출 정도로 해석하면 이들의 선택을 너무 가볍게 취급하는 것 같아 보인다. 비대칭적 젠더구조가 잉태하고 성차별적 문화가 성장시킨 여성다움의 사회적 의미와 이를 강요하는 폭력, 바로 젠더폭력에 대한 항거로 해석하는 게 옳지 않을까?

무엇이 그녀들을 억압하는가?

19세기 영국의 철학자 존 스튜어트 밀John Stuart Mill은 《자유론》을 통해 개인의 자유가 최대한 보장되기 위한 원칙을 제시한 바 있다.[8] 그는 개인의 자유가 보장되지 않는 이유로 잘못된 관습을 꼽았다. 어느 사회든지 관습은 대체로 우월하다고 여겨지는 계급의 도덕 감정을 반영하고 그들의 이익을 대변한다. 밀은 《여성의 종속》에서 남성우월적 사회 속에서 여성의 종속이 관습에 의해 정당화되고 제도에 의해 보장되는 현실을 고발한다.[9] 사회 내에서 개인의 신체와 재산을 보호하는 역할을 담당하는 법이 가정 내에서는 아내에 대한 남편의 억압과 폭력을 공공연하게 용인하고 있다고 비판한다. 이러한 남성 지배구조의 근간에는 바로 가부장제가 위치한다. 가부장제 아래 남성은 지배적 위치를, 여성은 종속적 위치를 차지한다. 남성다움과 여성다움의 위계적 구조 속에서 후자는 전자에 비해 늘 평가절하된다.

남성의 상대적 우월성이 강조될수록 여성은 무언가 결핍되어 있는 불완전한 존재처럼 여겨진다. 그래서 전통적 사회의 여성은 자율적이거나 독립적으로 존재할 수 없고 오직 남성과의 관계를 통해서만 정의된다. 한 남성의 아내나 딸로서 존재의 의미를 부여받다가 출산 후에는 아이의 엄마로 불린다. 프랑스 철학자 시몬 드 보부아르Simone de Beauvoir는 이와 같은 여성의 존재방식을 다음과 같이 묘사한다.

인간은 남성이고 남자는 여자를 여자 자체로서가 아니라 자기와의 관계를 통해서 정의한다. 그들은 여자를 자율적인 존재로 여기지 않는다. (…) 여자는 우발적인 존재이다. 여자는 본질적인 것에 대하여 비본질적인 것이다. 남자는 '주체'이고, '절대'이다. 그러나 여자는 '타자'(他者)이다.[10]

남성우월주의 이데올로기가 지배하는 사회 속에서 여성은 고유한 주체성을 상실한 채 언제까지나 타자로 살아갈 수밖에 없다. 남성은 지배자로서의 자유를 마음껏 누리며 살아가는 데 반해 여성은 남성이 요구하는 존재방식을 받아들인 대가로 허용된 작은 자유를 향유하며 살아간다. 만약 여성이 가부장제 사회가 요구하는 역할로부터 이탈하고 싶다면 그나마 누리던 조그만 자유마저도 상실할 위험을 감수해야 한다.

이란에서 발생한 실화를 바탕으로 만들어진 영화 《더 스토닝》(2012)은 여성에게 어떻게 존재의 의미가 부여되고 박탈되는지 잘 보여준다. 남편의 모함으로 간통죄를 뒤집어쓰고 투석형을 당하는 소라야(모잔 마르노)는 땅에 하반신이 묻힌 채 자신을 둘러싼 남성들에게 외친다.

"난 당신들의 친구, 이웃, 엄마, 딸, 아내예요. 어떻게 사람에게 이런 짓을 하죠?"

그러자 그녀의 아버지가 대답한다.

"저 아이는 내 딸이 아닙니다."

　전통적 가부장제 사회 속 여성은 자신이 선택한 방식이 아니라 남성이 정의하는 대로 존재한다. 따라서 존재의 의미를 회수해 가는 것도 남성의 몫이다. 소라야의 아버지, 두 아들 그리고 남편은 그녀를 향해 차례차례 돌을 던진다. 그리고 한때나마 그녀에게 귀속되었던 딸, 엄마, 아내로서의 존재 의미도 동시에 거두어 간다.
　가부장제가 뿌리 깊은 사회일수록 여성의 역할은 두 가지로 수렴된다. 남성중심의 공동체를 유지·계승하기 위한 출산의 역할과 남성의 섹슈얼리티 실현을 위한 성적 대상으로서 역할을 담당한다. 영화《블라인드 마운틴》(2011) 속 산골 마을에는 인신매매로 잡혀와 감금된 채 전통적 여성의 역할을 강제적으로 수행하는 여성들이 살고 있다. 남성들은 여성들이 도망가지 못하게 공동으로 감시하고, 탈출한 여성을 추적해 되찾아온다. 놀랍게도 마을의 여성들 역시 가부장제를 이어나가는 공범으로 참여한다. 법집행기관인 중국 공안조차 목전에서 범죄가 벌어지고 있는데도 수수방관한다. 마을 문제, 집안일이라고 정의될 때 공권력을 포함한 외부의 개입이 무력화된다.
　그동안 국가는 친밀관계 내에서 발생하는 젠더폭력에 대해서는 유독 소극적인 태도를 보여 왔다. 예전에는 가정폭력 신고를 받고 출동한 경찰관이 명백한 폭력행위가 있었음에도 가정 내의 일이라고 입건처리하지 않는 일이 허다했다.[b] 결혼으로 남편은 아내의 몸에 대한 전적인 지배권을 갖게 된다고 여겨졌기 때문에 2013년 대법원 판결이 있기 전까지는 '부부 강간'이 범죄로 인정조차 되지 않았다. 연인 사이에 발생하는 폭력도 교제 과정에 발생하는 사적인 문제쯤으로 보는 시각이 많았다. 최근 관련법이 제정되기 전까지 스토킹 역시 오랫동안 경범죄 정도로 취급되었다.

사적 영역과 공적 영역의 구분은 친밀관계에서 발생하는 억압과 폭력에 대한 국가와 사회의 원칙적 불간섭주의를 정당화하는 데 중요한 역할을 했다. 근대 사회의 탄생과 함께 등장한 자유와 평등이라는 보편적 가치가 공적 영역에서는 꽃을 피운 반면, 사적 영역에서는 별다른 진전을 이루지 못했다. 18세기 말 유럽의 정치혁명으로 자유주의적 인권 개념이 등장할 당시 주된 관심은 국가권력으로부터 개인의 권리를 어떻게 보호할 것인가에 있었다. 절대왕권으로부터 시민적·정치적 권리를 확보하는 것이 급선무였다. 혁명 과정에 여성도 적극적으로 참여했지만 남성과는 달리 여성에게는 온전한 시민으로서의 권리가 보장되지 않았다. 오히려 혁명이 끝난 후 여성은 가정으로 돌아가 가사노동에 복귀하라는 요구를 받아야 했다.[11]

남성 시민과 근대국가는 공적 영역에만 관심을 둘 뿐 사적 영역은 논외로 하였다. 남성 입장에서 가정은 원래부터 남성의 지배적 권위 아래 놓여왔기 때문에 굳이 무슨 권리를 주장할 이유가 없었다. 공적 영역에서 시민적·정치적 권리를 인정받는 것이 중요할 따름이었다. 국가 입장에서도 굳이 사적 영역 내의 부당

한 권력구조 문제를 들출 필요가 없었다. 괜히 가정 내 억압과 폭력의 실상이 세상에 알려져 공적 영역에서의 문제로까지 논란이 확대되는 걸 원하지 않았다.[12] 자연스럽게 국가의 권력이 지배하는 정치적 영역은 공적 영역으로, 아버지의 권위가 지배하는 가정은 사적 영역으로 분리되었고, 모든 인권 논의는 전자에 집중될 수밖에 없었다. 그래서 공·사 영역 분리는 여성의 인권을 거부하고 여성을 계속적으로 남성의 지배 아래에 두기 위한 하나의 이데올로기처럼 작용했다.

> 모든 인간이 평등하다는 근대적 인권 개념은 성차별을 옹호하는 가부장제와 양립할 수 없는 것이었다. 공·사 영역 분리 이데올로기는 여성을 개인, 인간의 위치로 승격시키는 것과 가부장제 사이의 모순을 해결하는 데 유용한 전략이었다. '여성적 공간'이라고 간주되는 사적인 영역에서는 인권의 개념이 적용되지 않는다고 여겨지기 때문이다.[13]

계몽사상가들은 시민혁명과 인권의 탄생에 사상적 자양분을 제공한 공로가 크다. 하지만 이들 역시 여성의 권리에 있어서는 소극적인 태도를 버리지 못했다. 여성에게 참정권과 같은 시민으로서 누려야 할 일반적인 권리 대신에 여성의 교육을 강조하였고, 그것조차 가정에서 주부로서의 역할을 잘하게 만드는 데 목적을 두었다. 사회계약에 있어서도 여성은 독자적인 당사자가 아니며 남편의 정치적 권위에 동의하는 방식으로 계약관계에 편입되었다고 주장했다.

계몽사상가들은 사적 공간에서 여성의 권리문제에 대해서는 대체적으로 침묵하고 있다. 언급하더라도 가정 내의 권력구조와 성격이 정치사회와 다른 점을 부각한다. 존 로크John Locke는 《통치론》에서 부부관계가 당사자들의 자발적 계약으로 성립되는데 상호부양과 협조를 바탕에 둔다고 말한다.[14] 군주의 권력과 시민의 권리가 힘겨루기 하는 정치사회와 달리 '부부사회'(로크의 표현)는 생식과 양육이라는 공동의 목적과 이해를 가지고 배려와 애정을 발휘하는 조화로운 공동체다. 군주의 권력은 법률에 의해 엄격히 제한되어야 하지만 남편과 아버지의 권력은 가족 공동체의 특수성으로 인해 자연스럽게 제한되는 것으로 묘사된다. 따라서 시민은 군주의 과도한 권력에 저항할 권리를 갖지만 아내는 남편에 대해서 그러한 권리를 갖지 못한다. 군주의 권력은 시민의 동의에서 나왔지만 남편의 권력은 아내의 동의와 무관하게 가부장제 전통에 의해 부여된 것이기 때문이다.[15]

로크의 생각처럼 모든 가정과 부부관계가 배려와 애정으로 충만한 조화로운 모습이라면 좋겠지만 현실은 그렇지 않다. 영화 《적과의 동침》(1991)처럼 악몽 같은 가정, 폭력과 억압이 난무하는 전쟁터 같은 가정이 적지 않다. 우리나라의 경우 한 해에 가정폭력으로 경찰에 접수되는 신고가 20만 건이 넘고, 남편이나 애인에게 살해당하는 여성이 1년 평균 80~90명에 이른다. 그래서 프랑스 시민운동가 올랭프 드 구주Olympe de Gouges가 일찍이 '결혼은 신뢰와 사랑의 무덤이다'라고 했던가?

시민적 자유를 획득하는 과정에서 가정은 국가권력의 손길이 닿지 않는 프라이버시privacy의 최후 보루로 여겨졌다. 프라이버시는 국가의 개입을 차단하고 외부의 간섭을 받지 않는 상태와 권리를 말한다. 어원적으로 프라이버시는 라틴어의 '박탈된'privo이라는 의미를 담고 있는데, 달리 말하면 공적 영역에서 누리던 권리가 더 이상 보장되지 않음을 의미한다. 한편으로 프라이버시는 공권력의 개입이 차단되는 개인 고유의 자유로운 영역이지만, 다른 한편으로는 공권력이 미치지 않는 치외법권이 된다. 따라서 로크의 주장처럼 선의의 남편이 스스로 권력을 제한하는 대신 무소불위의 권력을 휘두르며 폭정을 할 때에 국가는 개입할 이유도, 정당성도 찾지 못하게 된다.

사적 영역과 공적 영역의 구분은 자본주의의 등장과 더불어 여성과 남성의 노동 분할과 연동된다. 마리아로사 달라 코스타 Mariarosa Dalla Costa는 자본주의가 가족구조를 바꾸었다고 말한다. 자본주의 이전의 가부장제 사회에서는 여성과 남성이 공동으로 생산과정에 참여했다. 자본주의로 인한 산업화가 진행되면서 생산의 중심이 가족공동체에서 공장과 사무실로 옮겨갔고, 남성은 가족으로부터 떨어져 나와 임금노동자가 되었다. 그러면서 남성은 임금노동자로서 가족부양의 책임을 떠안게 되고 여성은 가사노동을 전담하게 되었다. 공적 영역의 임금노동과 사적 영역의 가사노동이 철저히 분리된 순간이다.

그런데 자본주의는 여성과 남성의 노동을 분화한 정도에 그치지 않고 이를 서열화했다. 마르크스는 자본주의 하에서 직접적으로 잉여가치를 생산하는 노동만이 생산적이며 이를 수행하는 사람만이 생산적 노동자라고 정의한다. 가사노동은 비생산적 노동으로, 여성은 자본의 축적에 기여하지 않는 유휴 또는 대체 노동력 정도로 평가절하된다. 가정이라는 감방에 유폐되어 비생산적 가사노동으로 내몰린 여성은 생계를 위해 남편이 벌어오는 수입에 의존할 수밖에 없다. 이로써 가정 내에서 남성에 대한 여성의 종속은 더욱 가중된다.[16]

가정폭력 피해 여성이 남편과 결별하지 못하는 데에는 낮은 경제적 자립도가 큰 몫을 차지한다. 경제권이 남성에게 독점되어 있는 구조는 여성이 남편의 억압과 폭력에 더욱 취약하게 만드는 조건이다. 신체적·정서적 학대를 당하는 여성의 대다수는 독자적인 경제권을 갖지 못한 채 남성의 통제 아래에 놓여있다.

경제적 학대

친밀관계 속 파트너에 대한 통제수단으로 자신에게 재정적으로 의존할 수밖에 없도록 하는 유형의 학대를 경제적 학대(economic abuse)라고 부른다. 2021년 개정된 영국의 가정폭력방지법은 경제적 학대를 가정폭력의 정의에 포함했다. 경제적 학대의 가해자는 파트너의 취업과 직장활동을 방해하고, 금융활동(카드 발급, 은행 계좌 개설 등)을 금지하고, 심지어 파트너가 부채를 떠안도록 강요한다.

개인적인 것이 정치적인 것이다. 여성이 삶에서 겪는 고통, 억압, 차별, 불편함은 한낱 개인적 차원의 문제가 아니다. 정치경제적 역학과 맞닿아 있는 사회구조적 문제다. 달라 코스타는 여성이 가사노동에 예속된 원인을 남성의 성차별에서 찾는 태도에 반대한다. 지금과 같은 차별적 구조가 만들어진 이면에는 국가와 자본의 전략적 선택이 숨어 있다는 것이다. 표면적으로는 자본주의 하에서 임금노동자인 남성만 노동력을 착취당하는 것처럼 보이지만, 실제로는 여성 역시 가정에서 노동력을 착취당하고 있다. 여성은 임금을 받지 않기 때문에 자본에 의한 착취가 교묘히 숨겨져 있을 뿐이다. 자본은 여성으로 하여금 남성이 벌어오는 수입에 종속될 수밖에 없는 구조를 만들어 여성의 노동까지 착취하고 있다.

> 저는 이렇게 사는 것도 나쁘지 않은 것 같아요. 누군가의 엄마, 누군가의 아내로. 가끔은 행복하기도 해요. 그런데 어떤 때는 어딘가 갇혀 있는 기분이 들어요. 이 벽을 돌면 출구가 나올 것 같은데 다시 벽이고. 다른 길로 가도 다시 벽이고. 처음부터 출구가 없었던 건 아닐까 이런 생각이 들면 화가 나기도 하고요.
> – 영화 《82년생 김지영》 중

소설이 원작인 영화 《82년생 김지영》(2019)은 개봉 전부터 페미니즘 영화란 딱지가 붙으면서 평점 테러와 악성 댓글에 시달려야 했다. 한편에서는 이 영화가 남성혐오를 유발하거나 젠더 갈등을 부추긴다고 비판했다. 하지만 영화는 남성을 공격 대상으로 삼지 않는다. 대신 우리 사회에 여전히 남아 있는 남성우월주의,

가부장적 문화, 여성의 경제적 종속구조에 좌표를 찍는다. 여성을 비하하거나 성적대상화하거나 폭력으로 위협하는 남성들이 영화 속에 등장하지만, 영화는 출산으로 직장을 포기해야 했던 김지영(정유미)이 복직하는 과정에서 부딪치는 여성 억압적 사회구조를 고발하는 데 집중한다. 전업주부를 '맘충'이라고 부르는 개별 행위자의 성차별적 의식보다는 그렇게 불리도록 만든 사회 전반으로 우리의 시선을 돌린다. 오늘날 젊은 세대의 여성이 경험하는 억압은 어머니나 할머니 세대만큼 노골적이지는 않다. 그럼에도 미셸 푸코Michel Foucault가 말했듯이 마치 삶의 모든 영역에 퍼져서 은밀하게 작동하는 미시권력과 같은 여성 억압의 기제를 이 시대의 '김지영들'은 개인의 삶을 통해 체험하고 있다.

왜 남성은 여성을 공격하는가?

한 남성 친구에게 물었다. 남자들은 왜 여자들에게 위협을 느끼느냐고. 그 친구는 이렇게 답했다. "남자들은 여자들이 자기를 비웃을까 봐 두려워하지." 그런 뒤에 마가렛 애트우드는 일단의 여성들에게 물었다. 여자들은 왜 남자들에게 위협을 느끼느냐고, 그들은 이렇게 답했다. "우리는 살해당할까 봐 두려워요."[17]

얼마 전 뉴스에서 파키스탄의 한 고위 외교관의 딸이 목이 잘린 채 발견된 사건이 보도됐다.[18] 살인범은 피해 여성과 어릴 적부터 친구 사이로, 그녀에게 청혼을 했는데 거절을 당하자 앙심을 품고 범행을 저지른 것으로 알려졌다. 참수라는 살해방법도 끔찍하지만 상류층 여성조차 젠더폭력으로부터 결코 자유롭지 못하다는 사실에 수많은 이들이 경악했다.

UN의 조사에 따르면 한 해에 전 세계적으로 약 5만 명 이상의 여성이 배우자, 남자친구, 가족 구성원에 의해 죽임을 당하고 있다.[19] 하루 평균 대략 137명의 여성이 젠더폭력에 희생되고 있다. 지금까지 적어도 2억 명 이상의 여성과 소녀가 관습 하에 성기 절제를 당했고 6억 5천만 명의 소녀들이 열여덟 번째 생일을 맞이하기도 전에 강제 결혼을 한 것으로 알려져 있다. 그리고 1천 5백만 명의 사춘기 소녀들이 강제 성관계를 경험한 것으로 보고된다. 그밖에도 가정, 학교, 직장에서 일상적으로 반복되는 여성에 대한 온갖 종류의 폭력은 이루 셀 수 없을 정도다.

최근 들어서 급증하고 있는 디지털 성폭력은 젠더폭력의 대상과 피해의 정도를 무한확대하고 있다. 여성의 몸은 카메라로 찍히고 컴퓨터로 가공되어 인터넷망을 타고 유통되고 소비된다. 인공지능 기술로 무장한 딥페이크deepfake의 등장으로 가짜와 진짜 사이의 경계뿐만 아니라 성폭력 대상의 한계마저 무너져 내리고 있다. 여성의 입장에서 보면 가히 전 방위적이고 무차별적인 공격이라고 할 만하다. 도대체 왜 남성은 여성을 타깃으로 끊임없이 폭력을 저지르고 있을까?

페미니즘이 등장하던 초기, 범죄학자들은 젠더폭력이 아니라 단순히 남성이 여성보다 폭력범죄를 더 많이 저지르는 이유를 설명하려 했다. 대표적으로 성역할이론sex role theory이 있는데, 이 이론에 따르면 사람은 자신의 생물학적 특징에 의해 여성 또는 남성으로 분류된 뒤 사회화 과정을 거쳐 각자 부여된 성에 맞는 역할을 받아들이게 된다.[20] 이러한 성역할의 차이가 남성과 여성, 소년과 소녀가 저지르는 범죄의 양과 유형을 결정한다. 범죄학자 에드윈 서덜랜드Edwin H. Sutherland는 사회화 과정에서 소녀가 소년에 비해 더 엄격한 통제와 감독 아래에 놓이기 때문에 비행을 덜 저지른다고 설명한다.[21] 사회학자 탈코트 파슨스Talcott Parsons는 이원화된 성역할이 가족의 구조를 형성하는데, 즉 남성은 목적 달성 중심의 도구적 역할instrumental role을, 여성은 가족 간 관계 중심의 표현적 역할expressive role을 수행한다고 말했다.[22] 이러한 맥락에서 범죄학자 프레다 애들러Freda Adler와 리타 사이먼Rita J. Simon은 1970년대에 여성범죄율이 급격하게 높아진 이유를 여성이 가정을 벗어나 전통적 남성영역인 직장으로 진출해 남성의 역할을 맡게 된 데에서 찾았다.[23]

하지만 이러한 자유주의 페미니즘의 주장은 얼마 지나지 않아 다른 페미니스트 범죄학자로부터의 비판에 직면한다. 여성과 남성 사이에 존재하는 권력 관계가 전혀 고려되지 않았고, 성불평등을 사회화의 결과물 정도로 단순화시켰기 때문이다. 남성지배와 여성종속은 사회구조적 차원의 문제이며, 오랜 역사를 통해 정치적·경제적·문화적·제도적 요인들에 의해 유지되고 강화되어 온 현상이라는 사실을 간과했던 것이다.

이제 여성에 대한 남성의 폭력은 젠더구조와 권력 관계의 프레임 속에서 논의되기 시작했다. 급진적 페미니즘의 고전이라고 말할 수 있는 《성 정치학》에서 케이트 밀렛Kate Millett은 젠더폭력의 원천으로 가부장제를 지목한다.²⁴ 역사적으로 남성은 가부장제 아래에서 누리는 권력을 유지하기 위해 각 문화별로 특화된 방식의 젠더폭력을 수행해왔다(예: 이슬람의 히잡, 아프리카의 여성할례). 그중에서도 성폭력sexual violence은 많은 학자들에 의해 집중적으로 조명되었다. 대표적으로 수잔 브라운밀러Susan Brownmiller는 《우리의 의지에 반하여》에서 역사적으로 성폭력은 여성을 공포의 상태에 머무르게 하는 중요한 수단이 되어왔다고 진단한다.²⁵ 그런 의미에서 성폭력범은 가부장제와 남성지배체제가 지속하는 데 기여하는 자나 다름없다.

가부장제의 전통이 강한 사회일수록 남성은 여성에 대한 지배권을 행사하기 위해 성폭력을 동원한다. 남태평양 애드미럴티 제도의 마누스 섬에서는 남편의 권위를 무시하는 아내를 집단적으로 강간하는 악습이 있었다.²⁶ 가장에게 순응적이지 않은 여성을 고분고분하게 만들기 위해서였다. 남초 집단일수록 여성에 대한 성폭력은 더욱 노골적이고 빈번하게 저질러졌다. 영화 《노스 컨츄리》(2006)는 광산 노동현장에서 여성 광부들이 겪는 성폭력을 고발하고 있다. 남성의 전유물처럼 여겨오던 광산 노동에 여성이 진출하자 남성 광부들은 기존의 우월적 지위를 사수하려고 동료 여성 광부들을 향해 성추행과 성희롱으로 대응한다.

그런데 왜 남성은 여성을 지배하고 통제하려 할 때 성적인sexual 수단을 동원하는 걸까? '강간은 폭력이지 섹스가 아니다'라는 브라운밀러의 말처럼 가부장제에 초점을 맞춘 급진적 페미니즘은 성폭력과 일반폭력 사이에 특별한 차이를 두지 않았다. 그러나 이러한 태도에 대해 폭력 속에 담긴 성적인 의미를 무시해서는 안 된다는 비판의 목소리가 존재했다. 그러면서 점차 섹슈얼리티 자체에 이미 지배와 복종의 역학관계가 내재되어 있다는 주장으로 발전해 나갔다. 페미니스트 법학자 캐서린 맥키넌Catharine A. MacKinnon은 이성애가 이미 강압적이고 폭력적인 섹스라는 점에서 강간과 큰 차이가 없다고 주장한다.²⁷ 같은 맥락에서 페미니스트 작가 슐라미스 파이어스톤Shulamith Firestone도 가부장제 아래에서 남성이 여성을 사랑하는 것 자체가 불가능하다고 말한다.²⁸ 남성은 단지 여성을 성적 대상화sexual objectification하는 방식으로 지배하고 통제하면서 궁극적으로 우월적 남성성을 확인하려하기 때문이라는 것이다.

성적 대상화는 모든 성폭력에서 공통적으로 발견되는 본질적 요소라고 말할 수 있다. 인격체로서의 여성을 하나의 사물, 즉 성적 목적을 위한 도구로 전락시켜 자신의 완벽한 통제 아래에 두려는 시도를 의미한다. 보부아르에 의하면 여성은 평생 동안 자기 자신으로서 있는 그대로 존재하지 못하고 남성이 정의하는 대로 존재한다. 여성에게 남성은 '바라보는 시선'이고 바라봄을 통해 여성을 '무엇'으로 규정짓는 존재다. 타자의 시선이 주체에게 하듯이 남성의 시선은 여성으로부터 주체성을 앗아가고 여성을 객체화·대상화한다. 그래서 철학자 장 폴 사르트르Jean-Paul Sartre의 말을 빌려, 타자가 주체에게 지옥이라면 남성은 여성에게 지옥이다.

페미니스트 작가 안드레아 드워킨Andrea Dworkin에 의하면 포르노그래피는 여성을 성적 대상화하는 가장 강력한 매체다.[29] 포르노그래피 속 여성은 남성의 성욕을 해소하기 위한 도구로서 존재한다. 포르노그래피는 가장 단순하게 남성의 손끝과 몸짓에 격렬하게 반응하는 여성의 모습을 연출하고 여성을 완벽한 자기의 지배 아래 두기를 갈망하는 남성의 판타지에 호응한다. 오늘날 성 착취 영상이 인터넷에 유통되는 현상은 본질적으로 다중의 남성이 참여하는 집단적 성적 대상화이다. 성적 대상화의 객체는 오직 한 가지 목적을 위한 도구처럼 소유되고, 거래되고, 소비된다.

2017년 미국에서 한 유명 영화제작자의 성폭력 전력이 폭로되면서 시작된 미투 운동은 미국을 넘어 전 세계로 번져나갔다. 그동안 숨겨져 왔던 젠더폭력의 실상이 세상에 드러나자 여성들은 피해자에 대한 공감과 가해자에 대한 분노의 단계를 거쳐 종국에는 현상의 근본적 원인에 대해 묻기 시작했다. 그때 젠더폭력의 진범 중 하나로 '남성성'masculinity이 지목되었다.

2019년, 120년의 역사와 전통을 자랑하는 미국심리학회American Psychological Association, APA가 남성과 소년의 정신적 문제를 돕기 위한 지침서를 처음으로 발간했다. 그 속에 전통적 남성성의 의미와 문제의 심각성을 다음과 같이 소개하고 있다.

> (…) 자신과 다른 사람들을 해하는 극단적 행위들을 남성성과 연관시키려는 믿음체계이다. (…) 부정적 결과들을 초래할 수

있는 극단적으로 정형화된 행위들이다. 예를 들어, '진짜 남자'가 되기 위해서는 폭력, 타인지배 또는 극단적 감정억제 등의 조건을 충족해야 한다고 믿는 사람들은 신체적·정신적·사회적으로 낮은 수준의 성과를 보일 위험이 있다.[30]

일반적인 사회화 과정을 거치는 남자아이들의 대부분은 남성성 불안masculine anxiety을 경험한다고 한다. 남성성 불안은 자신이 사회가 정해 놓은 남성성의 표준에 미치지 못한다고 생각할 때 발생하는 정신적 고통이다. 사회학자 파슨스에 의하면 대부분의 가정에서 아빠는 밖에서 시간을 보내기 때문에 어린 남자 아이들에게 엄마는 중요한 롤 모델이 된다.[31] 그러나 머지않아 남자 아이들은 여성인 엄마와 자신이 다르다는 것을 깨닫고 여성처럼 성장하게 될까봐 불안감을 느낀다. 여성성을 거부하는 강박증에 가까운 방어기제가 발동하여 '계집애 같다'는 소리를 치욕으로 여긴다. 범죄학자 앨버트 코언Albert K. Cohen은 여성화에 대한 저항감이 청소년비행의 저변에 깔려 있다고 말한다. 남자아이들은 나쁜 행동을 저지르는 방식으로 여성성을 거부하고 남성성 불안의 문제를 해소하려 한다는 것이다.[32]

미국 심리학회의 지침서는 남성성 이데올로기가 반여성성anti-feminity, 성취, 나약함 회피, 모험, 위험, 폭력을 표준적 가치로 삼고 동성애 공포증, 따돌림, 성희롱을 유발시킨다고 밝히고 있다. 학계에서는 전부터 '유해 남성성'toxic masculinity이라는 개념이 통용되어 왔다. 이는 공격적으로 경쟁하고 타인을 지배하려는 강한 욕구가 표출되는 남성성을 뜻한다. 유해 남성성의 위험성은 스스로 정당하다고 여기는 것을 성취하지 못할 때 자신에게 느끼는 실망감이 쉽게 타인에 대한 분노와 혐오로 전환되는 데 있다. 남성성 연구의 권위자인 래원 코넬Raewyn W. Connell은 사회적 존경, 강인한 체력, 왕성한 성적 능력처럼 이상화된 남성성이 '진짜 남자'의 척도로 여겨질 때 문제가 야기된다고 말한다.[33] 이러한 표준에 미달하는(거의 모든 남성이 그러하듯) 남성들과 소년들은 불안을 느끼게 된다. 자기혐오와 정체성 불안을 해결하기 위한 가장 손쉬운 방법으로 주변의 약한 타자에게 힘의 우위를 과시한다. 그리고 여성은 남성 주변에 있는 대표적인 약한 타자로 지목된다.

그런데 남성성은 완성된 결과물로 존재하는 게 아니다. 구체적인 상황 속에서 만들어져 가는 사회적 구성물에 가깝다. 그래서 시대, 사회, 문화, 세대에 따라 남성성이 다르다. 군 조직만의 지배적인 남성성이 있고 스포츠계에 팽배한 남성성이 있다. 한국 50대가 인식하는 남성성과 미국 20대가 인식하는 남성성 사이에는 큰 차이가 존재한다.

> 남성성은 남성이 참여하고 있는 특정한 조건과 상황에 대해 반응하는 행동이기 때문에 학교, 청소년 집단, 길거리, 가족, 직장마다 상이한 형태의 남성성이 존재한다. 다시 말해, 남성은 자신들이 위치하고 있는 사회적 상황에 맞추어 남성성을 수행한다.[34]

모든 남성은 각자 주어진 상황에 맞게 '남자다움'을 입증해내는 방식으로 젠더를 성취해야 한다. 생물학적 성이 요구하는 필수 요소가 결여되었다는 의심을 받지 않기 위해서 젠더화된 행위와 언어를 지속해야 한다. 특정한 사회적 맥락 속에서 다른 사람들이 자신을 '수컷'으로 인정하도록 노력해야 한다. 이러한 '젠더 수행'doing gender은 남성들에게 끝이 없는 과업과 같다.[35]

　오늘날 우리 사회는 청년 세대 내 여성혐오라는 숙제를 안고 있다. 일간베스트, 디씨인사이드와 같은 온라인 커뮤니티에는 성차별적 여성혐오 표현이 넘쳐나고 있다. 여성성 자체를 비하하거나 외모를 평가하고 여성을 성기에 비유하기도 한다. 페미니스트에 대해서는 공격성과 적대감을 가감 없이 표출한다. 비단 우리나라만의 문제는 아니다. 반페미니스트적 남성 중심의 온라인 단체나 웹사이트인 매노스피어manosphere, 남성계는 미국사회 여성혐오의 중심에 위치해 있다. 영화 《매트릭스》(1999)에서 영감을 받은 '레드 필 철학'red pill philosophy으로 무장한 젊은 남성들은 페미니즘의 여성 편향적 메시지로부터 세상의 남성들을 일깨우고자 한다.[c] 총기 난사범 엘리엇 로저는 비자발적 독신주의자, 인셀incel에 의해 추종되고,[d] 온라인 커뮤니티에는 하룻밤 섹스를 목적으로 여성을 유혹하는 전문가들이 등장해 인셀들에게 유용한(?) 팁을 제공한다.

　현재 한국의 이대남은 기성세대들이 한 번도 겪어보지 못한 상황 속에 놓여있다. 'N포 세대'라는 표현으로 대표되듯 연애, 결혼, 출산, 취업, 인간관계 등 기성세대가 당연히 누려왔던 많은 것을 포기하도록 강요받고 있다. 고용불안, 청년실업과 같은 경제적 요인이 주된 원인으로 지목된다. 지난 10년간 청년실업률은 꾸준한 증가추세를 보이고 있다. 결혼에 대한 의식도 많이 변했다. 2020년 통계청이 실시한 사회조사에 따르면 전체 응답자의 절반가량만이 결혼을 해야 한다고 답했는데 20대의 경우 그 비율은 35.4%에 지나지 않는다. 남녀 차이도 두드러져 결혼은 해야 한다는 응답자가 남성은 58.2%인 반면 여성은 44.4%에 불과했다.

범죄학자 제임스 메서쉬미트James W. Messerschmidt에 따르면 남성은 학교, 직장, 가정이라는 제도적 상황 속에서 젠더를 수행한다. 그런데 이러한 제도적 수단이 봉쇄될 때 대안으로 폭력을 동원한다. 예를 들어, 중상위층 청소년들은 학교 환경 속에서 스포츠 활동이나 우수한 학업성적을 통해 남성성을 성취한다. 이들에게 남자다움이란 존경받는 직업과 안정적인 수입으로 이해된다. 반면에 하층계급 청소년들은 학교생활과 학업에서의 실패와 좌절로 인해 남성성을 심각하게 위협 당한다. 미래의 성공을 위한 근거가 부족한 상황 속에서 이들은 폭력에 의존하는 방식으로 남성다움을 성취하고자 한다.

오늘날 여성혐오도 다른 젠더폭력과 마찬가지로 유해 남성성에 기초한 젠더 수행의 유형으로 봐야하지 않을까? 이 시대의 '이대남'이 자신들에게 주어진 상황 속에서 남자다움을 입증하기 위한 방편으로 여성혐오를 선택한 건 아닐까? 남성성을 성취하기 위한 제도적 방편이 막힌 상황과 여기에서 비롯된 좌절감이 무관해 보이지 않는다.

'진정한 피해자'를 가려내는 기준

"누가 성희롱범에게 스마일을 보내요?"

실화를 바탕으로 한 영화 《밤쉘: 세상을 바꾼 폭탄선언》(2020)의 배경이 되는 폭스뉴스사의 직원이 한 말이다. 여성 앵커 그레천 칼슨(니콜 키드먼)은 오랫동안 몸담았던 폭스뉴스사를 나온 뒤 자신을 지속적으로 성희롱해온 회장을 고소한다. 그런데 사람들은 예전에 그녀가 회장에게 보낸 편지 속에 스마일 표시가 있다며 그녀를 의심한다.

'피해자다움'은 성폭력 피해자에게서 일반적으로 나타난다고 여겨지는 정형화된 특성이다. 사람들은 성폭력 피해자에게서 피해 당시 적극적으로 저항하고, 피해 직후 경찰에 신고하고, 절망감에 빠져 있거나 수치심에 어쩔 줄 몰라 하는 모습을 기대한다. 만약 피해자가 피해자다움에서 벗어나면 '강간 신화'가 슬며시 고개를 든다. '어쩌면 일부러 강간을 유발한 건 아닐까? 여성의 내면에는 강제로 당하고 싶은 욕구가 있다고 하던데. 그때 끝까지 저항하면 당하지 않았을 텐데. 한참을 지나서 고소를 한 데에는 무슨 다른 꿍꿍이가 있는 게 아닐까?' 와 같은 허상 말이다.

과거에는 여성의 신분이나 행실이 피해자 여부를 판단하는 중요한 기준이었다. 14세기 프랑스 파리에서는 성매매 여성은 성폭행 피해자의 자격을 갖지 못했다. 때문에 강간범들이 다짜고짜 피해 여성을 성매매 여성이라고 우기는 일이 비일비재했다.[36] 사실 오늘날에도 여성의 평소 행실이 법정에서 불리한 증거로 제시되는 경우가 적지 않다. 피해 여성의 남성편력, 성관계 이력, 음주습관, 마약복용 등을 문제 삼는다. 영화《피고인》(1989)은 1983년 미국 매사추세츠 주에서 실제로 발생한 사건을 소재로 만들어졌다. 주인공 사라(조디 포스터)는 술집에서 세 명의 남성으로부터 집단강간을 당했고 많은 남성들이 현장을 목격했다. 명백한 강간사건이었지만 막상 법정으로 가자 주인공의 평소 자유분방한 생활방식이 도마 위에 올랐다. 그녀의 음주습관, 대마초 흡연, 그리고 마약판매상 남자친구와의 동거 전력이 공개되면서 재판은 사라에게도 피해에 대한 책임이 있다는 방향으로 진행된다. 정숙하지 않은 여성이 남성의 성욕을 자극했다는 식의 '짧은 치마 책임론'이 힘을 얻은 결과다.

피해 당시 여성이 얼마나 적극적으로 저항했는지도 '진정한 피해자'를 가려내는 데 중요한 기준이 되어왔다. 13세기 영국에서는 성폭행을 당할 때 피해 여성이 비명을 지르지 않았다면 자동적으로 성관계에 동의한 것으로 간주되었다. 15세기 독일에서도 성폭행 피해자는 피해사실을 입증하기 위해 찢어진 옷, 쉰 목소리, 흐트러진 머리카락을 증거로 제시해야만 했다. 17세기 중국 청나라 형법은 기준이 더 엄격했는데 피해자가 처음에는 소리치며 저항했더라도 피해를 당하는 도중 비명과 저항을 멈추면 합의에 의한 성관계로 취급했다.[37]

오늘날에도 정형화된 피해자의 일반적 반응은 재판과정에서 피해자 진술의 신빙성을 결정하는 데 중요하게 여겨진다. 성폭행을 당한 후 가해자의 집에 얼마간 머물러 있거나 경찰차를 보고도 신고하지 않았거나 가해자와 메시지를 주고받았거나 가해자에게 합의금을 요구한 후 비로소 신고한 경우 법원은 '강간 피해를 입은 피해자의 통상적인 태도'에서 벗어난다고 판단했다.[38]

2019년 대법원에서 확정 판결된 전 충남도지사의 강제추행사건 1심 판결에서도 사건 직후 피해자가 보인 반응이 일반적이지 않다는 점이 고려되었다. 피해를 당한 후 가해자가 좋아하는 식당을 찾으려고 노력하거나 가해자와 함께 와인바에 간 행위, 그리고 피해를 당했음에도 재차 가해자의 객실에 들어간 행위 등이 피해자 주장의 신빙성을 떨어뜨린다고 판단했다.[39] 피해자다움의 지표에는 피해자들에게서 공통적으로 발견되는 특징과 행동양식이 담겨 있다. 피해자와 가해자의 주장이 엇갈리는 상황에서 이러한 지표가 실체적 진실을 입증하는 과정에 최소한의 객관성을 담보한다고 여겨져 왔다. 하지만 이는 여성에 대한 남성의 왜곡되고 편향적 시각을 반영하고 있기 때문에 문제가 된다.

영화 《엘르》(2017)는 피해자다움의 대척점에 성폭력 피해자를 배치한다. 주인공 미셸(이자벨 위페르)은 어느 날 자신의 집에 침입한 정체불명의 괴한으로부터 강간을 당한다. 괴한이 사라진 후 그녀는 차분하게 일어나서 옷을 고쳐 입고 거실 바닥에 깨어진 유리를 쓸어 담는다. 그러고는 다리 사이로 흐르는 피를 닦고 조용히 욕조에 몸을 담근다. 주변 사람들에게는 아무렇지 않게 피해사실을 알리면서도 정작 경찰에는 신고하지 않는다. 피해사실에 대해 불쾌감을 드러내지만 슬퍼하거나 수치스럽게 여기지도 않는다. 그 대신 자신을 덮친 괴한을 담담히 추적해 나간다. 정형화된 피해자의 모습에 익숙한 사람들에게 미셸의 태도는 당혹스러울 뿐이다.

시야를 좀 더 넓혀보면 아예 법과 절차 속에 성편향이 깊이 뿌리를 내리고 있음을 알 수 있다. 법률은 진공상태에서 만들어지지 않는다. 그 사회의 문화, 제도, 구조를 반영하기 마련이다. 페미니스트 법학자 맥키넌은 남성우월적 사회 속에서 만들어지고 발전되어 온 법체계가 젠더중립적일 수 없다고 말한다.[40] 기존의 법체계는 허울뿐인 법적 객관성을 앞세워 남성의 지배를 정당화하고 불평등한 현실이 눈에 잘 띄지 않도록 만드는 수단에 불과하다는 것이다.

남성에 의해, 남성을 위해 만들어지고, 전全 역사를 통하여 남성을 대표하여 축적되어 온 법률은 남성적 편향을 법전화하며 또한 여성적 시각을 무시하여 여성을 체계적으로 차별한다.[41]

페미니즘에서 바라보는 법률은 결코 객관적이지도 중립적이지도 않다. 이미 남성의 편향된 시각으로 짙게 물들어 있다. 따라서 형사절차에서 피해자다움과 2차 피해의 문제가 수사관이나 판사와 같은 개별 행위자의 인식과 태도보다는 근원적으로 법체계의 성편향성과 맞닿아 있다고 봐야 한다.

피해자다움의 문제는 법체계 속에서 피해자가 겪는 고통에 대한 이해부족과 무관하지 않다. 남성지배적 법문화 속에서 여성

피해자가 겪는 고통은 제대로 이해되지 못한다. 왜 그럴까? 미국 법철학자 로빈 웨스트Robin West는 여성이 남성과 달라서가 아니라 여성이 겪는 고통 자체가 다르기 때문이라고 말한다.

> 법문화가 여성에게 국한된 고통을 외면하는 것은 여성이 느끼는 고통이 이해되고 있지 못한 정도를 반영하고 있다. 여성의 고통이 이해되지 않는 이유는 단지 여성의 차이에 있다기보다는 고통 그 자체가 다르기 때문이다. 따라서 여성이 더 고통을 받는 이유는 우리가 다르게 고통을 받고 있기 때문이다. 우리가 느끼는 고통 그 자체가 다르다(우리의 쾌락이 그러하듯).[42]

외모 품평을 하는 남성 직장상사는 당하는 여성 직원의 고통을 이해하지 못한다. 남성이 여성보다 덜 예민해서가 아니다. 직장상사에게는 악의가 없는 단순한 장난일 수 있지만 직원은 불편한 성희롱을 경험하는 것이기 때문이다. 객관적으로 동일한 상황 속에 놓인 것 같지만 여성과 남성이 별개의 실재 속에 놓여있는 경우가 많다. 가해 남친에게는 데이트지만 피해 여친에게는 폭력이듯이. 폭력 남편에게는 가정이지만 매 맞는 아내에게는 지옥이듯이.

피해 여성의 경험에 대한 몰이해는 언어의 문제이기도 하다. 웨스트는 사회적 약자인 여성만이 겪고 있는 고통에는 언어적 실재linguistic reality가 결여되어 있다고 말한다. 힘들고 불안하고 고통스럽고 상처가 남아도 마땅히 표현할 단어가 없기에 농담, 구애, 관심과 같은 다른 어떤 것으로 치환되고 만다. 1970년대 미국에서 최초로 성희롱sexual harassment이라는 단어가 탄생하고 법적 의미가 부여되기 전까지 성희롱은 세상에 존재하지 못했다.⁴ 다만 농담, 장난, 친근감의 표시로 정의되는 불편한 신체적 접촉, 불쾌한 외모평가, 당혹스러운 성적 농담이 있을 뿐이었다. 자신의 신체를 촬영한 영상물이 온라인의 불특정 다수에 의해 유통되고 소비되는 고통을 겪고 있는 피해자의 상황을 장난 섞인 '몰카 범죄'나 섹슈얼리티가 부각된 '리벤지 포르노'로 지칭하는 것 역시 공감과 언어의 결여로 인한 결과다.

그런데 피해 여성의 고통과 입장을 이해한다는 건 어떤 의미일까? 그건 피해 여성을 구체적 사건이라는 특별한 상황 속에 놓여 있는 존재로서 바라보는 걸 뜻한다. 마르틴 하이데거Martin Heidegger는 인간의 독특한 존재방식을 설명하기 위해 특정한 시간과 그 시간에 의해 결정되어지는 특정한 공간에서 고유한 방식으로 존재하는 인간이라는 의미의 '현존재'現存在를 사용한다.⁵ 데카르트나 칸트의 전통적 형이상학에 따르면 세계는 인식의 주체와 철저하게 구별되는 객체로서 주체의 외부에 놓여 있다. 그러나 하이데거는 이렇게 세계와 순전하게 고립되어 이성적 활동만을 수행하는 주체는 없다고 말한다. 그 대신 인간은 끊임없이 어떤 상황 속에 처해서 뭔가가 되어간다. 그런 의미에서 현존재를 '세계-내-존재'라고 부른다. 현존재는 세계를 관찰하는 자가 아니라 세계 속에 참여하여 세계의 일부로 존재하는 자이다. 그래서 자신이 처한 상황을 객관적으로 인식한다는 게 원천적으로 불가능하다. 주변 상황이 주체 안으로 들어와 불가분적으로 연합되기 때문이다. 주체는 상황 그 자체나 마찬가지기 때문에 고정불변의 무엇으로 정의하는 게 불가능하다. 그 대신 상황의 전개에 따라 끊임없이 변화한다.

영화《밤쉘: 세상을 바꾼 폭탄선언》의 신입사원 케일라(마고 로비)는 자신의 능력과 열정을 어필하기 위해 폭스뉴스사 회장을 찾아간다. 회장은 앵커는 비주얼이 중요하다며 치마를 걷어 올리게 하고 방송국에서 성공하려면 자신에게 '충성심'을 증명하라고 요구한다. 대놓고 강요하지는 않았지만 케일라는 그가 말한 충성심이 성상납이라는 사실을 금방 눈치챘다. 얼마 후 케일라는 직장동료에게 회장이 원하는 걸 들어줬다고 털어놓으며 수치심에 눈물을 흘린다. 누군가는 그녀가 잘못된 선택을 했다고 비난할지도 모른다. 결국 성공을 위한 거래를 한 것이 아니냐 말할지도 모른다. 그러나 이러한 피해자 책임론은 피해 여성을 구체적 상황에 놓인 존재로서 이해하지 못하는 데서 발생된다.

현존재로서 피해 여성은 결코 주변 상황과 유리된 상태에서 객관적으로 관찰하고 판단하는 주체가 아니다. 카메라 앞에서 짧은 치마를 입고 다리를 드러내라고 대놓고 요구하는 조직문화, 무소불위의 권력을 휘두르는 회장, 일상화된 성희롱에 침묵하는 다수, 방송인으로서의 개인적 성공과 회장에 대한 '충성심' 사이의 갈등은 케일라가 처해 있고 또한 이미 그 일부로서 참여하고 있는 구체적 상황이다.

현존재는 스스로의 존재를 문제 삼으며 상황 속에 놓인 자신을 의식하고 규정한다. 그러면서 세상과 맺고 있는 관계에 대해 근본적인 의문을 끊임없이 제기한다.

직장 내 성희롱은 이런 것입니다. 당신을 질문의 늪에 몰아넣어요. 그럼 끊임없이 자문하죠. 내가 뭘 했지? 내가 무슨 말을 했지? 내가 뭘 입었더라? 내가 뭘 놓쳤지? 내가 약자로 보이나? 내가 돈을 노렸다고 소문이 날까? 관종이라고 하진 않을까? 난 결국 버려질까? 평생 꼬리표를 달고 살아야 할까? 여기 남는다면 참고 견뎌야 할까? 다음 직장은 다를까? – 영화《밤쉘: 세상을 바꾼 폭탄선언》중

2018년 대법원이 성폭력 사건에서 성인지 감수성 심리원칙을 세운 점은 상당한 의미가 있다. 대학교수가 여학생들에게 성희롱을 저질러서 해임을 당하자 이에 불복하여 제기한 소송이었다. 그런데 해임처분이 적법하다는 1심 판결과 달리 2심에서는 문제의 행위가 성희롱에 해당하지 않는다며 교수의 손을 들어줬다. 그 이유로 피해 여학생이 사건 이후에 해당 교수의 강의를 긍정적으로 평가했고 계속해서 그 교수의 강의를 수강했다는 점을 들었다. 하지만 대법원의 판단은 달랐다. 우리 사회의 행위자 중심 문화, 인식, 구조 속에서 피해자는 2차 피해에 대한 불안감 때문에 피해를 당한 이후에도 가해자와의 관계를 유지하기도 하고 피해사실을 쉽게 신고하지 못한다는 점이 인정됐다. 그러면서 대법원은 다음과 같이 판시했다.

성희롱 피해자가 처하여 있는 특별한 사정을 충분히 고려하지 않은 채 피해자 진술의 증명력을 가볍게 배척하는 것은 정의와 형평의 이념에 입각하여 논리와 경험의 법칙에 따른 증거 판단이라고 볼 수 없다.[43]

성폭력 사건의 재판과정에서 가해자는 피해자 진술의 신빙성을 배척하기 위해 여러 정황증거를 제시하기 마련이다. 이러한 증거가 종종 피해자다움의 고정관념에 기대어 왔는데 법원이 여기에 브레이크를 건 셈이다. 성인지 감수성을 유지한 채 증거들을 검토해도 여전히 피해자 진술을 받아들일 수 없는 것인지를 신중하게 판단하라고 주문한 것이다.

그렇다면 성인지 감수성을 유지하며 판단한다는 건 구체적으로 어떤 의미일까? 간단히 말해 사건을 바라볼 때 일반인의 평균적 시각을 버리고 당시 상황 속에 놓여 있는 개별 피해 여성의 시각을 취하는 걸 말한다. 그동안 법원은 성폭력 피해자 진술의 신빙성을 판단할 때 진술의 구체성과 일관성을 기준으로 삼아왔다. 피해 상황에 대한 진술이 구체적이고 일관되면 증거능력을 인정하고 그렇지 않으면 배척했다. 그런데 이때 구체성과 일관성 정도를 판단하기 위해 '일반적인 피해자'라는 가상의 존재를 설정해 놓은 게 문제였다.

엄밀히 말해 동일한 피해 상황은 존재하지 않으며, 설령 있다고 해도 모든 성폭력 피해자들이 동일하게 인지하고 반응하고 행동하는 것도 아니다. 일반적이고 평균적인 피해자라는 편견은 개별 피해자와 그녀가 처한 상황의 특수성을 보지 못하게 만들 위험을 초래한다. 따라서 사건을 수사하고 심리할 때 구체적 상황의 일부이자 참여자로서 피해 여성의 행위, 말, 반응을 맥락적으로 분석하는 게 성인지 감수성의 핵심이다. 법원이 성인지 감수성을 유지하면서 피해자 진술의 신빙성을 판단한 몇 가지 사례는 아래와 같다.[44]

(…) 그러나 심야에 전혀 예상치 못한 상황에서 낯선 사람으로부터 비정상적인 폭행을 당한 피해자로서는 강간의 두려움 등으로 이 사건 폭행과정에서 극심한 공포를 느꼈을 것으로 추측되는 바, 당시 피해자의 이 같은 공포 및 흥분상태를 고려하면, 피해자로 하여금 당시의 세부적인 상황 모두를 구체적으로 기억할 것을 요구하는 것 자체가 합리성을 결여(…)

"성관계를 원하지 않았지만 하기 싫다는 말을 못 하였다. 성관계를 하지 않을 수 없다. 너무 무섭다. 말을 들어도 때리고 안 들어도 때리며, 피고인이 손만 들면 무서워서 말을 듣게 된다. 한 3주 맞아보면 무서워서 말을 듣게 된다"는 취지로 판시 범죄사실의 주요부분에 관하여 구체적이고도 일관되게 진술하고 있어 충분히 납득할 수 있고(…)

피고인과 피해자가 주고 받은 문자메세지 내용, 카카오톡 대화내용, 영상편지, 피고인과 피해자가 함께 전국 방방곡곡을 데이트한 점, 피고인이 피해자와 교제하던 중 많은 비용을 지출한 점 등을 들어 공소사실을 부인하나, 이는 이 사건과 같은 데이트폭행사건에서 전형적으로 나타나는 현상임을 고려할 때(…)

2019년 서울 신림동에서 발생한 주거침입미수 사건은 사람들을 두 번 놀라게 했다. 첫 번째는 낯선 남성이 혼자 사는 여성의 집안으로 들어오려고 시도하는 과정이 CCTV 영상을 통해 생생하게 드러났기 때문이다. 관념 속에만 머물러있던 범죄에 대한 추상적인 공포가 구체적이고 사실적인 형태로 확인되었다. 많은 사람들은 피해 여성이 느꼈을 두려움에 적극적으로 공감했다. 그런데 얼마 지나지 않아 사람들은 또 다시 놀라지 않을 수 없었다. 가해남성의 행위를 주거침입미수 범죄로밖에 처벌할 수 없다는 사실 때문이었다. 피해 여성이 느꼈을 공포는 누군가 허락 없이 집 안으로 들어오려 했다는 사실보다는 그 이후에 벌어졌을 상황을 향해 있다. 그러나 현행법은 당시 상황의 의미를 제대로 묘사하지 못한다. 웨스트가 말한 '언어적 실재'의 결여다. 구체적 상황에 놓인 피해 여성의 경험을 담아내지 못한 결과다. 낯선 사람이 문을 두드리며 자신의 집에 들어오려고 할 때 밖에 있는 사람의 성별과 나이, 안에 있는 사람의 성별과 나이, 동거가족의 유무 등에 따라 상황의 의미가 달라질 수 있다. 다양한 요인의 조합은 전혀 다른 실재를 만든다. 미국의 한 성희롱 사건에서 법원은 여성과 남성 사이 존재하는 인식의 차이를 다음과 같이 설명했다.

물론 집단으로서의 여성 간에도 상당히 넓은 견해차이가 있을 것이지만, 우리는 다수의 여성은 남성들은 가지고 있지 않을 공통된 우려(common concern)를 가지고 있다고 믿는다. 예를 들면, 강간과 성적 공격에 있어서 비대칭적으로 희생자가 되기 때문에, 여성들은 성적 행위에 대한 우려를 하게 될 동기가 매우 높다. 대단치 않은 정도의 성희롱을 당한 여성들이 성희롱 행위가 성적 공격의 전조(prelude)가 아닌지 우려하는 것은 이해할 만한 것이다. 하지만, 거의 성적 공격의 피해자가 되지 않는 남성들은 사회상황에 대한 고려 없이, 혹은 여성이라면 인지할 수 있는 그 상황 안에 내재한 폭력 행사의 위협에 대한 충분한 이해 없이, 성적 행위를 진공상태에서 판단할 것이다.[45]

성폭력 피해 여성이 놓인 구체적 상황과 그녀들의 경험을 이해한다는 건 쉬운 일이 아니다. 영화 《왓 위민 원트》(2001)의 주인공(멜 깁슨)처럼 헤어드라이어에 감전되어 여성의 생각을 귀로 들을 수 있는 초능력이 생기면 모를까 남성이 여성의 경험에 완전히 공감하기란 매우 어려운 일이다. 심지어 같은 여성이라 할지라도 자신이 겪어보지 않은 피해경험에 대해 공감하는 게 쉽지 않은 일이다. 영화 《밤쉘: 세상을 바꾼 폭탄선언》의 성희롱 폭로자 그레천 칼슨은 말한다.

"많은 사람들, 여성들조차 성희롱 피해를 회의적으로 보죠. 직접 겪어 보거나 지인이 당하기 전까지는요."

그래서 세상은 그녀들에게 왜 가해자에게 이모티콘을 보내고 계속 그와 만남을 가졌는지, 그 정도 갖고 왜 그리 호들갑을 떠는지 물어본다. 어떻게 하면 이러한 인식의 한계를 뛰어넘어 피해 여성을 조금 더 이해할 수 있을까?

무엇보다 우리가 대상을 객관적으로 관찰할 수 있다는 착각에서 벗어나야 한다. 현상학자 에드문트 후설Edmund Husserl은 실증주의에서 강조하는 순수한 의미의 객관적 관찰은 애초에 불가능하다고 말한다. 우리의 의식은 독립적으로 존재하는 게 아니라 항상 '무엇에 대한 의식'으로 존재한다. 한마디로 대상이 없는 의식은 없다. 그래서 우리의 주관적 의식은 객관적 대상과 분리되어 있지 않다. 피해 여성을 바라볼 때 의식 밖의 객관적 대상을 보는 게 아니라 선입견과 편견으로 물든 우리의 주관적 의식 속에 이미 들어와 있는 대상을 보고 있을 뿐이다. 같은 대상을 바라봐도 여성과 남성이, 가해자와 피해자가, 비슷한 피해를 당해 본 사람과 그렇지 않은 사람이 다르게 인식하게 되는 이유가 여기에 있다. 각각의 인식이 다 다를 수밖에 없다면 우리는 어떻게 해야 공감대를 만들 수 있을까?

다행히 인간은 눈에 보이는 대로만 인식하는 존재가 아니다. 주어진 경험적 현상을 의식 안에서 종합해서 판단할 수 있는 선천적 능력을 가지고 있다. 후설의 비유를 들자면, 비록 눈에는 주사위의 정면에 적힌 숫자만 보일지라도 나머지 다섯 면과 다섯

개의 숫자가 있음을 알고 있기에 3차원적으로 주사위를 인식할 수 있다. 우리가 성폭력 피해자를 바라볼 때 편협한 인식의 틀 안에 갇히지 않기 위해서는 대상을 다각도로 바라보는 태도가 필요하다. 대상의 이면에 내가 보지 못한 다른 모습이 있음을 인정해야 한다. 그럴 때 구체적인 상황 속에서 고통 받고 있는 피해 여성의 참 모습이 우리 앞에 현상될지도 모른다.

3. 삶의 의미, 폭력이 되다

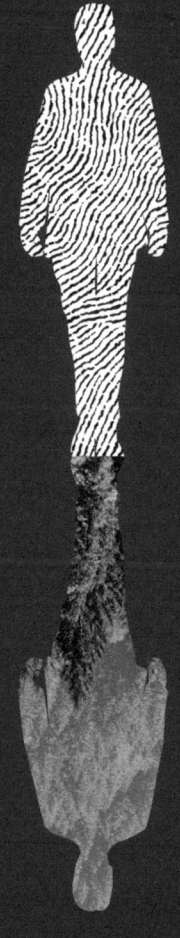

유전자 | 젠더 | **존재론적 불안**
혐오 | 범죄자의 탄생 | 자본주의
범죄의 의미 | 변화 | 권력

한 소년이 운동장에서 친구들과 야구를 하고 있었다. 갑자기 덩치 큰 녀석이 달려와 소년을 때려눕히고 발로 얼굴을 짓밟았다. 소년이 자신의 헛스윙을 비웃었다는 이유에서다. 소년은 한쪽 뺨을 짓누르고 있는 덩치의 운동화보다 빙 둘러서서 내려다보며 조롱하는 듯한 다른 친구들의 차갑고 따가운 시선이 더 싫었다. 하지만 덩치가 무서워 가만히 밟힌 채 굴욕을 삼켜야 했다. 교실에 돌아온 후 소년은 운동장 구석에 놓여있던 벽돌 한 장을 떠올렸다. 그 벽돌로 덩치의 뒤통수를 갈기는 상상을 했다. 하지만 선뜻 용기가 나지 않았다. 그날 밤 소년은 꿈을 꾸었다. 덩치는 피가 흐르는 머리를 감싸 쥐고 교실 바닥에 나뒹굴고 있었다. 그 앞에는 피 묻은 벽돌을 손에 쥔 소년이 있었다. 소년의 얼굴은 당당함으로 가득했다. 짓밟힌 주체성이 비로소 회복되고 짓밟힌 지위도 제자리를 찾았다.

처음으로 인간의 폭력성에 관심을 갖게 된 사건이었다. 부모에게 순종적이고 학교에서도 모범생이던 나는, 불현듯 내 안의 폭력성을 발견하고 흠칫 놀랐다. 그 사건 이후 내 꿈속에서는 종종 피의 복수가 반복됐다. 상상 속 복수극은 묘한 쾌감을 주었고 그럴 때면 잠깐이나마 그 날의 치욕스런 감정에서 벗어날 수 있었다. 제법 시간이 흐른 후에야 나는 더 이상 빨간 벽돌을 떠올리지 않게 되었다. 어쩌면 끔찍한 폭력으로 이어질 수도 있었을 그때의 공격성은 어디에서 온 걸까? 복수심에 눈이 먼 한 소년의 철없는 망상 정도로 치부하면 그만일까?

당시 나는 상상으로라도 복수하지 않으면 안 될 것 같은 내면의 절박함을 느꼈다. 스스로 치욕스럽고 무가치해 보였다. 생각해보면 당시에 느꼈던 절박감은 바로 존재의 위기에서 비롯된 것이었다. 타인에게 부정당한 나의 존재를 지켜야 한다는 마음이었다. 치욕이라는 구덩이에 빠진 나를 구출해 내야 했다. 폭력은 위기의 나를 구하기 위한 사다리였다.

인간은 평생 동안 끊임없이 자신의 존재 문제를 앞에 두고 고뇌하며 해답을 찾는다. 하지만 존재의 근거를 찾기란 결코 쉽지 않고 대부분의 사람은 불안과 권태를 느끼며 살아간다. 그러다가 어느 순간 누군가에 의해 자신의 존재가 위협당하면 그제야 분노를 느낀다. 인간 특유의 존재 인식과 대응 방식은 인간의 폭력성을 이해하기 위한 중요한 실마리를 제공한다.

의로운 살인자

비행기 조종사는 급강하할 때 종종 '레드아웃'redout을 경험한다. 원심력 때문에 피가 머리 쪽으로 쏠리고 안구가 충혈되어 세상이 붉게 보이는 현상이다. 레드아웃이 발생하면 눈과 뇌의 혈관이 터지거나 망막이 손상을 입을 수도 있고 심한 경우에는 뇌출혈을 일으키기도 한다. 흥미로운 사실은 일반인에게도 갑자기 찾아오는 '레드아웃'이 있다는 것이다. 바로 분노가 폭발할 때이다.

분노가 가리키는 붉은빛

캐나다 심리학자 도날드 더튼(Donald G. Dutton)은 그의 책에서 아내를 폭행한 어떤 남자의 사례를 소개하고 있다. 어느 날 그 남자는 아내와 함께 파티에 참석했다. 그런데 아내가 그의 시야에서 10분 정도 사라졌고 그 순간 그의 마음속에 아내가 어딘가에서 불륜을 저지르고 있다는 의심이 들었다. 그날 밤 집에 돌아온 후 아내의 외도에 대한 의심 때문에 분노가 치민 나머지 그는 자고 있던 아내를 마구 폭행했다. 남편은 더튼과의 인터뷰에서 아내를 폭행하던 순간이 마치 "적조(赤潮)에 빠진 것" 같은 느낌이었다고 표현했다. 레드아웃이 발생했던 것이다.[46] 우리말에도 극도의 분노 상태를 표현할 때 '피가 거꾸로 솟는다'는 말이 있다. 걷잡을 수 없는 분노에 사로잡힐 때 몸 안에 있는 혈액이 순식간에 얼굴 쪽으로 솟아오르는 느낌에서 유래된 표현이다.

폭력은 분노라는 감정에 실려 폭발한다. 우발적으로 발생하는 폭력은 더욱더 그렇다. 배우자가 바람피우는 장면을 봤을 때, 이별을 앞둔 애인으로부터 모욕적인 말을 들었을 때, 층간소음을 견디다 못해 이웃에게 항의했더니 도리어 적반하장으로 나올 때, 먼저 봐 둔 주차공간을 누군가에게 새치기 당할 때 우리는 순간적으로 끓어오르는 분노를 경험한다. 상황이 언쟁 정도로 마무리 될 때도 있지만 때로는 누군가가 죽어야만 끝날 때도 있다. 사소한 말다툼으로 시작되었더라도 일단 분노라는 뇌관을 건드리면 폭발의 규모는 예측불허다. 칼부림이 나기도 하고 불을 지르는가 하면 차를 몰고 인도로 뛰어들기도 한다.

분노로 야기된 폭력의 근저에는 '도덕 감정'moral emotion이 자리 잡고 있다. 도덕 감정이란 도덕적 존재인 자신에 대한 도전 때문에 야기되는 감정과 이러한 도전을 극복하고자 하는 의지다. 자신을 도덕적 존재로 인식할 때 사람은 아무에게서도 부당한 취급을 당해서는 안 된다고 여긴다. 일반적으로 도덕 감정은 인간의 상호작용 속에서 작동하는데, 모욕감, 자기의self righteousness, 자만심, 조롱, 냉소주의, 복수심 등의 형태로 나타난다.

사람은 도덕 감정이 수반될 때 자신의 폭력행위를 정당하다고 인식한다. 폭력행위자의 입장에서 보면 상대방은 나를 무시하고 조롱하고 거부한 자다. 그로 인해 나의 체면과 명예는 짓밟혔고 존재로서의 정체성에 심각한 손상을 입었다. 상대방의 말과 행동은 나라는 존재에 대한 불의한 도전이기 때문에 나는 이러한 도전을 극복하여 주체적이고 고유한 존재임을 입증해야 할 절박함을 느긴다. 따라서 폭력은 행위자에게 스스로를 지키려는 의로운 투쟁이자 타인의 부당한 침략에 맞선 결사항전처럼 여겨진다.

정신분석가 롤로 메이Rollo May는 무력감無力感이 폭력을 유발하는 이유를 설명한다. 무력감이란 타인에게 아무런 영향을 미칠 수 없는 무가치한 존재처럼 느껴지는 감정이다. 단지 힘이 빠져나간 느낌이라기보다는 무엇에 의해 시달리고, 괴롭힘 당하며, 박해받는 느낌으로 다가온다. 그런데 여기서 주목할 점은 무력감이란 권력을 향한 욕구가 거세된 상태가 아니라 억눌린 욕구를 착각해 욕구가 없어졌다고 느끼는 상태라는 사실이다.

인간은 쉽게 자신의 존재를 포기하지 않는다. 아무리 스스로가 하찮은 존재처럼 여겨져도 자기 존재를 긍정하고자 하는 욕망의 불씨는 웬만해서는 꺼지지 않는다. 그래서 무력감은 불씨가 완전히 꺼져버린 사화산이 아니다. 겉으로는 평온해 보여도 땅속 깊은 곳에선 뜨거운 용암이 끓고 있는, 언제 폭발할지 모르는 휴화산이다. 메이의 저서 《권력과 거짓순수》의 첫 문장은 다음과 같다.

> 살아 있는 모든 존재는 권력이 필요하다.[47]

여기에서 권력이란 타인과의 관계에서 영향력을 미칠 수 있는 능력을 말한다. 권력의 경험은 한 인간이 자아를 실현하고 자기 성취감을 맛보기 위해서 반드시 필요한 조건이다. 사람은 세상과 타인에게 영향력을 발휘하는 자기 자신을 볼 때 스스로를 가치 있고 의미 있는 존재로 여긴다. 프리드리히 니체Friedrich Nietzsche 역시

'힘의 느낌', '권력에의 의지'를 인간이 실존하기 위한 가장 중요한 요소로 보았다. 모든 생명체 안에는 권력의지가 존재한다. 심지어 누군가에게 복종하는 자의 내면에도 스스로가 주인이 되고자 하는 의지가 발견된다. 약한 자가 강한 자에게 기꺼이 봉사하는 이유는 자신보다 더 약한 자를 지배하는 기쁨을 누리기 위해서다.

> 행복이 가져오는 첫 번째 효과는 힘의 감정이다. 우리 자신에 대해서든 다른 인간에 대해서든 표상에 대해서든 상상의 존재에 대해서든 이러한 힘의 감정은 자신을 표현하고 싶어 한다. 자신을 표현하는 가장 흔한 방식은 선물을 주는 것, 조롱하는 것, 파괴하는 것이다.[48]

폭력의 뒤에는 무력감이 숨어있다. 자기긍정을 향한 포기할 수 없는 욕구는 폭력을 견인한다. 인간은 어떻게 해서든 의미 있는 존재로 자리매김해야 하는 절체절명의 과제를 떠안은 존재다. 무력감의 덫에 걸린 자에게 폭력은 자신도 소중하고 의미 있는 존재라는 사실을 입증할 수 있는 마지막 탈출구가 된다. 그럴 때 폭력은 무력한 자가 스스로를 지키기 위해 타자와 세상을 상대로 전개하는 필사의 투쟁이다.

> 폭력이나 그와 비슷한 행동들은 내가 가치 있고, 중요하며, 힘이 있다고 느끼게 해 준다. (…) 그다음으로 폭력은 그 개인에게 자신이 의미 있다는 느낌을 준다.[49]

범죄학자 잭 카츠Jack Katz는 갑작스런 도덕 감정에 휩싸여 살인을 저지르는 자를 '의로운 살인자'righteous slaughter라고 부른다. 이들의 폭력은 항상 굴욕의 경험에서 시작한다. 예를 들어, 아내의 외도를 알게 된 남편은 남성으로서, 남편으로서, 그리고 한 인간으로서 자신의 가치가 땅에 내팽개쳐지는 느낌을 갖는다. 바닥으로 끌려 내려간 자신을 모든 사람들이 내려다보는 것만 같고 한없이 작고 초라하게 느껴진다. 어쩌면 죽는 날까지 보잘 것 없는 존재로 살아가야 할지도 모른다는 두려움까지 든다.

스스로를 무가치한 존재로 여기고 밑바닥까지 자존감이 추락한 절망적 상태인 '제로 상태'에 까지 다다른 자는 벼랑 끝에서 최후의 일전에 돌입한다. 눌려 있던 자기긍정의 욕구, 권력에의 의지가 작동한다. 자신에게 치켜든 상대방의 가운데 손가락을 꺾어 도덕적으로 상처 입은 자아를 복원시켜야 한다는 절박함에 사로잡힌다.

굴욕감은 분노로 전개된다. 분노는 수직 상승하는 느낌이다. 중력을 거스르는 느낌이다. 몸 안에 있는 뜨거운 것들이 일제히 위를 향하고 급기야 '뚜껑이 열리고' 가스가 머리 위로 분출한다. 이때 하강 에너지인 굴욕감이 상승 에너지인 분노로 전환되기 위해서는 매개체가 필요한데 '의로움'이 그 역할을 맡는다. 한마디로 의로움은 '도덕적 원칙에 부합됨'을 뜻한다. 행위자는 자신을 무력하고 초라한 상태로 몰고 가는 상황 속에서 어떤 도덕적 결함을 발견한다. 규범, 관습, 예의, 도리 등 옳고 그름을 구분하는 보편적 가치기준에 비추어 볼 때 자신이 겪고 있는 고통이 분명 잘못되고 부당하다고 느낀다. 나를 비참하게 만든 상대방은 간통을 저지른 부도덕한 자이고 신뢰를 저버린 자이며 무례한 이웃이고 함부로 질서를 어지럽히는 자이다. 대개 범죄자가 인식하는 의로움은 객관성이 결여된 독선self-righteousness에 가깝다. 행위자는 고통스러운 굴욕의 나락에서 의로움이라는 도약대를 딛고 분노의 상태로 뛰어오른다.

분노는 상승하려는 욕구의 한 가지 표현방식이다. 나의 주체성을 억누르던 타인의 권력으로부터 벗어나 상대방 위에 우뚝 서고자 하는 마음이 분노 속에 담겨 있다. 그와 함께 내려다보이는 위치에서 내려다보는 위치로 올라서길 원한다. 그리하여 굴욕감으로 인한 상처를 치유하고 도덕적 정체성을 회복하려는 것이다.

'의로운' 분노를 터뜨리는 살인자가 궁극적으로 원하는 건 살인이 아니다. 그는 구겨진 체면과 강등된 지위가 복원되길 원한다. 그러나 일단 분노가 폭발해 버리면 모든 의식이 눈앞의 상황에만 집중되고 행동으로 인한 결과를 생각하지 못한다. 처음부터 살인을 의도하지는 않았지만 결과적으로 상대방을 죽음에 이르게 한다.

특정 개인이 아닌 사회 전체를 향해 분노가 표출될 때 묻지마 폭력이 발생한다. 묻지마 범죄자들은 사회로부터 받은 모욕감을 되갚아줄 목적으로 불특정 타인을 겨냥해 무차별적 폭력을 가한다. 이들에게서 공통적으로 발견되는 사회에 대한 적개심 역시 그 출발은 도덕 감정이다. 실패와 좌절이 가져온 패배의식은 불공정한 사회에 대한 정죄를 거쳐 '의로운' 분노로 탈바꿈한다.

2008년 서울 강남구 논현동의 고시원에 고의로 불을 지른 뒤 건물을 탈출하는 투숙자를 칼로 무차별 공격해서 6명을 죽이고 7명에게 중상을 입힌 사건이 있었다.[50] 범인은 일정한 직업 없이 오랜 기간 경제적 궁핍에 시달려 온 것으로 알려졌는데 그의 일기장에는 다음과 같은 내용이 적혀 있었다.

> 신이 내게 두 가지 소원을 들어주겠다고 하면 난 복권 100억 원 당첨보다 이 지구를 폭파시켜달라고 할 것이다.

2010년 서울시 양천구 신정동의 한 다가구주택 옥탑방에서 묻지마 살인을 저지른 범인도 마찬가지로 사회를 향한 극단적 적개심을 드러냈다.[51] 범인은 길을 걷다가 우연히 인근 옥탑방에서 흘러나오는 웃음소리에 격분한 나머지 자신도 모르게 범행을 저질렀다고 했다. 당시 그의 귓가에 들려온 웃음소리가 마치 무력하기 짝이 없는 자신을 조롱하는 것처럼 느껴졌다고 했다. 남들은 다들 행복하게 사는데 자신만 방황하며 힘들게 사는 것 같아 순간 화가 치밀었다는 것이다.

연쇄살인범 유영철조차 자신의 살인행위를 '사회에 대한 살인'으로 정의했다. 자신의 범죄가 개인적 원한, 금전 또는 성적 만족을 위한 살인으로 규정되는 것을 거부했다.

> 그 어떤 살인이라 해도 목적 없는 살인은 없습니다. 원한이 있어서도 아니고 돈 때문은 아니고 성(性)을 빼앗으려 했던 것도

아니고. 이제라도 제가 밝힌다면 전 사회를 죽이려고 했던 것입니다. (…) 제 이름 앞에 왜 '희대의 살인마'라는 수식어가 붙어야 합니까? 이제 그만들 왈가왈부했으면 합니다. '사회에 대한 살인'이기 때문입니다.[52]

적어도 유영철 자신에게는 타락하고 불공정한 사회에 대한 보복행위였고 그런 의미에서 의로운 행위였다. 물론 유영철의 생각에 동의할 수는 없다. 세상이 그를 대해 온 방식 때문에 그가 사회에 분노와 적개심을 가질 수는 있다. 다만 그가 가진 도덕 감정이 사회에 대한 분노일지언정 결코 사회에 대한 단죄로 정의될 수는 없다.

그가 타락하고 불공정다고 생각했던 사회는 그의 살인행각으로 인해 나아지지 않았다. 단지 희생당한 무고한 생명과 극단적 폭력에 대한 기억만을 남겼을 뿐이다.

나는 왜 살아있는가: 어느 범죄자의 독백

인간의 존재방식에 대한 이해는 폭력의 원인을 규명하기 위한 출발점이다. 하이데거는 세상 만물 중 오직 인간만이 자신의 존재 자체에 대해 의문을 품는다고 말한다. 인간은 태어나서 죽는 순간까지 스스로의 삶에 대해 질문하고 존재의 의미를 찾으려 애쓴다. 이처럼 자신의 존재를 놓고 고민하는 인간 특유의 존재방식을 '실존'이라고 부른다. 인간은 진정으로 자신이 존재하고 있다는 확신을 갖게 될 때 삶의 의미를 발견하고 비로소

권태를 극복할 수 있다. 존재에 대한 확신은 타자와 구별되는 자신만의 고유성이나 본래성을 발견할 때 가능하다. 그렇기 때문에 우리는 이 세상에 던져진 순간부터 고유한 존재로서의 가능성을 끊임없이 탐구하면서 살아간다.

그런데 불행히도 인간의 삶에는 존재론적 불안이 항상 내재되어 있다. 평범한 삶이 주는 안락함 속에서 잊고 살아가지만 문득 우리는 결국 죽을 수밖에 없는 존재라는 사실을 떠올리면 불안이 엄습한다. 그동안 의지해왔던 세상이 한순간에 무너져 내리고 모든 것이 허무하게 느껴진다. 살아가는 이유가 무엇인지 자문해 보지만 쉽게 답을 내릴 수 없다. 사르트르의 말을 빌자면 애초부터 인간은 무슨 목적이나 이유를 가지고 태어난 것도 아니다. 그저 공허한 '무'無의 상태로 세상 한가운데 우연히 내던져진 존재에 불과하다. 그래서 존재론적 불안은 인간에게 맡겨진 필연적 과제 같은 것이다. 고유한 존재로서의 가능성을 확인하여 근원적 불안으로부터 자유로워지는 일은 인간이라면 누구나 짊어져야 할 인생의 짐이다.

그러면 인간은 어떻게 존재의 의미를 발견하고 스스로를 확증하여 불안, 권태, 공허로부터 자유로워질 수 있을까? 영화《택시 드라이버》(1976)의 트레비스 비글(로버트 드 니로)은 이러한 실존적 고뇌를 겪고 있는 인물이다. 그는 베트남전 참전용사로서 현재는 택시를 몰면서 사회에 적응하려는 중이다. 하지만 낯선 세상 속에서 외로움만 커져가고 반복되는 무의미한 삶은 그를 권태롭고 불안하게 할 뿐이다. 좋아하는 여성과 사귀어보려고 접근하지만 거부당한다. 동료는 직업이 바로 존재의 근거라고 조언하지만 트레비스는 납득할 수가 없다.

> 외로움이 날 쫓아다닌다, 어디든지.
> 술집에서도, 차에서도
> 길이든 가게든 어디든지
> 도망갈 곳이 없다.
> 난 외로운 인간이다. - 영화《택시 드라이버》중

행위는 인간이 자신의 존재를 세상에 드러내는 가장 확실한 방법이다. 인간은 행위를 하고 그 행위에 의미를 부여하는 방식으로 스스로의 존재를 확증한다. 실존적 고뇌에 빠진 트레비스가 선택한 해결책 역시 행위였다. 그는 세상 속에서 자신의 자리를 찾는 데 실패했다고 판단하고 점점 사회에 대한 증오심을 키워간다. 처음에는 한 유력 정치인을 암살하려고 시도하지만 사전에 발각되어 수포로 돌아간다. 마침 우연히 알게 된 한 어린 소녀를 사창가로부터 구출하기로 마음먹은 그는 소녀를 성 착취하던 성매매업주 일당을 무참히 처단한다.

그가 저지른 살인은 자신이 사회악을 척결하는 심판자라는 사실을 드러내려는 적극적 표현방식이다. 그의 눈에 비친 세상은 인간쓰레기로 가득한 냄새나는 하수구와 같았다. 거리가 깨끗해지기 위해 필요한 건 한바탕 소나기였다. 트레비스는 소나기가 되기로 결심한다. 그러자 불안감이 사라지고 존재의 의미가 되살아나

며 삶의 지향점이 분명해졌다. 살인을 통해 세상의 타락을 단죄하는 도덕적 심판자의 지위를 획득했다. 성매매업주 일당을 죽이고 피를 뒤집어쓴 채 앉아 있는 트레비스의 얼굴에는 희미한 미소가 번진다. 존재론적 불안감이 사라진 후 찾아온 안식의 미소다.

존재의 의미를 찾아가는 데 있어 타인과의 관계는 매우 중요하다. 인간은 누군가와 사랑에 빠지거나, 언어로 의사소통하거나, 아니면 아예 스스로를 타인의 주체성과 자유에 전적으로 내어맡기는 일종의 마조히즘적 관계를 통해서라도 존재의 이유를 확인하고자 한다. 사르트르는 타인을 향한 이러한 태도를 '제1의 태도'라고 불렀다. 타인은 나를 바라보는 자이고 내가 누군지 알고 있는 자이다. 그런 타인으로부터 나의 존재에 관한 비밀을 알아내기 위해 타인을 내 안에 포용하려 한다. 누군가로부터 사랑받을 때 마음속에 기쁨이 샘솟는 이유는 그 사람을 통해 나의 존재 의미가 확인되기 때문이다. 사랑하는 사람이 말과 눈짓과 몸짓으로 내가 누구고 어떤 존재인지 알려줄 때 공허하고 불안한 나의 내면은 비로소 안식을 찾는다.

> 타자는 하나의 비밀을 가지고 있다. 이 비밀은 내가 무엇인지에 관한 비밀이다. 타자는 나를 존재케 하며, 바로 이러한 사실로 인해 나를 소유한다.[53]

그러나 만일 상대방이 나의 구애에 반응하지 않는다면 어떻게 될까? 나의 애타는 시선에도, 외치는 목소리에도 무관심하다면?

트레비스는 한 여성의 마음을 얻기 위해 선물도 준비하고 데이트 신청도 해보지만 결국 실패한다. 제1의 태도가 성공하기 어려운 이유는 상대방이 내 맘과 같이 반응해주지 않기 때문이다.

사르트르는 제1의 태도가 실패하는 지점에서 바로 '제2의 태도'가 시작된다고 말한다. 타인을 통해 존재 근거를 찾으려던 계획을 접고 차라리 타인의 자유와 주체성을 빼앗아 버리는 쪽으로 작전을 바꾸는 것이다. 사실 타인은 처음부터 나와 갈등하고 투쟁하는 존재이다. 타인은 나를 향한 시선으로 나의 주체성을 빼앗아가고 객체성을 부여하는 자이다. 그가 나를 바라볼 때 나의 지위는 주체에서 객체로 강등 당한다. 그래서 타인과 나는 서로 상대방을 객체로 만들어 주체의 지위를 차지하려고 갈등하며 경쟁하는 관계 속에 놓여있다. 사르트르의 말처럼 '타인은 나의 지옥'이다.

제2의 태도 중 첫 번째 방법은 타인과 사디즘적 관계를 맺는 것이다. 사디즘은 폭력으로 타인을 굴복시키고 나의 주체성을 확인받는 행위다. 타인을 육체 안에 가두어 버리고 그의 자유를 탈취한다. 그러면 타인은 나의 주체성과 자유에 떠맡겨진 한낱 객체로 전락한다. 또 다른 방법은 타인과 증오의 관계를 맺는 것이다. 자유와 주체성을 둘러싼 타인과의 갈등을 완전히 끝장내는 방법은 그를 눈앞에서 영원히 제거하는 것이다. 그의 죽음과 함께 나의 주체성을 위협하던 타인의 시선도 사라진다. 죽은 자는 나를 바라볼 수도, 나를 객체화할 능력도 없는 존재다.

타인과의 긍정적 관계 맺기에 실패하고 세상과의 소통이 단절된 자에게 폭력은 자기긍정을 위한 강력한 수단이다. 니체가 모든 생명체에게서 발견된다고 말한 '권력에의 의지'will to power는 타인에게 지배력을 행사하려는 의지 정도로 이해할 수 있다. 타인에게 영향력을 미치는 방법에는 상대방을 기쁘게 해서 환심을 사거나 고통을 가해 두려움을 심어 주는 방법이 있다. 니체는 상대방으로 하여금 나의 영향력을 체감하도록 하는 데에는 전자보다는 후자가 훨씬 효과적이라고 말한다. 범죄자에게 있어 폭력의 매력은 고통이라는 매개체를 통해 타인에게 가해지는 강렬하고 직접적인 힘의 체험에 있다. 자신이 살아 있고 존재하고 있음을 힘으로써 확인하게 된다. 그래서 긍정적 인간관계를 통해 존재의 의미를 확인하지 못한 자는 더더욱 폭력에 의존하게 된다.

> 기쁨을 주거나 고통을 줌으로써 우리는 타인에 대한 자신의 권력을 행사한다. 그 이상의 것을 원하는 경우는 없다. 우리의 권력을 느끼게 만들어야 하는 사람들에게 우선 고통을 가한다. 왜냐하면 기쁨보다 고통이 권력을 느끼게 하는 데 훨씬 강한 느낌을 주는 수단이기 때문이다.[54]

사람들은 성폭력의 원인을 비정상적이거나 과도한 성적 욕구에서 찾으려 한다. 하지만 성폭력 범죄자의 심리를 전문적으로 연구한 학자들은 성폭력을 단순히 성적 욕구의 발현에서 비롯된 행위 정도로만 볼 수 없다는 데 견해를 같이 한다. 예를 들어, 가장 일반적인 강간범의 유형은 권력형과 분노형이다. 전자는 타인과 사디즘적 관계를, 후자는 증오의 관계를 맺으려는 유형에 해당한다.

권력형 강간범에게 강간은 힘으로 상대방의 육체를 소유하고 그 위에 군림함으로써 '강한 남성'으로서의 자기상self image을 완성하는 행위이다. 그에게 중요한 건 정복과 승리, 그리고 힘의 체험이다. 이런 유형은 종종 어린 소녀나 힘없는 노인처럼 취약한 대상으로 범죄를 저지른다. 손쉽게 저항을 무력화할 수 있으며 육체를 완전히 장악하여 자신이 원하는 대로 할 수 있기 때문이다.

반면 분노형 강간범은 자신의 남성성에 의문을 제기한 여성에게 보복할 목적으로 강간을 저지른다. 그들의 내면에는 자신이 '충분한 남성'이 아닐지 모른다는 두려움이 도사리고 있다. 성적 무력감은 자신의 남성성을 인정하지 않는 세상에 대한 분노를 불러일으킨다. 분노의 대상은 여성 일반이지만 궁극적으로는 그들의 '여성성'femininity이다. 여성이라는 타자는 자신을 초라한 남성으로 객체화시키는 시선이다. 여성이 행사하는 지배력의 근원은 여성성이고 강간은 여성성을 파괴하는 행위로 해석할 수 있다. 마치 살인범이 타인의 생명을 제거하듯 강간범은 여성성을 제거한다. 실제로 어떤 강간범들은 피해 여성의 성기를 훼손하기도 한다. 자신을 초라하게 만드는 바로 그 자체를 영원히 사라지게 하려는 것이다.

살아있는 느낌으로서 범죄

범죄에 대한 생각으로 범죄자는 흥분된다. 범죄를 저지를 때

흥분된다. 붙잡히는 것조차 흥분된다. 처벌을 면할 방법을 강구할 때도 흥분된다.[55]

순전히 쾌감 자체를 즐길 목적으로 저지르는 범죄가 있다. '쾌락살인'thrill killing은 스릴감을 맛보기 위해 저지르는 살인이다. 1924년 미국 시카고 시에서 발생한 아동유괴살인사건을 계기로 일반 대중에게 널리 알려진 용어다. 당시 유복한 집안 출신이며 천재 수준의 지능을 가진 두 대학생이 14살 소년을 유괴한 뒤 살해하고 얼굴과 성기에 염산을 부어 사체를 훼손하는 잔혹한 범죄를 저질렀다. 경찰에 검거된 뒤 그들은 '살인의 느낌을 경험하고 싶어서', '단지 스릴을 맛보고 싶어서' 범죄를 저질렀다고 말했다. 금전이나 원한 등 일반적인 살인 동기와 너무나도 동떨어진 상식 밖의 대답에 당시 많은 미국인이 경악했다.

2004년부터 약 2년 동안 13명을 살해하고 20여 명에게 중상을 입힌 정남규 역시 살인의 감각적 쾌락을 탐닉했던 범죄자라고 볼 수 있다. 첫 번째 공판에서 살인 동기를 묻자 정남규는 다음과 같이 대답했다.

살해한 뒤 죽은 사람을 보면 말로 표현할 수 없는 환희를 느꼈고 타오르는 불을 보면 황홀했다. 다른 것엔 관심이 없고 마치 담배를 피우고 싶은 것처럼 사람을 죽이고 싶은 충동만 강하게 느낀다. 지금이라도 밖에 나가면 또 살인을 할 것이다.

영화 《파이트 클럽》(1999)은 극단적 폭력을 통해 진정한 존재의 의미를 맛보는 자의 이야기를 담고 있다. 주인공 잭(에드워드 노튼)은 높은 보수의 안정된 직장을 다니며 고급 아파트에 살고 있지만 공허한 내면을 안고 무기력한 삶을 이어가고 있다. 개성을 상실해버린 삶에 힘겨워하며 밤마다 불안과 공허로 잠을 이루지 못한다. 그러던 어느 날 우연히 테일러(브래드 피트)라는 인물을 만나 격투를 벌이면서 놀랍게도 그 과정에서 삶의 열정이 회복되는 신기한 경험을 하게 된다.

잭과 비슷한 문제를 가진 남자들은 클럽을 결성하고 밤마다 맨주먹의 결투를 벌인다. 피가 터지고 살이 찢기고 뼈가 부서지는 격투를 통해 이들이 직면하고자 한 것은 죽음의 공포였다. 손등에 양잿물을 부어 극한의 고통을 맛보기도 하고 달리는 차 안에서 핸들을 놓아 죽음의 문턱에 다가가기도 한다. 바로 그 순간 실존하는 존재로서의 자기 자신과 만난다.

벼랑 끝에서 만난 자아

범죄자가 아닌 일반인 중에는 반복적이고 무미건조한 삶으로부터 탈출하려고 스포츠나 게임에 몰두하는 경우가 있다. 어떤 이는 건물과 건물 사이를 점프하거나 고층건물을 기어오르며 극도의 스릴을 경험한다. 미국 사회학자 스테판 링(Stephen Lyng)은 극한 스포츠가 제공하는 감각적 보상의 핵심이 '진정 살아있음'이라고 말한다.[56]

삶과 죽음, 의식과 무의식, 정상과 비정상, 제정신과 광기 사이의 경계에 스스로를 위치시킨다는 의미에서 극한 스포츠를 '에지워크'(edgework)라고도 부른다. 에지워크를 즐기는 사람들은 마치 벼랑 끝에 매달린 채 죽음의 나락으로 추락할 것 같은 극한의 불안과 공포, 그리고 미쳐 버릴 것만 같은 아찔한 흥분상태로 자신을 내몬다. 바로 그 순간 감정의 소용돌이에 빠져들지 않고 삶의 주체로서 통제력을 유지하며 감정 위에 군림하는 것이 에지워크의 핵심이다. 오감을 통해 지각되는 아찔한 위험상황 속에서도 공포심과 불안감에 압도되지 않기 위해 몸과 마음을 집중할 때 진정 살아있음을 경험하고 스스로가 삶의 주인임을 자각하는 것이다.

어쩌면 범죄가 제공하는 감각적 보상도 이와 유사한 건 아닐까? 범죄자에게 형벌의 위험은 죽음과 맞닿아있다. 사형은 생물학적 사망에 이르게 하는 형벌이라는 점에서 분명 그러하다. 뿐만 아니라 징역형도 수감자가 사회로부터 격리된 채 시민적 권리를 박탈한다는 점에서 '사회적 사망'socially dead을 초래한다. 범행을 저지르는 순간 범죄자는 에지워크를 즐기는 사람들처럼 '진정 살아있음'을 느끼는 건지도 모른다.

카츠는 범죄자가 오감을 통해 경험하는 범죄의 참모습을 일깨워준다. 그에 의하면 범죄는 돈을 마련하거나 성욕을 충족하기 위한 수단만이 아니다. 표면적인 범행 동기 너머에 범죄행위가 제공하는 강렬한 흥분과 긴장의 경험이 범죄자를 유혹하고 있을지도 모른다. 이런 맥락에서 카츠는 기존의 실증주의 중심 범죄학 이론들이 놓치고 있는 부분을 다음과 같이 지적한다.

사회과학은 특정한 범죄를 저지른다는 것이 어떤 의미이고, 느낌이고, 소리이고, 맛이며, 모습인지를 전달하지 못한다. 살인과 폭력에 관한 연구들을 읽는 독자들은 후려갈기는 소리와 저주의 말을 듣지 못하며, 서로 밀고 당기는 모습을 보지 못하며, 공격적 행위를 유발하고 종종 피해자의 죽음 이후까지도 지속되는 모욕감과 분노를 느끼지 못한다.[57]

카츠가 인터뷰한 절도범들은 금전적 목적이 아닌 스릴 그 자체를 즐기려고 절도를 저지른 적이 있다고 대답했다. 절도가 제공하는 스릴감의 주요한 원천은 행위자가 누리는 우월적 지위와 상황에 대한 지배력에 있다. 편의점 절도범은 물건 값을 내지 않고 쇼핑하려 한다는 점에서 통상적인 상거래 원칙의 파괴자이자 초월자다. 손님으로 위장하고 가게에 들어서면 주인은 '가짜 손님'의 '진짜 의도'를 알아챌 수 없다. 절도 범죄자는 마치 투명인간처럼 가게 안을 누비고 다니면서 초월적 자유를 만끽한다.

한편 주거침입 절도범 또한 타인의 영토를 침략하고 프라이버시를 짓밟는 데에서 스릴을 경험한다. 사적 공간은 물리적 경계를 통해 외부와 엄격히 구분되는 '신성한' 장소이고, 집주인 입장에서 볼 때 주거침입은 신성모독에 가깝다. 어떤 절도범은 고의로 침입흔적을 남기는 방식으로 타인의 신성한 영토를 더럽힌다. 예를 들어 침입한 집안에 용변을 보고 나오는 도둑이 있다. 어떤 범죄자는 주거침입과정에 성적 쾌감을 경험하기도 한다. 마치 정복자가 되어 누구의 발도 닿지 않았던 미개척지를 마음껏 짓밟는 쾌감 따위에 비유할 수 있다. 뉴질랜드 범죄학자 웨인 모리슨 Wayne Morrison은 그가 만난 어떤 주거침입 절도범이 해준 이야기를 다음과 같이 소개한다.

> 나는 아찔하고 초조해지기 시작한다. 무엇인가 해야만 할 것 같은 느낌이 든다. 이러한 느낌은 점차 뚜렷해져서 마침내 집에 들어가 훔치지 않으면 안 될 것처럼 느끼게 된다. 물건을 훔치는 동안 흥분이 고조되어 마치 달리기 경주를 한 것처럼 무심결에 헐떡거리고, 땀을 흘리고, 가쁘게 숨을 내쉰다. 흥분의 강도가 증가하게 되면 나는 옷장 속에 들어가 배설을 해야만 할 것처럼 느낀다. 모든 일이 끝나면 기진맥진하여 안도하게 된다.[58]

 범죄행위는 범죄자에게 세상 속에 존재하고 있다는 사실을 가장 직접적인 방식으로 경험하게 하면서 쾌감을 제공한다. 그래서 존재론적 위기를 겪고 있는 누군가에게 범죄는 강렬한 유혹이 된다. 그런데 범행현장에서 체험하는 '살아있음'의 느낌은 범죄자에게 정신적 현상이기 전에 신체적 현상처럼 보이기도 한다. 범죄자가 주변의 사물과 대상을 인식적으로 판단하고 해석하기에 앞서 일차적으로 눈, 코, 귀, 피부를 통해 범죄를 감각적으로 느끼기 때문이다.
 프랑스 철학자 모리스 메를로-퐁티 Maurice Merleau-Ponty에 의하면 우리는 신체와 의식을 구분해서 개별적으로 이해할 수 없다. 지각은 정신세계에서 객관화되고 추상화되기 전에 그 자체로서 우리에게 먼저 주어진다. 인간은 지각을 통해 세계 속에 거주하는데 이때 실제 거주하는 나는 정신으로서의 내가 아니라 구체적이고 살아 있는 신체를 가진 나이다. 그런 의미에서 지각은 살아 있는 몸이 느끼는 생동감 넘치는 감각적 경험이다.

이러한 특성은 카츠가 면담한 한 여대생의 경험 속에서 잘 드러난다. 그녀는 열세 살 때 우연히 비어있는 이웃집을 방문한 적이 있었다. 전에 초대를 받아 몇 번 그 집에 가 본 적이 있었지만 아무도 없는 그 집에 들어선 순간 모든 것이 마법처럼 다르게 느껴졌다. 이런 저런 물건을 만질 때마다 이상야릇한 느낌이 들었다. 아무 물건도 가지고 나오지는 않았지만 대신 가구의 위치를 살짝 바꿔놓았다. 왠지 자신이 그곳에 있었다는 흔적을 남기고 싶은 충동을 느꼈기 때문이다.

데카르트의 심신이원론 전통은 신체를 영혼이 없는 기계장치처럼 취급하면서 자극-반응의 인과관계 틀 안에서 설명하려 했다. 그래서 신체는 정신적 영역인 주관에 붙들려버린 채 하나의 객관적 대상처럼 취급당했다. 반면 메를로-퐁티는 감각하는 주체로서의 신체에 내포된 고유한 의미를 복원하려고 했다. 정신세계에 포섭되어 객관화로 물들기 전 '고유한 신체'의 상태로 되돌리려 한 것이다. 마치 영화 《매트릭스》(1999)에서 반군 지도자 모피어스(로렌스 피시번)가 가상세계로부터 네오(키아누 리브스)를 구출해 낸 것과 비슷하다고 할까?

가상세계 '매트릭스'는 프로그램화되고 코드화된 만들어진 세계다. 반군들은 네오의 몸에 붙은 전선들을 떼어내고 그를 매트릭스 밖의 현실세계로 데려온다. 매트릭스와 달리 현실세계는 의식의 세계가 아니라 체험의 세계이며, 사유의 세계가 아닌 참여의 세계다. 과거 네오는 현실세계와 단절된 채 의식의 세계 속에 갇혀있었지만 매트릭스를 탈출하게 되자 비로소 현실세계와 구체적인 관계를 맺는다.

메를로-퐁티에게 고유한 신체란 직접적이고 원초적인 경험을 하는 주체다. 사람은 신체를 통해 세계를 경험하고 신체를 매개로 대상들과 관계를 맺는다는 의미에서 이러한 신체를 '세계-에로-존재'라고 불렀다. 사람의 신체는 이미 세계에 닻을 내리고 있고 끊임없이 운동하면서 세계로 나아간다. 정신이 작동하여 판단하고 해석하기 전에 감각 주체로서의 몸이 앞서나가 주변의 대상들과 교류한다. 이때 사람이 교류하는 대상은 객관적인 모습이 아닌 행위자의 주관성에 물든 상태로 존재한다.

범죄자의 감각적 체험과 보상을 객관적인 태도로 이해하기란 거의 불가능하다. 오감을 통해 체험되는 범죄를 이해하려면 사유의 출발점을 범죄가 벌어지는 바로 그 상황 자체에 두어야 한다. 후설은 사태 자체의 참된 의미를 구체적인 삶의 세계와 직접적 체험 속에서 파악하고자 하는 태도를 '현상학적 태도'라고 불렀다. 메를로-퐁티는 이러한 현상학적 태도를 신체를 매개로 하는 감각적 경험에 적용했다.

실증주의와 과학주의가 팽배한 학계에서 범죄자들의 주관적이고 감각적인 체험은 거의 연구대상이 되지 못한다. 객관적 사실과 증거 위주의 범죄수사 영역에서도 그다지 중요한 고려 대상이 되지 않는다. 그러나 겉으로 드러난 객관적인 동기 이면에는 거부할 수 없는 감각적 보상이 범죄자를 유혹하고 있을지 모른다. 비록 순간에 불과할지라도 진정 살아있음을 느끼고 존재의 이유를 경험하려는 자에게 범죄는 충분히 매력적이다. 이들에게 실존이란 오감을 통해 체험하는 강렬함이기에.

신이 되려고 한 자들

실존적 관점에서 본다면 사이코패스도 다른 인간과 마찬가지로 자신의 존재 의미를 찾으려는 존재이다. 카츠는 그런 관점에서 사이코패스의 탄생 과정을 묘사한다.[59] 최초의 단계는 세상으로부터 버림받고 소외되는 과정이다. 어린 시절부터 소년원과 교도소에서 많은 시간을 보낸 한 인간이 사회에 나와서 제대로 적응하기란 쉽지 않다. 그는 대인관계도 미숙하고 취업을 위한 기술도 부족하며 무엇보다 전과자라는 낙인 때문에 모든 일에 발목을 잡힌다.

다음 단계는 정체성을 둘러싼 혼란이다. 카츠는 이를 '도덕적 현기증'moral dizziness이라고 표현한다. 이미 전과자라는 꼬리표가 달린 이에게 세상의 권위와 원칙을 존중하고 도덕규범에 순응하라는 사회적 요구는 자신의 정체성과 정신적 자유에의 도전으로 다가온다. 문제를 일으키지 않으려고 순종적으로 살아간다는 건 마치 비겁한 삶처럼 여겨진다. 대신 범죄행위 속에서 더 자기다운 삶의 가능성을 발견한다. 그는 범죄자로 살 때 남들보다 우월해

질 수 있다고 생각한다. 이마의 범죄자 표적은 도덕규범을 초월한 자의 명예로운 상징으로 여겨진다. 마지막 단계에 이르면 자신에게 합당한 경외심을 보이지 않는 세상을 응징하기로 마음먹는다. 평범한 사람을 무자비하게 살해함으로써 초월적 존재로서 자신의 정체성을 완성한다.

연쇄살인범에게서 발견되는 초월을 향한 의지는 자기극복을 향한 열망이다. 스스로의 한계를 뛰어넘어 우월한 자가 되고자 하는 갈망이다. 니체는 차라투스트라의 입을 빌려 인간은 항상 자기 자신을 극복해야 하는 존재라고 말한다. 진정으로 고귀한 삶을 추구하는 자는 세상의 가치를 맹목적으로 좇아서는 안 된다고도 한다. 기존의 가치를 파괴하고 새로운 가치를 창조하는 고귀하고 우월한 자가 바로 '위버멘쉬'(초인)이다.

> 고귀한 부류의 인간은 스스로를 가치를 결정하는 자라고 느낀다. 그에게는 타인에게 인정받는 것이 필요하지 않다. 나는 '나에게 해로운 것은 그 자체로 해로운 것이다'라고 판단한다. 그는 대체로 자신을 사물에 처음으로 영예를 부여하는 사람으로 알고 있다. 그는 가치를 창조하는 자이다.[60]

위버멘쉬는 강자이자 지배자이며 주인이다. 주인의 도덕은 평범한 자들이 따르는 노예의 도덕과 구별된다. 노예의 도덕은 공포심을 일으키는 사람을 악한 인간이라고 비난한다. 반면 주인의 도덕은 그러한 사람을 선한 인간이라고 하며 오히려 약해빠진 인간을 경멸한다. 헤르만 헤세의 소설《데미안》속에 등장하는 표적을 지닌 자들은 니체가 말한 우월한 자를 의미한다. 구약의 창세기에 카인은 동생에 대한 하나님의 사랑을 질투해서 아벨을 살해한다. 하나님은 카인의 이마에 살인자의 표적을 부여하고 에덴동산에서 추방한다. 데미안은 이 사건이 카인이 범죄를 저지르고 심판을 받은 사건이 아니라 강자가 약자를 죽인 사건에 불과하다고 해석한다. 따라서 카인의 표적은 악한 자의 오명이 아니라 선악의 경계를 넘어선 초월자의 징표가 된다.

> 표적을 지닌 우리들은 세상 사람들로부터 이상스럽다든가, 미쳤다든가, 위험스럽다고 여겨지고 있을지도 모르는 일이었다. 우리는 깨달은 자 혹은 깨닫고 있는 자들이었고 우리의 노력은 갈수록 완전해지는 깨달음을 위해 경주하는 데 있지만, 반면 다른 사람들의 노력과 행복 탐구는 그들의 의견, 이상과 의무, 생활과 행복의 기준을 군중의 그것에 점점 더 밀착시키려고 애쓰는 데 있었다.[61]

소설《죄와 벌》의 주인공 라스콜리니코프는 전당포 노파를 무참히 살해한 후 단지 '무익하고 추하고, 해로운 이' 한 마리를 죽인 거라고 생각한다. 그는 정신이 강한 자만이 세상의 가치를 과감하게 무시하고 용감한 일을 더 많이 감행할 수 있다고 주장한다. 강자는 보통 사람 위에 군림하는 주권자이며 세상의 가치와 기준을 정하는 입법자라고 여겼다. 노파를 죽인 이유는 돈 때문도 아니었고 다른 누군가를 위해서도 아니었다. 오직 스스로를 위한 행위였다. 자신이 세상 사람과 똑같은 '버러지 같은 존재'인지, 아니면 선악의 기준 저편에 존재하는 초월자인지 확인하고자 스스로를 시험한 것이었다.

> 나는 그때 알고 싶었던 거야. 어서 알고 싶었어. 다른 사람들처럼 내가 '이'인가, 아니면 인간인가를 말이야. 내가 선을 뛰어넘을 수 있는가, 아니면 넘지 못하는가! 나는 벌벌 떠는 피조물인가, 아니면 권리를 지니고 있는가. (…)[62]

사실 인간 세상의 모든 도덕률을 초월할 수 있는 존재는 신God뿐이다. 그래서 연쇄살인범은 자신을 고대의 신적 존재와 동등하게 생각하기도 한다. 유영철은 자작시에서 스스로를 '징검다리를 한 번에 건너뛰어 신의 영역까지 가려했던' 자로 묘사하고 있다. 고대의 신은 사람들에게 경외와 두려움을 불러일으키는 존재였다. 평범한 인간이 범접할 수 없는 위대한 존재이자 세상의 도덕 위에 군림하는 존재였다. 신은 선악의 기준을 창조하고 그 기준에 따라 인간을 심판하며 종종 신적 분노로 세상을 공포에 떨게 만든다. 그래서 인간은 그저 신에게 복종할 뿐이며 신의 뜻을 제대로 이해할 수 없다. 모든 피조물의 삶과 죽음은 오로지 신의 뜻에 달려 있다.

영화 《노인을 위한 나라는 없다》(2007)에 등장하는 킬러 안톤 시거(하비에르 바르뎀)는 신적 존재처럼 묘사된다. 소를 도축할 때 사용하는 에어건과 산소탱크를 들고 다니면서 사람들을 마구 살해한다. 그에게 인간은 한낱 사냥감에 지나지 않는다. 아무 생각 없이 그에게 툭 던진 질문 한 마디로 인해 주유소 주인은 생사의 기로에 선다. 한편, 한 남자가 그의 명령을 어겼다는 이유로 남자의 아내는 죽음의 심판을 받는다. 죽음의 심판대에 선 자들의 생사는 오직 동전 던지기의 결과에 의해 결정된다. 인간사 전체가 신의 손바닥 위에 놓여 있는 동전과 같다. 신의 뜻은 인간이 합리적으로 이해할 수 있는 경계를 넘어선다. 우연적 결과 앞에서 인간은 필연적인 이유를 구한다. 죽음을 앞둔 피해자가 시거에게 자신이 굳이 죽어야 할 이유를 도저히 모르겠다고 항변한다. 하지만 그는 오히려 왜 죽어야 하는지 묻는 인간을 한심해 한다. 신의 명령에는 합리적인 설명이 불필요하며, 설령 설명을 해준다고 해도 인간은 이해할 수 없기 때문이다.

연쇄살인범에게 살인현장은 단순히 범죄를 저지르는 공간 이상의 의미를 갖는다. 초월적 존재로서 자기완성의 공간이며 신적 존재인 자신에게 드려지는 제사의 공간이다. 동시에 살인자의 판타지가 현실로 구현되는 공간이다. 히치콕 감독의 영화《로프》(1948)에서는 니체의 초인사상에 심취한 청년이 대낮에 자신의 집에서 아무 이유 없이 친구를 살해한다. 시체를 상자에 숨긴 채 피해자의 가족과 친구들을 집으로 초대해 파티를 연다. 살인범은 시체가 담긴 상자를 식탁보로 덮고 음식을 차린 뒤 촛대에 불을 밝힌다. 파티는 신에게 올리는 제사이고 상자는 제단이며 그 안에 담긴 희생자는 제물이다. 모든 비밀을 알고 있고 모든 상황을 주관하고 있는 살인범은 전지전능한 신적 존재를 닮았다.

도덕적 초월을 향한 의지는 근원적으로 범죄자가 경험하는 무기력과 소외감에서 비롯된다. 세상 속에서 의미 있는 존재로 자리매김하지 못한 결과다. 의로운 살인자가 굴욕감 때문에 나락에 떨어진 자아를 의로운 분노로 구해내듯이 냉혈 살인자는 세상으로부터 버림받은 자아를 과대망상을 통해 탈출을 시도한다. 그 결과 현실세계와 더욱 멀어진 채 자신이 만든 상상의 세계 속에서 스스로 신이 되어 버리고 만다. 비록 살인자의 망상에 불과하지만 그 망상이 현실에서 구현될 때 우리는 이들이 벌이는 살육의 현장을 목격하게 된다.

폭력을 대하는 우리의 자세

수십 명을 죽이고도 더 죽이지 못한 아쉬움을 토로하는 연쇄살인범이나 불특정 대상을 향해 무차별적으로 폭력을 가하는 묻지마 범죄는 우리들의 상식 밖에 존재하는, 마치 풀리지 않는 수수께끼와 같다. 예측할 수도, 통제할 수도 없는 존재가 우리 곁을 어슬렁거리다가 부지불식간 우리의 일상을 악몽으로 만들지 모른다. 상상만으로도 두렵다. 사람들은 이를 '악마', '인면수심', '살인마', '사이코패스', '괴물'이라 부르며 인간인 자신과 그들 사이에 분명한 경계를 긋는다. 하지만 이러한 구별 짓기 시도가 그들의 폭력을 이해하는 데에는 크게 도움이 되지 못한다. 아무리 인간성을 부정하고 인간이 아닌 어떤 존재로 규정해보려고 해도 여전히 그들이 인간이라는 사실을 부인할 수 없기 때문이다.

또한 우리가 두려워하고 경멸하는 저들의 폭력성이 어쩌면 우리 안 어딘가에도 똬리를 틀고 있을지 모른다는 의심 때문이기도 하다. 인류 역사 곳곳에서 심심치 않게 등장하는 집단학살, 인종청소는 사이코패스가 아니라 우리와 같은 평범한 인간에 의해 저질러졌다는 걸 알고 있다.

섣불리 그들을 사물이나 동물로 치부해버리고 마는 이유가 폭력의 본질에 대한 우리의 이해가 부족한 탓은 아닐까? 끔찍하고 잔혹한 범죄 앞에 다들 놀라고 분노하느라 '왜'라는 질문을 소홀히 다룬 것은 아니었을까?

폭력의 본질을 제대로 이해하려면 범죄자는 누구인지, 인간은 어떤 존재인지에 대한 보다 명확한 이해가 필요하다. 범죄학은 인간을 크게 합리적 인간관과 기계적 인간관으로 바라본다. 합리적 인간관은 인간을 이성에 따라 합리적으로 판단하고 선택하는 존재라고 간주한다. 따라서 범죄행위에 뒤따르는 위험보다 범죄 이득이 크다고 생각되면 합리적 인간은 범죄를 저지른다. 기계적 인간관에 따르면 인간은 내적 요인과 외적 요인에 의해 행동이 결정되는 존재다. 따라서 범죄자의 주체적 결정이 아니라 범죄자의 통제 밖에 있는 어떤 요인에 의해 범죄행동이 결정된다.

그런데 합리적 인간관의 주장과 달리 현실에서는 합리적 판단이 제대로 작동하지 않는 경우가 많다. 폭력 상황 속에서 감정의 영향력이 이성을 압도하기 때문이다. 한편 기계적 인간관도 행위 주체로서의 인간 특성을 고려하지 않은 한계를 지닌다. 구름이 끼면 비가 내린다는 식의 자연계 인과관계 법칙을 인간행동에 그대로 적용하기는 어렵다.

　18세기 유럽 근대사회는 계몽주의 및 과학혁명의 발전과 함께 시작되었고, 그 과정에 합리적 인간관과 기계적 인간관이 형성되었다. 그러다가 20세기에 접어들어 실존주의 철학이 존재의 문제를 놓고 고뇌하는 새로운 유형의 인간을 세상에 소개했다. 그런데 범죄학은 지금까지도 여전히 18세기의 근대적 인간관에만 경도된 채 실존적 존재로서의 인간은 외면하고 있다. 오늘날 극단적 폭력문제에 대해 범죄학이 제대로 된 해답을 내놓지 못하는 주된 이유는 실존적 존재로서의 인간에 대한 탐구를 게을리 한 탓이라고 생각한다.

　잔혹한 범죄자의 내면세계를 깊숙이 들여다보면 자신의 존재를 문제 삼으며 불안과 공허함을 이겨내려고 애쓰는 한 인간을 발견할 수 있다. '의로운' 분노를 폭발시켜 위기에 빠진 자신의 주체성을 회복하거나 삶과 죽음의 경계에 스스로를 위치시켜 진정 살아있음을 체험하는 자도 발견된다. 타인들 위에 군림하는 우월적 존재가 되어 자기완성을 추구하는 자도 찾을 수 있다. 폭력을 휘두르며 존재의 의미를 체험하고 삶의 진정한 주인이 되고자 하는 자도 만나게 된다.

　인간이 경험하는 실존적 위기는 사회화 과정과도 밀접하게 연관되어 있다. 인간은 진공상태에 내던져진 존재로 세상에 태어나지 않는다. 모든 인간은 사회화 과정을 거치면서 자아를 인식하고, 정체성을 확인하며, 소속감을 갖게 된다. 가정은 존재적 안정성과 건강한 정서를 형성하는 데 결정적인 역할을 한다. 그리고 자아발달에 꼭 필요한 안정적인 공간이 되어준다. 사람은 안정적인 존재인식을 갖출 때에 비로소 삶의 방향성을 정하고 능동적으로 살아갈 수 있게 된다. 반면 그렇지 못한 사람의 내면은 혼란스러움, 허무함, 상실감, 단절감으로부터 지속적으로 위협 받는다. 일상적인 삶의 밑바닥에 불안, 두려움, 권태가 항상 어슬렁거리는 걸 느끼며 살아간다.

실존의 문제는 개인이 속한 사회적 계층과도 무관하지 않다. 카츠는 유독 하위계층에 살인자가 집중되는 이유에 대해 사회적 계층이 낮을수록 관계 속에서 무시당하거나 모욕을 받을 가능성이 높으며, 또한 상처받은 자존감을 폭력적 방법으로 회복하려하기 때문이라고 말한다. 가정폭력에 관한 메이의 설명도 크게 다르지 않다. 사회적 약자는 타인으로부터 시달리고 억압당하여 내적 무기력 상태에 빠지기 쉬운데 이는 단지 힘에 대한 욕구가 억눌려져 있는 상태에 불과하다. 그래서 낮은 사회적 지위로 인해 직장생활 속에서 억압된 욕구를 가정으로 돌아가 가족을 향해 폭력을 행사함으로써 해소하고자 한다.

그러면 국가의 사회경제정책은 개인의 실존적 위기와 무관할까? 미국의 정신의학자 제임스 길리건James Gilligan에 의하면 그렇지 않다. 길리건은 교도소 정신병원에서 만난 한 살인범에게 범행동기를 물었다. 그는 아내와 자식을 총으로 쏘아 죽인 마흔 살의 남자였다. 그는 범행을 저지르기 두 달 전 직장에서 무기한 해고통보를 받았다. 차마 가족에게 이 사실을 털어놓지 못하고 아침마다 출근하는 척하며 집을 나섰다. 다른 일자리를 찾아다녔지만 구할 수가 없었다. 그냥 시간을 때우다가 퇴근시간이 되면 집으로 돌아오길 반복했다. 가장으로서의 구실을 못하는 자신이 남자답지 못하다고 느꼈다. 얼마 후 아내가 그간의 일을 알게 되었고 자기를 바보로 만들었다며 남편에게 화를 쏟아냈다. 그런데 그때 그녀가 내뱉은 짧은 말 한 마디가 모든 걸 바꾸어 버렸다. '도대체 당신은 왜 그 모양이야? 얼마나 못났으면 그런 짓을 하냐고.' 그 말을 듣자마자 그는 곧장 침실로 가서 권총을 가져다가 아내를 쏘았다. 그리고 옆에서 비명을 지르고 있던 아이들에게도 총을 쏘았다.

실직과 같은 지위 상실의 경험은 자아 정체성을 망가뜨려 인간을 존재론적 위기 속에 빠뜨린다. 스트레스가 극도에 다다르게 되면 타인 또는 자신을 향해 극단적 폭력을 행사하게 된다. 교도소에서 길리건이 만난 살인범들은 왜 사람을 죽였냐는 질문에 거의 대부분 무시를 당했기 때문이라고 대답했다.

폭력은 자신이 받은 수치심과 모욕감을 누군가에게 되갚아주는 도구다. 길리건이 분석한 바에 따르면 불평등과 양극화를 심화시키고 사회적 약자의 고통을 가중시키는 정책이 추진될수록 살인율과 자살률이 덩달아 높아졌다. 정부의 잘못된 사회경제정책으로 많은 사람들이 수치심과 모욕감을 강요받으면 사회 전체적으로 폭력의 위험성도 높아진다. 생업 현장과 취업시장에서 체험하는 패배감과 무기력은 존재론적 위기로 이어진다. 그리고 누군가에게는 폭력행위가 위기에 빠진 자기 실존을 구할 최후의 방편이 되어버릴지도 모른다.

4.

완벽하게 아름답다는 착각

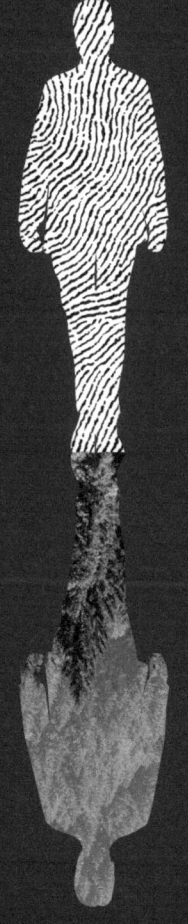

유전자 | 젠더 | 존재론적 불안
혐오 | 범죄자의 탄생 | 자본주의
범죄의 의미 | 변화 | 권력

언어는 문명의 토대다. 사람을 한데 묶는 접착제이며 충돌로 이끈 최초의 무기이기도 하다. - 영화《컨택트》중

영화《컨택트》(2016)의 주인공 루이스(에이미 애덤스) 박사는 어느 날 느닷없이 지구를 찾아온 외계인으로부터 그들의 언어를 배우고 미래를 볼 수 있게 된다. 외계인의 언어는 지구와 시간 개념이 달랐다. 인간의 언어에서 시간은 직선으로 흘러가는 반면, 외계인의 언어는 처음과 끝이 구분되지 않는 원형을 띤다. 그래서 과거, 현재, 미래라는 시제 구분이 없다.

극 중에 루이스 박사가 '사피어 워프 가설'에 대해 설명하는 장면이 있다. 이 가설에 따르면 인간의 사고방식은 그가 사용하는 언어에 따라 결정된다. 예를 들어, 아프리카 나미비아에 사는 힘

바족의 언어에는 파란색을 표현하는 단어가 없지만 녹색을 표현하는 단어는 있다. 연구자들이 힘바족 사람들에게 녹색 카드 여러 장과 파란색 카드 한 장을 보여준 후에 색이 다른 카드를 고르라고 했더니 대부분 파란색 카드를 고르는 데 실패했다.⁶³ 언어에 따라 동일한 대상과 현상을 이해하고 바라보는 방식이 달라진다.

그런 맥락에서 세종대왕이 한글을 창제하여 백성에게 보급한 이후와 한자 밖에 모르던 이전을 비교하면 사람들의 달라진 사고를 발견할 수 있을지도 모른다. 영화《말모이》(2019)는 일제가 우리말 사용을 금지한 상황에서 전국에 흩어져 있는 사투리를 모아 우리말 사전을 만드는 조선어학회의 활약상을 담고 있다. 영화는 일본에게 우리말을 빼앗기면 안 되는 이유가 '말이 정신이기 때문'이라고 역설한다.

일찍이 하이데거는 '언어는 존재의 집'이라며 언어의 중요성을 강조한 바 있다.

> 언어는 존재의 집이다. 그 언어의 집에 인간이 산다. 사색하는 자들과 단어를 가지고 창조하는 자가 그 집의 지킴이들이다. (…) 인간은 마치 자신이 언어의 창조자이고 주인인 것처럼 행동하지만 사실은 언어가 인간의 주인으로 군림하고 있다.⁶⁴

하이데거에게 언어는 분명 의사소통의 수단 이상이다. 언어 속에 인간과 사물의 존재가 체류하고 있다고 말하는 것이다. 철학자 루드비히 비트켄슈타인Ludwig Wittgenstein에게도 언어는 존재론적 차원에서 매우 중요하다. 그는 언어를 통해 실재 세계를 파악할 수 있다고 여겼다. 언어는 세계의 모습을 재현하는 그림 같은 것이다. 따라서 존재는 언어와 크게 다를 바가 없다.

2019년 국가인권위원회가 의뢰한 「혐오 표현에 대한 국민인식조사」 결과에 따르면 응답자의 64.2%가 지난 1년 간 온·오프라인에서 혐오 표현을 경험했다. 특정 지역 출신, 페미니스트, 여성, 노인, 성소수자를 향한 혐오 표현을 가장 자주 경험한 것으로 나타났다. 청소년과 청년층은 주로 온라인 카페나 커뮤니티 사이트의 게시물, 온라인 뉴스 기사의 댓글을 통해 혐오 표현을 접했다.

일간베스트(이하 일베), 워마드, 디씨인사이드 등 인터넷 커뮤니티는 익명성을 앞세워 혐오 표현을 생산하고 유포하는 중심지 역할을 하고 있다. 젠더 이슈를 둘러싸고 일베와 워마드 사이에 벌어지는 극단적 혐오 담론은 대표적인 사례다. 여혐 표현인 '김치녀', '된장녀'는 남혐 표현인 '김치남', '한남충'으로 미러링된다. 외모, 능력, 나이, 신체는 지속적인 공격 대상이다. 조선족은 칼과 도끼를 휘둘러대는 흉악범으로 몰린 채 본국으로 돌아갈 것을 강요당한다. 엄마는 '맘충', 노인은 '틀딱충', 성소수자는 '똥꼬충'으로 불리며 벌레 취급을 당한다.

코로나19는 단순히 바이러스만 확산시킨 게 아니다. 팬데믹의 시작과 감염병의 국내 유입에 대한 책임이 중국과 중국 동포에 있다고 여겨진 탓에 그들에 대한 혐오 표현도 상당히 증가했다. 국내 집단 감염지로 지목된 신천지와 정부 지침을 무시한 광복절 집회로 일부 종교 집단은 혐오 표현이 가장 많이 집중된 대상 중

하나다. 난무하는 혐오의 언어는 이 시대를 살아가는 우리의 자화상이다. 혐오 표현은 우리의 사고방식과 서로를 향한 태도를 규정하며 언제 폭력으로 분출될지 모른다.

언어는 언제든 폭력의 수단이 될 수 있다

언어는 평화를 가능하게 하는 중요한 수단이다. 평화로운 공존을 위한 국가나 집단 관계에서 대화와 타협은 필수다. 언어적 문제 해결은 폭력의 배제가 전제되어야 한다. 하지만 언어가 항상 비폭력적인 건 아니다. 언어는 얼마든지 폭력적인 수단으로 사용될 수 있다. 상대방을 헐뜯고, 욕하고, 모욕하는 말은 언어 폭력이다. 폭력적인 행동을 조장하는 언어도 폭력이다. 차별과 억압 구조를 재생산하는 언어도 폭력이다. 특정 대상에 대한 고정관념이 언어를 통해 구체화될 때도 언어는 폭력성을 띤다.

영화 《그랜 토리노》(2009)의 주인공 월트(클린트 이스트우드)는 은퇴 후 무료한 삶을 살아가는 노인이다. 그는 젊은 시절 한국전쟁에 참전한 적이 있고 그 후에는 오랫동안 포드 자동차 공장에서 일했다. 월트의 옆집에는 몽족 이민자 가족이 살고 있다. 월트는 그들에게 노골적으로 적대감을 표시한다. 시시때때로 이웃을 향해 얼굴을 찌푸리고 재수 없다는 투로 침을 뱉기도 하고 '쌍꺼풀 없는 사람'이라며 외모를 비하하는 발언을 서슴지 않는다. 어느 날 옆집에서 요리에 쓸 닭의 목을 치는 장면을 목격한 월트는 이웃의 그를 야만인이라고 부르면서 혐오감을 드러낸다.

> **단어가 행하는 폭력**
>
> 인종을 비하하는 단어, 예를 들어 흑인을 니거(nigger), 동아시아인을 칭크(chink), 아랍인을 지하드(jihad)라고 부를 때 그 단어에는 폭력성이 담겨 있다. 흑인에겐 유전적 열등성을, 아시아인에겐 외모적 열등성을, 아랍인에게는 잠재적 테러리스트라는 의미를 강제적으로 부여하기 때문이다.
>
> 우리가 중국인을 '짱깨', 일본인을 '쪽발이', 흑인을 '깜씨', 백인을 '코쟁이'라고 부를 때도 마찬가지다. 사람을 음식, 신발, 피부색, 신체를 기준으로 정의하기 때문이다. 상대방을 열등하고 결핍된 무엇으로 억지로 끌어내리는 자체가 폭력과 다를 바 없다.

인종차별적인 단어가 폭력적인 이유는 비단 특정 인종을 비하하거나 모욕하기 때문만은 아니다. 언어를 통해 어떤 대상을 상징화하는 행위 자체에 이미 폭력성이 담겨 있기 때문이다. 철학자 슬라보예 지젝Slavoj Žižek은 언어를 통해 구현되는 폭력을 '상징적 폭력'이라고 부른다. 언어는 대상을 상징화하는데 그 자체가 대상을 억압하는 것과 마찬가지라는 것이다. 언어가 대상의 본질로부터 특정한 의미만을 강제로 추출해내기 때문이다.

일단 언어는 그것이 가리키는 사물을 단순화하고, 사물을 단일한 하나의 속성으로 환원해버린다. 언어는 사물을 부분 부분으로 절단하고, 그 유기적 통합을 파괴하며, 각 부분과 속성을 자율적인 것으로 취급한다. 언어는 사물을 의미의 영역으로 밀어 넣는데, 이 의미 영역은 결국 그 사물에게는 외부적인 것이다. 금을 '금'이라 이름 붙임으로써 우리는 한 금속을 그 자연 조직으로부터 폭력적으로 적출해 내고, 그 금속에 부, 권력, 영적인 순수함 등 우리의 꿈을 부여한다. 사실 그런 꿈들은 실제 금과 아무 관련이 없는데 말이다.[65]

개인에게 언어로 특정한 의미를 부여할 때 폭력이 수반된다. 각 존재의 개별성을 앗아가 버리고 집합적 의미의 '무엇'으로 전락시키기 때문이다. 이때 고유한 존재의 풍부한 이야기와 다채로운 의미는 사라지고 단일한 집합적 의미 아래에 강제적으로 편입되고 만다. 대상의 본질을 온전히 재현할 수 있는 언어는 존재하지 않는다. 그래서 우리의 언어는 언제나 불완전하고 부분적이며 왜곡될 수밖에 없다.

(…) '본질을 분리해내는' 언어의 능력에 근본적인 폭력이 존재하는 것이다. 결국 우리의 세상은 부분적으로 뒤틀리며, 균형 잡힌 순수성을 잃고, 하나의 부분적 색채로 전체의 색조를 결정하게 된다.[66]

언어에 내포된 폭력성은 고정관념 및 편견과 만날 때 더욱 강해진다. 세계적인 문화비평가 에드워드 사이드Edward W. Said가 비판한 '오리엔탈리즘'이 바로 이러한 상징적 폭력의 대표적인 사례다. 그는 서구 열강이 아시아를 식민지화하는 과정에서 동양을 날조한 관념이 바로 오리엔탈리즘이라고 말한다. 한마디로 오리엔탈리즘은 동양에 대한 부정확한 지식과 편견이 낳은 왜곡된 언어이자 담론이다.[67] 그 결과 아시아의 수많은 민족과 개인이 한데 뭉뚱그려져 집합적 존재가 되어버렸다. 서양인에게 동양이나 동양인은 구체적인 영토나 그곳에 살아가는 사람들이 아니라 오리엔탈리즘이란 개념뿐이다. 오리엔탈리즘 안에서 개인은 실종되고 오직 집합체로서의 동양인만 남았다.

영화 《크래쉬》(2006)는 미국 LA를 배경으로 다양한 인종과 민족이 도처에서 충돌하고 갈등하며 살아가는 모습을 담는다. 영화는 인종 편견과 고정관념이 지배하는 도시에서 개인은 증발되고 집단만 존재하는 사회를 그려낸다. 극 중 흑인 청년은 자신을 범죄자 취급하는 백인의 시선에 분개한다. 총기 판매인은 아랍계 손님을 향해 '빈 라덴 닮은 것'이라고 욕설을 퍼붓는다. 자동차 추돌 사고로 화가 난 한국계 미국인은 상대 차량의 히스패닉계 운전자를 향해 무턱대고 불법 체류자라 부른다. 히스패닉계 자물쇠 수리공은 빡빡 깎은 머리와 문신 때문에 조직폭력배로 의심받는다.

흑인 형사는 여자 친구를 '멕시코인'으로 부른다. 그러자 여자 친구는 자신의 아빠가 푸에르토리코, 엄마는 엘살바도르 출신이라고 대답한다. 내가 어느 나라에서 왔는지도 모르냐며 여자 친구가 화를 내자 형사가 대꾸한다. "남미 출신은 왜 사는 꼴이 다 비슷비슷해?"

언어의 폭력성은 말과 생각에만 머무르지 않는다. 제2차 세계 대전 당시 학살을 자행한 독일인 사이에 불었던 유대인을 향한 증오와 분노의 광풍은 유대인과의 직접적 경험에서 비롯된 게 아니었다. 지젝의 표현대로 증오와 분노는 '그들(독일인 -편집자 주)의 전통 속에서 만들어지고 유포된 유대인에 대한 이미지·형상에 대한 반응'으로 해석되어야 한다.[68] 언어로서의 유대인은 인종주의 담론을 통해 온갖 반유대주의적 정서와 부정적 이미지가 덕지덕지 붙은 이데올로기적 실체에 불과했다. 그렇기 때문에 반유대주의 독일인이 공격한 대상은 실제로 존재하는 유대인이라기보다 허구적 차원에 존재하는 유대인이었던 것이다.

대상을 비인격화하여 폭력행위를 용이하게 만들기 위해 종종 언어의 상징화 기능이 동원되기도 한다. 누군가를 비인격화한다는 것은 그에게서 인간의 지위를 박탈함으로써 최소한의 인격적 대우도 받을 자격이 없다고 규정하는 심리적 과정이다.[69] 심리학자 필립 짐바르도Philip Zimbardo는 비인격화가 완성된 개인이나 집단이 인간의 범주 밖에 놓이게 되는 순간, 이들을 향한 폭력행위에 더 이상 도덕이라는 족쇄가 작동하지 않는다고 말한다. 그리고 언어는 이러한 비인격화 과정에서 중요한 역할을 담당한다.

1994년 르완다에서 벌어진 집단 학살로 최소 50만 명이 살해됐다. 당시 후투족을 선동했던 방송 매체는 투치족을 '박멸해야 할 바퀴벌레'라고 했다. 학살의 광풍이 휩쓸고 간 후 제정신을 차린 사람들은 불과 얼마 전까지만 해도 한 식구처럼 친하게 지내던 이웃을 자신들이 그토록 무참히 죽였다는 사실에 당혹했다.

이라크 전쟁에서는 미군이 전쟁 포로를 성고문한 사실이 폭로되어 많은 사람들이 경악했다. 미군은 이라크인을 '수건 머리'towel head나 '하지'hajji⁸로 불렀다. 이웃이 벌레가 되고 사람이 사물화될 때 폭력은 쉽게 정당화된다. 같은 맥락으로 우리나라 온·오프라인에서 무분별하게 사용되는 어미 중에 '~충蟲'이 있다. 개인을 강제로 범주화하여 개성을 빼앗고 벌레란 딱지를 붙여 비인격화한다. 그 자체가 이미 폭력적일뿐 아니라 물리적인 폭력을 촉발시킬 위험을 내재한다.

언어는 사람과 사물을 구분한다. 여성과 남성, 내국인과 외국인, 아파트와 단독 주택을 구분한다. 세상의 모든 것은 언어를 통해 범주화된다. 그렇다면 언어는 단순히 대상의 차이를 언어라는 도구로 표현한 것에 불과할까? 얼핏 생각하면 너무도 당연한 말처럼 들린다. 언어가 만들어지기 전부터 세상의 모든 사물은 어떤 특징에 따라 이미 구분되어 있었다. 태초에 남성과 여성이 나뉘어 존재한 것처럼. 언어는 이미 존재하는 차이를 충실하게 재현할 뿐이다.

하지만 철학자 게오르크 헤겔Georg W. F. Hegel은 이 의견을 비판한다. 헤겔은 어떤 것의 의미는 그것의 부정否定을 통해 정의된다고 보았다. 있음有을 설명하려면 반드시 없음無이 필요하다. 삶生은 죽음死을 통해서 그 의미를 명확히 알 수 있다. 타자가 있어야 자아의 의미를 찾을 수 있다. 마찬가지로 남성은 여성과 구별되고 내국인은 외국인과 대립되는 관계에서 개념화될 수 있다. 만약 세상에 남성만 존재한다면 남성의 의미를 찾을 수 없을 것이다. 일찍이 중국의 노자老子는 《도덕경》에서 세상의 모든 것이 이러한 상호관계성 안에 존재함을 일깨워 준 바 있다.

세상 모두가 아름다움을 아름다움으로 알아보는 자체가
추함이 있다는 것을 뜻합니다.
착한 것을 착한 것으로 알아보는 자체가
착하지 않음이 있다는 것을 뜻합니다.

그러므로 가지고 못 가짐도 서로의 관계에서 생기는 것.
어렵고 쉬움도 서로의 관계에서 성립되는 것.
길고 짧음도 서로의 관계에서 나오는 것.
높고 낮음도 서로의 관계에서 비롯하는 것.
악기 소리와 목소리도 서로의 관계에서 어울리는 것.
앞과 뒤도 서로의 관계에서 이루어지는 것.[70]

언어의 의미가 대상의 차이를 통해 드러난다는 것은 달리 말해 언어로 대상의 동일성을 확인한다는 뜻이기도 하다. 집단의 차이와 집단 내 동일성은 동전의 양면과 같다. 여성과 남성의 차이가 부각될수록 여성과 남성 각 집단의 내적 동일성은 더욱 강조된다. 어쩌면 타자와의 차이를 드러내고자 하는 욕구가 인간 본성에 내재되어 있는지도 모른다.

폴란드 사회 심리학자 헨리 타지펠Henri Tajfel은 사회 정체성이 형성되는 과정에서 타자와의 구별 짓기가 중요한 역할을 한다고 말한다.[71] 사람은 사회화 과정을 통해 인종, 성별, 연령, 종교, 국적, 지역, 사회 계층 등에 따라 자연스럽게 다양한 집단에 속하게 된다. 그리고 자신이 소속된 집단과 동질성을, 그렇지 않은 집단과 이질성을 느끼게 된다. 자신이 속한 집단은 자신의 일부가 된다. 언어 구조에는 타인과 구별되고자 하는 이러한 심리가 반영된다.

문제는 언어가 차별, 억압 그리고 지배의 의미를 담고 있을 때 발생한다. 그때의 언어는 나와 너의 다름이 아니라 나의 우월함, 강함과 너의 열등함, 약함을 상징하는 기표가 된다. 사람들은 대부분 나와 내가 속한 집단을 높게 평가하려는 경향이 있다. 타지펠에 따르면 내가 속한 집단을 타 집단과 구분하려는 인식에는 불가피하게 왜곡이 수반된다. 사람들은 나의 일부가 된 집단과 타 집단의 차이를 실제보다 더 크게 인식하려 한다. 자신이 속한 집단은 실제보다 더 긍정적으로, 타 집단은 실제보다 더 부정적으로 인식함으로써 두 집단의 차이를 벌리려 한다. 주변국을 온통 오랑캐로 여겼던 중화사상, 게르만 민족의 우수성을 앞세웠던 나치가 바로 이 같은 심리적 기제가 민족적으로 작동했던 사례다.

사이드가 비판한 오리엔탈리즘에도 이러한 차별 의식이 깔려 있다. 오리엔탈리즘은 스스로 동양보다 우월하다고 생각한 서양의 사고방식을 드러내는 역할을 수행했다. 스스로를 긍정하기 위한 가장 손쉬운 방법은 나보다 열등하다고 여겨지는 타자를 대척점에 놓고 비교하는 것이다. 서양은 스스로를 동양과 대조되는 이미지, 특성, 관념으로 정의했으며 동양을 지렛대 삼아 서양의 우수함을 확인했다. 더 나아가 동양을 침략하고 지배한 논리를 정당화하기 위해 서양의 시각으로 동양을 재구성하고 재정의했다.

그들은 동양인은 미개하고 미숙하고 열등한 존재로, 동양은 어둡고 야만적인 세계로 정의했다. 그래야만 유럽인이 암흑의 대륙에 문명의 횃불을 밝힌 자로 격상될 수 있기 때문이다. 오리엔탈리즘은 지배를 위한 언어이자 담론이었다.

혐오 표현의 지향점도 본질적으로는 오리엔탈리즘이 수행했던 역할과 크게 다르지 않다. 타 집단의 상대적 열등성을 드러내 차별을 정당화하고 강화하려는 데 목적이 있다. 혐오 표현은 단순히 특정 집단에 대한 기존의 부정적 편견과 고정관념을 확인하는 데 그치는 것이 아니다. 그들을 모욕하고 비하함으로써 상대 집단을 낮추어 내가 속한 집단과 격차를 벌리려 한다.

포스트모더니즘 범죄학자인 스튜어트 헨리Stuart Henry와 드라간 밀로바노비치Dragan Milovanovic의 주장에 따르면 모든 범죄는 본질적으로 지배적 지위를 주장하는 사람이 다른 사람에게 가하는 모욕과 폄하다. 인간을 모욕하고 폄하하는 모든 방식은 누군가가 '온전한 사회적 존재'로서 살아가지 못하도록 방해하는 행위다.

> 인간으로 존재한다는 것은 세상에 변화를 줄 수 있다는 의미를 갖는다. 즉 세상에 영향을 미치고 사람들과 상호작용하여 다 함께 주변 환경과 우리들 자신을 바꾸는 것을 말한다. 그런데 만약 이러한 과정이 막히거나 제한될 때 우리는 인간보다 못한 존재가 된다. 우리가 훼손된 것이다.[72]

누군가를 모욕하고 폄하하는 방식은 크게 두 가지다. 첫째, 대상의 현재적 가치를 감소시키는 것이다. 혐오 표현은 언어 폭력을 통해 인간의 존엄성을 박탈하고 특정 집단이 지닌 고유한 가치를 저열한 것으로 취급하는 행위다. 둘째, 상대방이 현재보다 더 높은 지위나 상태에 이르지 못하도록 억압하는 것이다. 직장에서 발생하는 인종차별, 성차별이 여기에 해당한다.

이러한 행위를 통해 범죄자는 다른 사람이 자신보다 낮은 위치에 머무르도록 강제하고 그에 대한 지배를 공고히 하려 한다. 타인에 대한 우월적 지위와 지배권을 뺏기지 않으려는 것이다. 혐오 표현을 사용하는 사람은 언어를 통해 자신과 타자 사이에 이미 존재하는 차이를 유지하거나 때론 확대하기 위해 과도하리만큼 많은 에너지를 투입한다. 부정적인 에너지가 향하는 대상은 인간으로서 존재가 부정되고 훼손되어 고통 받는다.

혐오 범죄는 인종, 종교, 국적, 성性, 성性적 취향, 장애 등에 대한 편견, 선입견, 불관용 때문에 특정 사회 집단을 상대로 발생하는 범죄를 말한다. 미국에서는 혐오 범죄를 일반 범죄에 비해 훨씬 더 엄하게 처벌한다. 혐오 범죄가 신체·정신적으로 피해자에게 더 심각한 위해를 끼쳐서가 아니다. 혐오 범죄를 통해 행위자가 표현하는 메시지가 민주 사회에서는 허용될 수 없는 내용을 담고 있기 때문이다.

혐오 범죄가 던지는 메시지는 단순 명료하다. '우리는 우월하고 너희는 열등하다.' 혐오 범죄는 열등한 존재가 자신과 동등한 인격체로 대우 받는다는 사실에 대한 분노의 표현이다. 또한 민주 사회의 평등 가치에 대한 명백한 거부 의사다. 폭력으로 집단 간 서열을 매기려는 시도다.

따라서 혐오 범죄의 처벌에는 폭력 자체에 대한 사회적 비난뿐만 아니라 폭력에 수반된 극단적 메시지에 대한 대응 조치로서의 의미가 담겨 있다. 범죄자의 그릇된 주장을 부정하고 반민주적, 반인권적 메시지를 무효화하는 조치다. 범죄자가 부정한 평등의 가치를 복원하고 재승인하는 조치이자 혐오 범죄로 인간 존엄성에 타격을 입고 '덜 가치 있는 존재'가 된 피해자의 지위를 원위치로 돌리려는 조치다.

혐오 표현이 초래하는 해악도 혐오 범죄와 크게 다를 바 없다. 법철학자 제레미 월드론Jeremy Waldron은 혐오 표현의 근본적 문제를 '인간 존엄성의 손상'에서 찾는다. 혐오 표현은 개인의 사회적 지위와 평판을 공격한다. 인종, 민족, 성별, 종교 등 때문에 사회적으로 동등하게 대우 받을 자격을 갖추지 못했다고 개인과 집단의 사회적 지위를 깎아내린다.

혐오 표현은 단순히 개인의 존엄성에 대한 공격일 뿐만 아니라 민주 시민 사회에 대한 공격이기도 하다. 월드론은 혐오 표현이 용인될 수 없는 이유가 민주 사회의 핵심 가치인 다양성과 포용성을 훼손하기 때문이라고 말한다. 혐오 표현은 궁극적으로 공공의 안녕public good을 위협한다. 월드론은 그 해악을 다음과 같이 표현한다.

> 서서히 퍼져나가는 독약처럼 말에서 말로 전달되어 이곳저곳에 축적되며 결국에는 사회의 선량한 시민들조차 공공의 안녕을 유지하는 데 제 몫을 담당하기가 점차 어렵고 부자연스러워진다.[73]

혐오 표현은 차이를 빙자한 차별과 폭력의 언어다. 일각에서는 표현의 자유와 다양성을 앞세워 혐오 표현의 규제에 대해 반대하기도 한다. 자유주의 철학자 밀은《자유론》에서 사회가 진보하기 위해서는 반드시 표현의 자유가 보장되어야 한다고 말한다. 하지만 철저한 자유주의 신봉자였던 그조차도 표현의 자유가 절대적으로 보장된다고 여기지 않았다. 밀은 자유가 타인에게 해악을 끼치지 않는 한해서만 인정되며 표현의 자유도 마찬가지라고 생각했다.[h]

인간이 세계를 인식하는 방법 : 구별 짓기

인류 역사를 통해 사회 집단의 구별 짓기는 끊임없이 재생산되어왔다. 구별 짓기는 문화와 제도에 녹아들어 차별과 불평등으로 굳어졌다. 어쩌면 구별 짓기는 이미 우리의 의식을 지배하고 있는지도 모른다. 다른 집단과 교류할 때 의식에 존재하는 낯섦과 다름의 벽을 뛰어넘는다는 게 생각만큼 쉬운 일은 아니다. 이러한 어려움은 근본적으로 인간이 세계를 인식하는 방법에서 비롯된다. 칸트는 인간이 객관적 실재라고 인식하는 것도 알고 보면 정신적 구성물이며 해석의 결과물에 지나지 않는다고 말한다.[74] 인식이란 대상이 주관에 따라 개념화되고 의미가 부여되는 것이다. 우리가 알고 있는 세계는 우리의 주관적 눈에 비친 세계, 즉 '표상으로서의 세계'일 뿐이다. 칸트는 우리의 주관과 관계 맺는 세계를 '현상'이라고 부른다. 이는 실제 존재하는 세계와는 다르다.[i]

우리의 세계는 주관적으로 인식되기 때문에 매우 제한적이다.

흑인, 백인, 히스패닉, 아시아인으로 구별되는 세계 역시 주관적 인식에 따라 해석된 세계일 뿐 '진짜' 세계와는 거리가 멀다. 그렇다면 어떻게 해야 인식의 한계를 뛰어넘어 진짜 세계를 볼 수 있을까. 어쩌면 혐오와 증오, 극단적 폭력으로 얼룩진 구별 짓기를 뛰어 넘기 위한 해결책이 '표상으로서의 세계' 너머에 있지 않을까.

영화《크래쉬》에는 차를 타고 가던 흑인 부부가 백인 경찰관에게 검문을 당하는 장면이 나온다. 인종주의자인 경찰관 라이언(맷 딜런)은 남편 카메론(테렌스 하워드)이 보는 앞에서 몸수색을 명분으로 아내 크리스틴(탠디 뉴튼)을 성추행한다. 일이 커지는 게 두려웠던 카메론은 경찰관에게 사과하고 현장을 빠져나온다. 라이언에게 모욕당한 크리스틴은 남편을 비난하고 카메론은 아내를 지키지 못한 걸 자책하며 괴로워한다.

그런데 다음 날 크리스틴이 혼자 운전하던 중 교통사고가 발생해 그의 차가 전복되고 만다. 마침 사고 현장에 출동한 라이언은 크리스틴을 구하기 위해 전복된 차에 들어가는데 라이언의 얼굴을 알아본 크리스틴은 전날 밤의 치욕스러운 경험을 떠올리며 비명을 지른다. 목숨이 경각에 달린 위급한 상황에서도 크리스틴은 라이언을 향해 증오의 시선을 내뿜으며 결사적으로 도움을 거부한다.

그때 라이언의 눈빛이 흔들린다. 자신의 행동이 그에게 얼마나 큰 상처를 입혔는지 깨달은 것이다. 그는 안전띠를 절단하기 위해 어쩔 수 없이 크리스틴의 몸에 손이 닿을 수 있다고 설명하고 정중하게 양해를 구한다. 차에 불이 옮겨 붙어 너무 늦었다고 판단한 동료 경찰이 라이언만이라도 살리려고 그를 차량 밖으로 끌어낸다. 하지만 라이언은 크리스틴을 살리기 위해 목숨을 걸고 불길 속으로 다시 들어가 기어코 그를 구해낸다. 비로소 크리스틴의 눈에 진정한 화해와 용서 그리고 감사의 눈물이 흐른다. 라이언이 크리스틴을 품에 안고 다급하게 사고 현장을 탈출하자마자 강한 폭발음과 함께 사고 차량에서 시뻘건 불길이 치솟는다. 마치 도시를 뒤덮고 있던 인종적 편견, 차별, 혐오의 장막이 불길 속에 모조리 타버리는 것처럼. 그 순간, 생명의 소중함과 인간의 존엄함이라는 누구도 부인할 수 없는 절대 가치 그리고 나와 다른 인간에 대한 공감과 배려가 드러난다.

타인을 향한 동질감이 회복된다면 인종 집단으로 구분된 인식의 칸막이를 넘어설 수 있을까? 칸트는 인간에게 외부의 경험을 올바로 인식하기 위한 개념 틀인 '도식'이 있다고 말한다. 노랗고 길쭉하게 생긴 물체를 보고 바나나라고 생각하는 이유는 정신에 이미 바나나라는 도식이 있기 때문이다. 이러한 개념 인식은 사실 주관적일 뿐 대상의 본질과 일치하지는 않는다는 게 칸트의 설명이다. 단순히 백인, 흑인, 히스패닉이라는 인종 집단 도식으로 상대방을 바라본다면 그들의 본질을 보기 어렵다.

영화《크래쉬》의 등장 인물은 인종적 편견에 사로잡혀 사사건건 충돌하지만 알고 보면 하나같이 마음이 따뜻한 사람이다. 머리 모양과 문신 때문에 폭력배로 오해받는 히스패닉계 자물쇠 수리공은 어린 딸에게 한없이 자상한 아빠다. 인종주의자 라이언은 늙고 병든 아버지를 살뜰하게 모시는 효자다. 자동차 접촉 사고 현장에서 인종차별적인 폭언을 퍼붓던 아시아계 여성은 남편을 지극정성으로 아끼는 아내다. 비록 피부색과 생김새는 달라도 모두 누군가를 사랑하고 또 누군가로부터 사랑을 받으며 우리와 더불어 살아가는 사람이다.

우리는 대상을 바라볼 때 개념적으로 사고하는 데 익숙하다. 인종은 눈에 보이는 신체적 특징에 따라 대상을 분류하기 위해 만들어진 개념이다. 내 앞에 선 낯선 사람이 남자인지 여자인지, 한국인인지 외국인인지, 흑인인지 백인인지부터 분류한다. 이러한 도식과 개념은 개인의 고유한 개성을 가린다. 철학자 질 들뢰즈Gilles Deleuze는 개념적 사고가 존재의 다양성을 보지 못하게 만든다고 말한다. 모든 존재가 무한한 잠재성과 다양성을 갖는 이유가 바로 이 때문인데도 말이다.

영화 《그랜 토리노》에서 월트는 우연히 길을 가다가 이웃집 몽족 이민자 가족의 딸인 수(아니 허)가 흑인 깡패에게 괴롭힘 당하는 장면을 목격하고 그를 구해낸다. 이 일을 계기로 월트는 이웃집과 가까워진다. 비로소 그는 '몽'이 나라가 아니라 라오스, 태국, 중국 등지에 흩어져 살던 민족이라는 사실, 정글이 아니라 고산 지대에 살던 사람들이라는 사실을 알게 된다. 이후 월트는 수 가족의 파티에 초대 받아 그곳에서 몽족의 전통에 관해 배운다. 몽족 사람들은 머리에 영혼이 있다고 믿기 때문에 어린 아이라도 절대로 머리를 두드려서는 안 되고, 상대방의 눈을 똑바로 쳐다보는 행위를 무례하다고 여긴다는 것을 알게 된다. 또한 몽족 사람들은 상대방이 화를 내면 미소를 짓는데 이것은 상대방을 비웃는 게 아니라 당황하고 불안하기 때문이라는 사실도 배운다. 이제 월트에게 몽족은 더 이상 비슷비슷해 보이는 아시아인이 아니다. 고유한 역사와 문화 그리고 그들만의 삶의 방식을 가진 특별한 민족으로 인식된다.

이후 월트의 시선은 서서히 한 인물에게 향한다. 타오(비 방)는 몽족 갱단의 협박에 못 이겨 월트의 소중한 앤티크 자동차 그랜 토리노를 훔치려다 발각된다. 월트는 타오를 그저 동네를 어지럽히는 유색 인종 중 하나쯤으로 생각했다. 하지만 시간이 흐르면서 실은 타오가 어려운 가정 형편 때문에 미래에 대한 꿈을 갖지 못한 채 방황하는 착하고 성실한 청소년이라는 사실을 알게 된다. 월트는 아시아인, 몽족이라는 개념적 도식을 뛰어넘어 무한한 가능성을 지닌 고유한 존재로서 타오를 바라볼 수 있게 된 것이다.

우리가 인식의 표상에 갇힐 때 타인은 한낱 사물이 되어 버린다. 인종, 성, 종교, 국적, 성 정체성이란 도식을 통해 주관적으로 해석된 타자는 인간이 지닌 고유성, 생명력, 변화 가능성을 박탈당한다.

> 따라서 이 무언가로 가정된 주체는 개인적 이야기로 가득한 풍부한 내면의 삶을 지닌 또 다른 인간이 아니다. 개인적 이야기들은 자기 서사를 통해 의미 있는 삶의 경험을 얻을 수 있게 해 주는데, 그런 풍부한 내면을 지닌 사람은 결국 적이 될 수 없기 때문이다. '적이란 그의 이야기를 당신이 들은 적 없는 사

람이다.'[75]

　타인에 대한 진정한 이해는 그의 고유한 언어로 이야기를 듣는 데서 시작된다. 영화《아메리칸 히스토리 X》(1999)의 백인 우월주의자 데릭(에드워드 노튼)은 교도소 세탁 작업장에서 만난 흑인 라몬트(가이 토리)를 적대시한다. 그러나 점차 마음을 열고 라몬트와 소통하게 되면서 그를 친구로 받아들인다. 라몬트 역시 데릭이 흑인을 살해한 백인 우월주의자임에도 불구하고 그를 진심으로 위한다. 데릭은 라몬트의 보호 덕분에 다른 흑인 재소자의 공격을 받지 않고 무사히 출소한다.
　영화《공동경비구역 JSA》(2000)는 서로를 향해 총부리를 겨누고 있는 한국군과 북한군이, 영화《크라잉 게임》(1993)에서는 아일랜드 독립군 군인과 영국군 인질이 서로를 이해하면서 편견과 선입견의 감옥에서 탈출하는 데 성공한다. 지젝의 말처럼 상대방을 '풍부한 내면을 지닌 사람'으로 바라볼 때 대상을 향한 편견과 적대감을 뛰어넘을 수 있는 길이 열린다. 우리의 인식이 주관적 표상에만 의존하면 대상이 가진 풍부함과 다양성을 놓칠 수밖에 없다.
　인류에게 내재되어 있는 보편적 인간성과 저마다 간직한 고유한 이야기가 제 모습을 드러낼 때 혐오와 편견이 견인하는 언어폭력의 악순환을 멈출 수 있을 것이다. 우리에게 필요한 건 언어의 한계에 대한 인식이다. 대상을 쉽게 무엇으로 규정하고 개념의 틀 속에 가두려는 내적 관성의 함정을 깨달아야 한다. 노자는

《도덕경》에서 언어의 함정을 다음과 같이 표현했다.

> '도'라고 할 수 있는 '도'는 영원한 '도'가 아닙니다. 이름 지을 수 있는 이름은 영원한 이름이 아닙니다.[76]

들뢰즈는 세상 모든 존재의 차이를 드러내기 위해서는 틀에 박힌 개념을 깨뜨려야 한다고 말한다. 일곱 색깔이란 무지개의 도식을 버리면 빨강과 주황 사이에 있는 무수한 색이 보이기 시작하는 것과 같다.

어쩌면 우리에게 새로운 언어가 필요할지도 모른다. 영화 《컨택트》의 외계인은 인간에게 우주의 언어를 선물한다. 들뢰즈는 카메라를 통해 전달되는 영화적 언어에 기대를 건다. 하이데거는 시어 詩語가 세계와 사물에 감추어진 진리를 드러낸다고 생각했다.

그러나 우리에겐 여전히 남겨진 숙제가 있다. 남과 비교하고 남보다 우월하고자 하는 인간의 욕망이다. 남을 혐오하는 언어는 타인보다 우월하고 싶은 인간의 욕망을 먹고 자란다. 상대를 헐뜯고 깎아 내린 결과로 얻어지는 유익은 불평등을 강화하고 유지하는 데에서 오는 기쁨이다. 혐오 표현의 본질은 이러한 인간의 욕망이 아닐까. 인간은 평등을 추구하면서 동시에 우월적 지위를 욕망하는 모순적인 존재다.

만약 인간에게 새로운 언어가 생긴다면, 우리의 근원에 자리 잡은 모순적 욕망도 변할 수 있을까?

5. 당신의 사이코패스 점수는 몇 점?

유전자 | 젠더 | 존재론적 불안
혐오 **범죄자의 탄생** 자본주의
범죄의 의미 | 변화 | 권력

모든 인간은 태어날 때부터 세상에 내동댕이쳐진다. 하지만 모든 범죄자가 태어날 때부터 범죄자로 내던져진 것은 아닐 것이다. '인간의 범죄성은 양육과 본성 중 어디에서 비롯되는가'라는 질문은 범죄학계의 오랜 논쟁거리다. 인간은 처음부터 범죄자로 태어나는 걸까, 아니면 성장하면서 범죄자로 만들어지는 걸까. 사회학 계열 범죄학자는 부모의 그릇된 양육, 어린 시절의 학대 경험, 부모와 관계 단절, 학교 부적응, 비행 친구의 영향 등 성장 과정에서 겪게 되는 다양한 부정적 경험으로 범죄성이 형성된다고 주장한다.

거시적 관점에서 보면 범죄는 빈곤, 불평등, 차별, 사회 격변, 물질만능주의, 공동체 해체 같은 사회적 조건이 빚어내는 사회 현상의 일종일 뿐 개별 행위자의 특성으로 설명될 수 있는 현상이 아니다. 반면 인류학, 생물학, 심리학 분야에 속한 학자는 오래전부터 인간의 선천적 특성으로부터 범죄성의 근원을 찾고자 했다. 19세기 범죄학 태동기 법의학자는 범죄자의 두개골 크기와 뇌의 용적량을 측정하였고 오늘날의 뇌과학자는 뇌기능 자기공명영상을 사용해서 뉴런과 뉴런 사이의 신경 전달 물질의 흐름을 관찰한다. 이들은 유전자에 담겨 있는 정보가 인간의 행동을 결정하는 요체라고 간주한다. 또한 범죄 기질을 가깝게는 부모로부터 물려받은 유산, 멀게는 인간의 생존과 번식을 위한 적응 과정에서 장구한 세월에 걸쳐 진행되어 온 진화의 산물로 여긴다.

영화《화이》(2013)는 본성과 양육 간의 대결을 흥미진진하게 보여준다. 선한 본성을 물려준 생물학적 아빠는 끝내 범죄자 아빠가 양육한 아들의 손에 살해당한다. 뛰어난 살인 병기로 성장한 화이를 바라보며 범죄자 아빠는 만족스러운 목소리로 말한다.

> '아버지가 괴물인데 너도 괴물이 되어야지. 이제 나와 똑같아졌잖아.' - 영화《화이》중

실제로 본성에 맞서 양육이 승리한 사례도 있다. 미국의 심리학자인 제임스 팰런James Fallon은 스스로가 사이코패스이자 사이코패스를 연구하는 대학교수로 유명하다. 그는 유명한 살인자를 배출한 집안 출신으로 조상으로부터 전형적인 사이코패스의 뇌를 물려받았다. 사이코패스의 뇌 스캔 사진을 찾기 위해서 선정한 샘플 중에 '이것이야말로 가장 전형적인 사이코패스의 뇌'라

며 집어든 것이 바로 본인의 뇌 스캔 사진이었으니 말이다. 그러나 그는 어떤 악행을 저지르지도 않았다. 오히려 부모로부터 좋은 양육을 받은 덕택에 살인자가 아닌 뇌 신경 과학자로 성장할 수 있었다. 착한 본성의 화이가 환경의 영향으로 악하게 성장한 것과 반대로 악한 본성이 적절한 환경에서 성공적으로 통제된 케이스다.

《화이》와 팰런 교수의 사례는 본성에 대한 환경적 영향의 상대적 우위를 보여주고는 있지만 타고난 본성 자체를 부인하지는 않는다. 하지만 사회학 전통을 따르는 범죄학자는 범죄는 어디까지나 사회적 산물이라는 관점을 갖고 있기 때문에 미리 정해진 반사회적 또는 친사회적 성격이나 기질 자체를 전제하지 않는다. 선천적·유전적 요인은 처음부터 고려 대상이 아닌 것이다. 이들에게 인간은 전적으로 사회 환경의 결과물 그 이상도 이하도 아니다. 말, 행동, 생각 그리고 성격조차도 사회에서 만들어진 것일 뿐 엄마 뱃속에서부터 가지고 나온 것은 없다. 그렇다면 범죄자는 오로지 그가 살아가는 사회가 만들어낸 비극적 산물인 걸까.

인생이란 도화지에 어떤 색을 칠할 수 있을까

인간의 성격과 행동이 전적으로 환경에 따라 결정된다면 인간의 본성은 우리의 인생과 선택에 어떻게 작용하는 걸까? 로크는 인간의 타고난 본성이 마치 백지 상태와 같다고 했다. 갓 태어난 아기의 마음에는 아무것도 쓰여 있지 않다. 깨끗하게 빈 공간은 아이가 살면서 겪는 다양한 경험으로 채워진다.

마음이 이른바 백지라고 가정해보자. 이 백지에는 어떤 글자도 적혀 있지 않으며 어떤 관념도 없다. 그럼 어떻게 하여 이 백지에 어떤 글자나 관념이 있게 되는 것일까? 마음은 어디에서 이성과 지식의 모든 재료를 갖게 되는가? 이러한 질문에 대해 나는 한마디로 경험에서라고 대답한다.[77]

라틴어로 '타불라 라사'tabula rasa는 아무것도 쓰이지 않은 서판書板이라는 의미다. 고대 그리스에서는 글을 쓰기 위해 밀랍으로 만든 작은 서판을 사용했는데 새로 쓸 때마다 밀랍을 녹여서 표면을 깨끗하게 만들어야 했다. 타불라 라사는 새로운 글을 쓸 수 있도록 깨끗하게 준비된 서판의 상태를 의미한다. 로크는 이것을 경험 이전의 마음에 비유한다. 그는 태어날 때는 비어 있는 서판 같았던 인간의 마음이 경험으로 채워진다고 생각했다. 로크에 따르면 마음과 행실이 악한 사람이 존재하는 이유는 그런 성격을 타고나서가 아니라 악한 경험으로 마음이 채워진 탓이다.

장 자크 루소Jean-Jacques Rousseau의 생각도 로크와 크게 다르지 않았다. 그는 사회공동체 탄생 이전, 자연 상태의 인간을 평화롭고 비폭력적인 존재로 여겼다. 타인을 배려하며 이웃의 고통과 불행에 동정심을 느끼는 선한 존재 말이다. 인간은 문명사회에 속한 이후 탐욕, 이기심, 폭력성으로 물들기 전까지 '고결한 야만인'noble savage이었다. 성경의 창세기에 등장하는 아담과 하와가 선악을 모르던 상태와 가깝다고 할 수 있을까. 최초의 인간은 사탄의 꾐에 빠져 하나님의 명령을 어기고 선악과 열매를 따먹은 후 마음에 죄의 씨앗을 잉태하고 말았다. 루소는 자연 상태의 인간이 만든 사회 공동체에 불평등이 뿌리내렸고 그 열매는 인간의 이기심이라고 생각했다. 문명 발전이 인간 본성을 타락시켰다고 본 것이다.

> 그런데 원시 상태의 사람들만큼 온순한 자들이 없었으니, 그들은 자연에 의해 짐승들의 어리석음과 문명인의 꺼림칙한 지식의 중간에 놓여 본능과 이성에 따라 자기를 위협하는 악으로부터 몸을 수호하는 데 그쳤고, 타고난 연민으로 인해 해를 끼치지 않도록 스스로를 억제할 수 있었으며, 남에게 피해를 입었다 하더라도 상대방을 해칠 마음이 들지 않았다.[78]

버러스 스키너Burrhus F. Skinner와 존 왓슨John B. Watson과 같은 행동주의 심리학자는 인간의 정신이 타불라 라사에 불과하다는 사실을 실험으로 증명했다. 스키너는 인간 행동을 정신 상태의 결과로 보는 시각을 거부했다. 두뇌 상태는 유기체의 특정한 신체적 움직임을 유발하는 생리학적 조건처럼 보이지만 사실은 단지 환경적 변수와 유기체의 행동 사이를 중재하는 역할을 할 뿐이라는 주장이다. 현재 두뇌 상태의 원인은 결국 외부에 존재하는 환경에서 찾을 수 있기 때문이다. 요약하면 모든 행동은 환경 자극에 대한 반응에 불과하며 따라서 이러한 자극을 변화시켜 얼마든지 조종할 수 있다는 것이다.

스키너는 막대를 누르면 먹이가 나오도록 설치한 상자에 쥐를

넣고 쥐가 막대를 눌러 먹이를 먹게 했다. 또한 이전 실험과 반대로 쥐가 움직일 때 전기충격을 주어 쥐의 움직임이 줄어들게 했다. 그는 어떤 행동에 대해 보상 또는 처벌을 적용하여 그 행동을 반복하게 만들거나 포기하게 만드는 조작적 조건화가 가능하다는 사실을 상자 실험으로 입증했다.[79]

왓슨의 아기 앨버트 실험은 동물이 아닌 인간을 대상으로 실시했다는 점에서 흥미롭다. 생후 9개월인 앨버트가 흰 쥐를 만지려고 할 때마다 쇠막대 소리로 놀라게 하여 흰 쥐에 대한 공포를 심는 데 성공했다. 나중에 흰 쥐에 대한 공포는 토끼, 개, 모피 코트와 같이 털이 있는 동물과 사물로 확장됐고 심지어 흰 수염 달린 산타클로스 가면조차 공포의 대상이 되었다. 이러한 연구 결과에 한껏 고무된 왓슨은 다음과 같은 유명한 말을 남긴다.

> 나에게 열두 명의 건강한 아기를 주고 내가 직접 하나하나 꾸민 세계에서 그 아기들을 키우게 한다면, 장담하건대 나는 어떤 아기라도 그 재능, 기호, 경향, 능력, 소질, 조상들의 경력과는 무관하게 내가 선택한 유형의 사람 - 의사, 변호사, 예술가, 상인, 심지어 거지나 도둑 -으로 길러 낼 수 있다.[80]

왓슨의 말이 다소 과장으로 들릴지 모르지만 전혀 허무맹랑한 주장은 아니다. 지금도 자녀 양육에 부모의 역할이 중요하다는 점에는 모두 동의한다. 육아 상담 프로그램인 《금쪽 같은 내 새끼》(2020~)에서 자녀의 문제행동에 대한 전문가의 처방은 거의 대부분 부모의 잘못된 양육법을 교정하는 데 집중한다. 전문가의 조언에 따라 부모가 행동 원칙을 분명히 하고 아이의 감정에 공감할 때 폭력적인 아이가 점차 안정적으로 변해가는 모습은 놀랍기만 하다. 바뀐 행동이 반복되면 습관이 되고 더 나아가 성장 과정 전반을 지배하는 태도에 영향을 미쳐 성인기 이후 인생의 방향과 성격을 결정할 수도 있다.

범죄학적 관점에서 어린 시절의 양육 배경이 갖는 중요한 키워드는 바로 '자기통제'다. 범죄학자 트래비스 허쉬Travis Hirschi와 마이클 갓프레드슨Michale Gottfredson은 낮은 수준의 자기통제low self-control가 거의 대부분의 범죄행위를 설명한다고 말한다. 사람들은 '범죄'란 단어에서 폭행, 절도, 살인 등을 떠올리지만, 마약, 도박, 성매매 등 '피해자 없는 범죄'와 과속, 음주 운전 등 질서 위반행위도 범죄에 포함된다. 심지어 과음, 무분별한 성관계 등 일탈행위 역시 원인은 낮은 자기통제에서 비롯된다.

자기통제가 낮은 사람은 장기적인 성취보다는 손쉬운 성취를 추구한다. 따라서 오랜 교육이나 훈련이 필요한 지식과 기술을 갖추기 어렵다. 즉각적인 쾌락을 추구하고 위험과 스릴을 즐긴다. 자기중심적이고 다른 사람의 고통에 무관심하다. 참을성이 부족하고 충동적이기 때문에 대화로 문제를 해결하는 능력이 약하다. 때문에 타인과 대립하는 상황이 오면 쉽게 폭력적, 충동적으로 문제를 해결하려 한다. 범죄행위나 일탈행위는 행위자에게 즉각적인 만족을 제공하기 때문에 단시간 내에 큰 노력 없이 원하는 것을 성취하게 한다. 자기통제는 이러한 단기적 욕구가 발동할 때 욕구를 지연시킬 수 있는 능력이다.

허쉬와 갓프레드슨은 이러한 만족 지연 능력이 아동기에 형성된다고 보았다. 사실 1970년대에 이미 스탠포드 대학교의 심리학자 월터 미셸Walter Michel이 유명한 마시멜로우 실험을 통해 아이마다 즉각적인 만족을 지연시키는 능력이 다르다는 사실을 밝혀낸 바 있다. 미셸의 후속 연구는 더욱 흥미로웠다. 참을성이 높은 아이일수록 성장하면서 학업, 인간관계, 직업 등 다방면에 걸쳐 더 긍정적인 결과를 보여준 것이다.

뉴질랜드에서는 범죄학자가 아동 약 1천 명이 32세 성인이 될 때까지 조사한 적도 있다.[81] 아동기 자기통제 수준이 가장 낮은 집단은 가장 높은 집단에 비해 범죄자 수가 3배 이상 많았다. 또한 자기통제가 약한 아이일수록 비만, 성병, 마약 중독, 알코올 중독에 걸릴 확률이 높았다. 이들 집단은 저소득층, 무주택자의 비율과 이혼한 가정의 비율도 높게 나타났다.

그렇다면 개인의 자기통제 수준은 어떻게 결정되는 걸까? 허쉬와 갓프레드슨에 따르면 낮은 자기통제는 전적으로 부모의 잘못된 양육 방식 탓이다. 아이의 타고난 기질을 전혀 무시할 수는 없지만 적절한 양육과 훈련으로 아이의 태도와 성격은 얼마든지 바꿀 수 있다는 것이다. 따라서 아이의 자기통제는 거의 후천적이라고 말할 수 있다. 양육에 실패하는 부모에게서 공통적으로 발견되는 문제점은 다음 세 가지로 요약할 수 있다.

첫째, 부모가 평소에 아이의 행동을 세심히 모니터링하지 않는다. 둘째, 설령 모니터링을 하더라도 아이가 문제행동을 했을 때

이를 알아채지 못한다. 셋째, 아이의 문제행동을 알아차렸지만 효과적으로 제지하거나 적절한 처벌도 하지 않는다.

부모의 잘못된 양육으로 자기통제가 제대로 형성되지 않았지만 혹시 나중에라도 (성인이 되는 과정에서라도) 낮은 자기통제를 개선할 수는 없는 걸까. 허쉬와 갓프레드슨의 대답은 '없다'이다. 이들의 주장에 따르면 세 살 버릇 여든까지 간다는 속담은 꽤 과학적인 근거를 가진다. 개인의 자기통제 수준은 아동기(대략 10세 전)에 부모의 양육 방식에 따라 결정되며 그 후에는 거의 변하지 않는다고 한다. 어린 자녀의 문제행동에 부모가 어떻게 반응하는가는 아이의 성격과 성장한 후 범죄행위 및 일탈적 생활 양식을 결정한다. 자녀는 하얀 도화지이고 부모는 화가인 셈이다.

2002년 2월 10일 미국 뉴욕 주의 한 교도소 감방에서 살인범 잭 애벗이 숨진 채 발견됐다. 그는 한때 작가로 큰 명성을 얻었지만 우발적으로 살인한 뒤 자살로 비참하게 생을 마감하고 말았다. 잭은 태어나자마자 위탁 가정에 맡겨졌고 열두 살부터는 비행소년이 되어 소년원에서 살았다. 스물한 살이 되던 해에 훔친 수표를 사용한 죄로 교도소에 수감되었고 복역 중에는 다른 재소자를 죽이기까지 했다. 가까스로 교도소를 탈출한 잭은 은행을 털다가 다시 붙잡혀 교도소로 돌아왔다. 이때부터 그는 독서에 심취한다.

어느 날 잭은 유명 소설가이자 비평가인 노먼 메일러에게 편지를 보내어 교도소 안의 생생한 삶을 이해할 수 있게 도와주겠다고 제안했다. 그때부터 잭은 매번 20여 페이지 분량의 편지를 메일러에게 보냈고 잭의 유려한 글 솜씨에 메일러는 깊은 인상을 받았다. 나중에 메일러는 잭의 편지를 엮어서 책《야수의 뱃속에서》로 출판했다. 책은 곧바로 평단의 호평을 받았고 잭은 일약 재능 있는 젊은 작가로 명성을 얻게 되었다. 더욱이 메일러의 적극적인 지원 덕분에 얼마 후 잭은 가석방으로 풀려났다. 출소 직후 잭은 곧바로 뉴욕시로 가서 문학계의 새로운 스타로 등극했다.

하지만 가석방으로 풀려난 지 불과 6주가 지난 어느 날 맨해튼에 위치한 한 카페에서 잭은 또다시 살인을 저지른다. 화장실 사용 문제로 웨이터와 실랑이를 벌이다가 가지고 있던 칼로 그를 살해한 것이다. 공교롭게도 범행 바로 다음날 뉴욕 타임스에《야수의 뱃속에서》에 대한 비평가의 극찬이 실렸다. 전날 밤 발생한 잭의 범행이 미처 세상에 알려지기 전이었다. 몇 달 후 잭은 도주 중 경찰에게 붙들려 다시 교도소로 보내졌다. 스타 작가의 갑작스러운 몰락이었다.

그런데 잭은 재판에서 자신의 폭력성에 대해 정부가 책임을 져야 한다는 주장을 펼치기 시작했다. 열두 살부터 성인이 될 때까지 대부분의 시간을 소년원, 교도소 등 교정시설에 수용된 채 보냈는데 그곳에서 자연스럽게 폭력을 학습하게 되었다는 이유에서였다. 카페에서 저지른 살인도 이러한 학습의 결과일 뿐이라는 주장이었다. 어려서부터 폭력이 난무하는 교도소 환경 속에서 성장했고 위협적인 상황으로부터 스스로를 지키는 방법이 폭력뿐이라는 사실을 자연스레 체득했다는 것이다. 그에게 교도소는 학교였고 그는 착실한 학생이었을 뿐이다.

혹시 잭의 주장이 범죄에 대한 책임을 면하기 위한 변명처럼 들리는가? 이미 오래 전 아리스토텔레스는 인간의 지식이 전적으로 경험을 통해 학습된다고 주장한 바 있다. 범죄도 비슷한 방식으로 학습되는 걸까.

가브리엘 타르드Gabriel Tarde는 범죄가 학습의 결과라고 주장한 19세기 프랑스의 초기 범죄학자다. 당시는 저명한 프랑스 사회학자 에밀 뒤르켐Emile Durkheim과 범죄학의 창시자인 롬브로소가 활동하던 시기였다. 타르드는 범죄의 정상성과 기능성을 강조한 뒤르켐과 범죄자를 유전적 퇴행의 결과물로 취급했던 롬브로소를 모두 비판했다. 타르드는 판사로 일했던 경험을 바탕으로 범죄는 사회적 산물이며 모방이나 학습을 통해 사람들에게 전수된다고 주장했다.

초창기 학습 이론이 본격적으로 체계를 갖추게 된 데에는 미국 시카고 학파의 일원이던 서덜랜드의 공로가 가장 컸다. 그는 범죄가 주로 친밀한 집단 내의 의사소통 과정에서 학습된다고 주장했는데 구체적인 범죄 기술뿐만 아니라 범행 동기나 범행 욕구, 범죄를 정당화하는 태도 등이 학습 내용에 포함된다고 보았다. 서덜랜드의 주장은 아홉 가지 이론적 명제로 요약되는데 핵심은 사람이 범죄의 긍정적 의미에 오랜 기간 자주 노출되면 범죄자가 될 가능성이 높아진다는 주장이다. 범죄의 긍정적 의미란 한마디로 범죄를 당연시하거나 정당화하는 가치 판단이다. 사람마다 이러한 의미에 노출되는 정도가 다르기 때문에 범죄자와 비범죄자의 구분이 생긴다는 것이다. 아버지에게 '가난한 사람이 굶어죽지 않으려면 도둑질이라도 해야 한다'는 말을 자주 들은 아이는 절도를 불법 행위로 인식하지 않고 자라서 도둑이 될 가능성이 높다.

서덜랜드의 이론이 전제하고 있는 인간의 타고난 본성은 빈 그릇의 이미지와 닮았다. 그릇 안에는 '어떤 역사나 믿음이나 선호나 또는 선택 역량'도 담겨있지 않다.[82] 사회 학습은 바로 이러한 빈 그릇을 채워나가는 과정이며 인간의 행위는 채워진 내용물의 필연적 결과다. 서덜랜드는 학생 시절 시카고 대학교 철학과 교수였던 조지 미드George. H. Mead로부터 상당한 영향을 받았다. 미드가 발전시킨 상징적 상호작용론에 따르면 인간 정신은 '사회적 삶의 산물'일 뿐이다. 태어날 때부터 갖고 있는 정신이란 없으며 인간 사이의 소통과 사회적 경험으로 형성된 결과물이다. 내 속에서 생겨난 것이 아니라 바깥에서 나에게 들어온 것이기 때문에 정신은 개인적 속성이 아니라 사회적 현상이다.

사회적 경험과 학습을 통해 정신을 채우는 것은 구체적으로 무엇일까. 그건 바로 '의미'meaning이다. 인간은 자신의 앞에 놓인 상황과 대상에 의미를 부여한다. 내 입장에서 보면 대상은 그 자체로 존재의 의미가 없지만 나와 어떠한 관계에 놓이면 비로소 의미 있는 대상이 된다. 김춘수 시인이 말했듯 이전엔 그저 몸짓에 불과했지만 내가 그의 이름을 불러줄 때 비로소 꽃이 된다. 정신은 개인이 자신을 둘러싼 환경에 부여한 의미와 맺어진 환경과의 관계에 대한 태도로 채워진다. 어떤 의미가 부여될지는 다른 사람과 말이나 제스처로 의사소통하는 과정에서 학습된다. 미드와 서덜랜드는 이렇게 대상과 상황에 부여된 의미가 사람의 행위를 결정한다고 보았다. 따라서 이들에게 사회와 동떨어진 개인의 행위란 있을 수 없다. 모든 행위는 사회적 행위인 것이다. 미드의 학문적 계승자인 허버트 블루머Herbert Blumer는 행위에 내포된 의미의 중요성을 다음과 같이 강조한다.

> 행위는 행위자가 어떻게 인식하고 해석하고 판단하는지에 따라 만들어지기 때문에 우리는 행위자가 보듯이 실행 상황을 봐야하고, 행위자가 인식하듯이 대상을 인식해야 하며, 그 대상이 행위자에게 가지고 있는 의미의 차원에서 그 의미를 규명해야 하며 행위자가 계획한대로 행위의 진행을 따라가야 한다. 간략히 말해, 우리는 행위자의 역할을 취해야 하며 그의 관점에서 세상을 바라보아야 한다.[83]

그렇다면 범죄를 바르게 이해하기 위해서 우리는 범죄자 내면의 세계와 그 세계가 형성되는 과정을 추적해야 하지 않을까. 블루머의 이론적 세례를 받은 범죄학자 로니 에슨스Lonnie H. Athens의 이론을 통해 범죄자 내면 세계의 형성 과정을 들여다 볼 수 있다.

에슨스는 과거 자신이 직접 겪은 학대를 바탕으로 이론을 만들었다. 그의 아버지는 예민한 성격에 난폭한 기질의 농사꾼이었다. 어린 시절부터 에슨스와 그의 형은 피가 흐를 때까지 아버지에게 매를 맞으면서 자랐다. 동네 아이들은 그에게 벽돌을 던지기 일쑤였다. 칼에 찔리는 여자와 총에 맞는 남자를 목격한 적도 있었다. 에슨스는 폭력에 대한 호기심을 갖게 되었고 이는 그가 범죄학자가 되는 계기가 되었다. 에슨스는 자신이 청소년기에 왜 그토록 거칠고 폭력적이었는지를 밝혀내고 싶었다. 그래서 살인, 강도, 상해 등 중범죄를 저질러 교도소에 수감되어 있는 사람들을 찾아가 직접 대화를 시도했다. 최종적으로 그가 내린 결론은 폭력은 나쁜 유전자나 정신적 결함 또는 단순히 빈곤한 환경의 산물이 아니라는 것이다. 에슨스의 주장에 따르면 폭력은 개인이 겪은 구체적인 폭력을 통해 학습되며, 그 세계관에 비추어 의식적으로 선택된 합리적인 반응이다.[84]

에슨스는 범죄자가 폭력적 환경과 맞서 싸우는 과정에서 특별한 형태의 사회화를 경험한다고 보았으며 이를 '폭력화'violentization라고 불렀다. 폭력화 과정은 비인격화brutalization, 대항defiance, 교전violent dominance engagement, 포악virulency, 포식violent predation으로 진행된다.

행위자는 첫 번째 단계에서 직·간접적으로 폭력 앞에 굴복한다. 주변인은 그럴 땐 폭력으로 맞서야 한다고 그에게 코치한다. 행위자는 자신이 겪었던 비인격적 경험을 떠올리며 왜 맞았는지 그리고 앞으로 같은 상황에서 어떻게 해야 할지 반복해서 스스로에게 묻는다. 결국 두 번 다시 치욕을 당하지 않으려면 폭력으로 대항할 수밖에 없다는 결론에 이른다. 다음에는 그 녀석을 가만두지 않겠다고 다짐하면서 두 번째 단계가 완성된다. 교전 단계에 이르면 결심을 실행에 옮기는데 폭력으로 상대방을 제압하고 두려움으로 몰아넣는다. 제법 만만치 않은 녀석을 상대로 몇 차례 승리를 거두고 나면 사람들이 그의 앞에서 조심스럽게 행동한다. 그때부터 자신에게 대드는 자를 무자비한 폭력으로 응징한다. 마지막 단계에서는 무고한 사람을 공격함으로써 상위 포식자로서의 지위를 공고히 하고 강자 독식과 약육강식의 지배 원리를 철저히 따른다.

> **에슨스의 폭력화 과정 - 상상 공동체**
>
> 에슨스의 폭력화 과정에서 '상상 공동체'는 중요한 역할을 한다. 상상 공동체는 행위자가 경험을 이해하고 상황을 해석하고 행동 양식을 결정할 때 조언을 구하는 가공의 대상이다. 학대당했거나 비인격적인 취급을 당한 사람은 폭력을 정당화하는 상상 공동체(phantom community)를 갖게 된다.
>
> 행위자마다 자신이 만들어 낸 상상 공동체가 폭력을 지지하는 정도는 다르다. 전적으로 폭력을 지지하는 상상 공동체가 있는가 하면 어떤 상상 공동체는 자기 방어를 위해 어쩔 수 없는 상황에서만 제한적으로 폭력을 지지한다. 따라서 물리적으로 같은 공동체에 속하더라도 정신적으로는 다른 세계에 속할 수 있다. 같은 학교 또는 같은 반 학생일지라도 비슷한 상황에 처했을 때 부여하는 의미와 대응하는 방식이 다른 건 이 때문이다.

범죄가 단지 학습의 결과라는 사실을 인정하면 또 다른 의문이 생긴다. 학교에서 똑같이 가르쳐도 배운 내용을 잘 습득하는 학생이 있는가 하면 그렇지 못한 학생도 있기 마련이다. 서덜랜드는 범죄 학습이 다른 분야의 학습과 별 차이가 없다고 말한다. 범죄 학습과 요가를 배우는 일은 원리상 크게 다르지 않다는 것이다. 그렇다면 왜 누구는 학습을 통해 쉽게 범죄자가 되는 반면 누구는 그렇지 않는 걸까. 이 질문에 대한 서덜랜드의 대답은 간단하다. '학습량과 교사의 차이'다. 오랜 기간 반복해서 학습이 이루어지거나 학습자가 신뢰하는 사람이 가르친다면 학습 효과가 높으리라 추측할 수 있다.

그런데 범죄 학습의 성공과 실패에 대한 서덜랜드의 관점에도 한계가 있다. 바로 행위 주체로서 인간이 지닌 주체성을 외면한다는 데에 있다. 에슨스의 폭력화 과정에서 행위자는 새로운 의미 세계와 마주한다. 그 세계에서는 폭력을 매개로 사람 간에 지배-복종 관계가 맺어진다. 폭력은 생존하기 위해 필수불가결한 수단으로 정당화된다. 그렇다면 폭력을 반사회적 행위로 규정짓고 금지하는 기존의 지배적 의미 세계는 어떻게 된 걸까. 행위자가 자신의 폭력을 정당화하는 방식으로 해석하는 순간 과거의 전통적 세계가 사라져버리는 걸까. 아마도 두 세계가 행위자의 정신 속에 공존하고 있다고 보는 것이 타당할 듯싶다.

소설《데미안》의 어린 싱클레어는 자신이 동시에 전혀 다른 두 세계에 속해 있다는 사실을 깨닫는다. 하나는 부모님의 세계로 사랑, 친절, 예의, 질서, 규범으로 채워져 있는 반면 또 다른 하나는 사납고 잔인하며 폭력적인 어두운 세계다.

> 내 이야기를 하려면 훨씬 앞에서부터 시작해야 한다. (…) 내가 열 살 때 우리 소도시의 라틴어 학교에 다니던 시절의 체험으로 이야기를 시작하련다. 그 시절로부터 짙은 향기가 풍겨와

내면에서부터 아픔과 상쾌한 전율로 나를 건드린다. (…) 두 세계가 한데 뒤섞여 있었다. 두 극단에서 낮과 밤이 나왔다.[85]

영화 《말죽거리 잔혹사》(2004)의 현수(권상우)는 전학 간 학교에서 새로운 세계를 만난다. 교장은 교사를 때리고 교사는 학생을 때리고 학생은 다른 학생을 때리는 약육강식의 세계다. 하지만 영화가 묘사하는 세계가 학교라는 공동체의 매우 단면적인 모습에 불과하다는 사실을 우리는 알고 있다. 간혹 교실 뒤편에서 주먹 다툼하던 거친 애들, 골목길에서 담배를 물고 푼돈을 뜯어내던 불량배가 있긴 해도 학교는 학생들이 지켜야 할 예절과 규칙이 지배한다. 친구들 사이의 우정과 선생님의 사랑을 경험하는 세계이자 대부분의 학생에게 학업과 대학 진학을 통한 제도화된 방식의 성공을 추구하던 세계다.

행위자의 정신 속에서 하나의 의미 세계가 폐기되고 다른 의미 세계로 대체된다는 식의 해석보다는 두 개의 의미 세계가 동시에 공존한다고 보는 편이 옳다. 그렇다면 결국 어떤 의미 세계에 속할지에 대한 최종 선택은 행위자 자신의 몫이 아닐까.

소심하고 모범적이던 현수는 동급생 선도부의 폭력과 협박을 묵묵히 견뎌내며 폭력 세계와 거리를 둔다. 하지만 굴욕감은 임계치에 다다르고 고심 끝에 그는 결심한다. 자신을 괴롭히는 폭력을 더 큰 폭력으로 응징하기로. 거부해왔던 의미 세계를 수용하는 순간이다. 현수는 한바탕 무협 활극을 벌여 최강자임을 입증하지만 에스스의 폭력화 과정 다음 단계로 나아가지 않는다.

대신 학교를 그만두고 검정고시를 준비한다. 어느 날 학원에서 우연히 만난 옛날 친구에게 현수는 멋쩍게 웃으며 말한다.

"그래도 대학은 가야지?"

범죄 학습과 폭력화 과정은 기계적이거나 수동적이지 않다. 학습의 결과가 고정적이지도 않다. 하나의 의미 세계에서 다른 의미 세계로 이동할 수 있는 가능성은 열려 있고 행위 주체인 인간은 선택할 수 있기 때문이다.

사이코패스 점수 매기기

1996년 하버드 대학교 심리학과 교수 리처드 헤른슈타인Richard Herrnstein과 보수 정치학자 찰스 머레이Charles A. Murray가 공저한 《The bell curve: Intelligence and class structure in American life》(종형곡선: 미국인의 지능과 계급구조)는 미국 사회에 커다란 논쟁을 불러일으켰다. 이들의 주장을 지지하는 측과 비판하는 측으로 나뉘어 시위를 벌이기까지 했다. 논점은 간단하다. 타고난 IQintelligence quotient가 인생의 거의 대부분을 결정한다는 것이다. 이들은 IQ가 학교에서 학업 성취도뿐만 아니라 성인이 되어 어느 정도의 수입을 올릴지, 어떤 유형의 직업에 종사할지, 미혼모가 될지, 아이는 잘 키울지, 심지어 범죄를 저지르고 교도소에 수감될지를 결정한다고 주장했다.

이 책의 내용은 미국 사회에 존재하는 두 개의 뇌관을 건드렸

다. 첫째로 제2차 세계대전 이후 반인종주의 운동의 영향과 나치의 홀로코스트 충격 때문에 퇴출되었던 우생학적 인종주의를 다시 불러들였다. 저자들은 자녀의 IQ가 생물학적 부모로부터 물려받은 결과물이라는 점을 확인했다. 또한 IQ 검사 자체가 소수 인종에게 불리하다는 학계의 견해를 배척했다. 이러한 주장은 흑인의 낮은 지능을 생물학적 특성의 하나로 취급하는 우생학 및 인종차별주의와 궤를 같이하고 있기 때문에 논란이 되었다.

나머지 하나는 복지 정책에 관한 비판이다. 저자들은 사회 불평등의 문제가 타고난 지능에서 비롯되었기 때문에 저소득층에 대한 경제 및 교육 지원이 문제를 해결하지 못한다고 생각했다. 원래 복지 정책은 정치적 성향에 따라 첨예하게 대립되는 이슈로 특히 미국에서는 이민자 지원 정책의 연장선에서 다뤄지기 때문에 더욱 민감하다. 그런데 헤른슈타인과 머레이는 여기에 지능의 유전성 문제까지 결부시켜 논란을 확대시켰다. 미국 사회 전체적으로 평균 IQ가 감소하는 이유가 낮은 지능의 외국 이민자가 아이들을 많이 낳기 때문인데 복지 정책으로 이들의 출산율만 높아지고 있다고 주장한 것이다.

여기서 한 걸음 더 나아가면 백인보다 흑인과 히스패닉의 범죄율이 높은 것도 타고난 지능 때문이며 이민자를 마약범, 강간범, 짐승으로 호칭했던 도널드 트럼프Donald Trump 전 미국 대통령의 발언과도 맞닿아 있다. 헤른슈타인과 머레이의 주장에 따르면 불평등한 사회 구조를 바로잡고 취약한 사회 환경을 개선하여 범죄를 줄이고자 하는 노력은 사실상 의미가 없으며 오직 사회방위 차원의 범죄자 격리만이 최선책이라는 결론에 이르게 된다.

이들의 주장이 전혀 새로운 것은 아니다. 오늘날 사용되고 있는 지능지수, 즉 IQ는 18세기 초 프랑스 심리학자 알프레드 비네Alfred Binet가 개발한 후 미국의 저명한 심리학자이자 우생학자인 헨리 고다드Henry H. Goddard가 미국에 처음 보급했다. 고다드는 IQ 50~70에 해당하는 사람을 '우둔자'愚鈍者, moron로 분류했는데 오늘날의 기준으로는 경미한 수준의 지적장애에 해당한다. 고다드는 범죄자, 알코올 중독자, 성매매 여성, 심지어 육체 노동자의 대부분이 우둔자에 속한다고 분석했다. 지능이 떨어지는 사람이 자주 범죄를 저지르는 이유는 그들이 도덕적 행위에 대한 판단력이 부족하고 감정을 제어하지 못하기 때문이라고 했다. 또한 우둔한 이민자의 유입으로 미국인의 혈통이 열등해지는 것을 막기 위해서는 지능이 낮은 사람을 국가 차원에서 특별 격리하고 이들의 출산을 막기 위해 강제 불임 수술을 실시하자고 제안했다.

하지만 고다드의 주장은 오래가지 못했다. 심리학자 칼 머치슨Carl Murchison은 막 입대한 신병과 교도소에 수감된 범죄자의 IQ를 측정했다. 대략 절반 정도의 신병의 정신 연령이 13세 이하였다. 더 놀라운 사실은 군인보다 범죄자의 평균 지능이 높게 나타났다. 하버드 대학교 생물학자 스티븐 굴드Stephen J. Gould는 고다드가 연구 결과를 일부러 조작했다는 의혹까지 제기했다. 열등한 유전자를 물려받은 자손을 사악하게 보이게 하려고 사진 속 얼굴의 일부를 조작했다는 것이다.[86]

비록 고다드는 자신의 우생학적 신념으로 IQ를 과도하게 신봉하고 연구 결과를 무리하게 해석했지만 낮은 지능과 범죄 간의 관련성이 학계에서 부정된 것은 아니다. 특히 많은 연구를 통해 낮은 IQ는 청소년 비행의 중요한 예측 인자로 확인됐다. 비행의 위험성뿐만 아니라 비행의 심각성도 IQ와 밀접한 관련이 있다. 아동기의 낮은 IQ는 성인기의 범죄와도 관련이 있다. 지능이 낮을수록 도덕적 추론, 공감 능력, 문제 해결 능력에서 결함이 발생한다. 이러한 능력은 뇌의 전두엽 부위가 담당하는 실행 기능 executive functions에 해당한다. 이 기능에 문제가 있으면 행동에 따른 결과를 예측하기 어렵고 충동적이고 부적절한 행동을 적절하게 제어하지 못한다. 그렇다면 범죄 원인을 지능 같은 유전 요인으로 설명할 수 있을까. 과연 범죄자는 선천적으로 결정되는 걸까. 성급한 결론에 이르기 전에 따져봐야 할 문제가 있다.

만약 IQ가 유전 요인으로 결정된다면 아동의 지능을 높이기 위해 취약한 양육 환경을 개선하고 특별 교육 프로그램을 마련하는 노력이 무색해질 것이다. 하지만 IQ가 후천적으로 계발된다는 주장을 뒷받침하는 연구 결과가 상당수 있다. IQ가 낮은 저소득층 아동에게 특별 교육을 실시하였더니 1년 만에 평균 15점이 높아졌다는 연구 결과가 있다. 재소자와 일반인을 비교한 연구에서도 경제적·언어적·교육적 배경 요인을 비슷하게 맞추면 두 집단 사이의 IQ 차이가 거의 없었다. 그래서 범죄자나 비행 청소년의 IQ가 낮은 이유를 부실한 학업 활동과 낮은 동기 부여 같은 후천적 요인에서 찾는 의견이 많다.

'플린 효과'도 IQ의 후천적 결정론을 지지한다. 뉴질랜드 정치

철학자 제임스 플린James Flynn은 미국에서 군대에 입대한 신병의 IQ 검사 결과를 조사했더니 10년마다 평균 3점씩 증가한다는 사실을 발견했으며 다른 나라에서도 비슷한 결과를 얻었다. 플린은 이를 토대로 과거부터 현대에 이르기까지 인류의 지능지수가 점차 높아져 왔다는 결론에 이르렀다. 그는 원인을 교육·직업 환경의 변화에서 찾았다. 현대 사회에서는 과거보다 학교와 직장에서 개념을 범주화하거나 추상적 개념을 사용하고 가설에 기초해 사고하는 정신 활동이 더 많이 요구되기 때문이다.[87]

쌍둥이를 대상으로 한 연구도 IQ가 양육 환경에 좌우될 수 있음을 보여준다. 한 예로 미국 버지니아 대학교 연구진은 스웨덴 쌍둥이 436쌍을 조사한 바 있다. 쌍둥이 중 한 명은 입양되어 양부모에게 길러지고 다른 한 명은 생부모에게 남겨진 경우만 조사 대상에 포함했다. 쌍둥이의 나이가 18~20세에 이르렀을 때 IQ를 측정했더니 입양된 쌍둥이의 지능이 다른 쌍둥이에 비해 평균 4.4점 높게 나타났다. 연구진은 이러한 IQ의 차이가 양측 부모의 교육 수준과 경제력 차이에서 비롯됐다고 해석했다. 대개 양부모의 교육 수준과 경제력이 친부모에 비해 높기 때문이다. 고학력인 양부모는 식사 시간에 아이들과 이야기를 나누고 잠자리에서 책을 읽어주면서 자녀의 인지적 역량을 높인 반면, 저학력인 친부모는 그렇지 못했다.[88] 일란성 쌍둥이는 유전자가 거의 일치하기 때문에 같은 부모 밑에서 자라나면 IQ가 비슷해진다. 하지만 양육 환경이 변하면 IQ도 달라진다.

IQ, 숫자가 전부가 아니다

알프레드 비네(Alfred Binet)는 사람들이 자신이 개발한 척도를 잘못 사용할까봐 매우 경계했다. 그는 지능은 어떤 척도로 사용할 수 없으며 더욱이 사람(특히 학생)을 서열화하는 기준으로 사용해선 안 된다고 했다. 지능은 단일한 수치로 포착하기에 너무도 복잡한 실체이기 때문이다. 비네는 단순하게 수치화된 지능지수가 마치 머릿속의 일반 지능 자체인 것처럼 취급할 때 '물화(物化)의 오류'를 범하게 된다는 것을 잘 알고 있었다. 그가 지능 검사를 만든 목적은 학업 능력이 현저히 떨어지는 학생을 식별하여 필요한 도움을 주려는 실용적인 이유였지 모든 학생을 선천적이거나 항구적인 어떤 특성으로 규정하려던 것이 아니었다.

낮은 지능과 일탈행동의 인과관계는 생물학이 아닌 사회학으로도 설명할 수 있다. 지능이 낮은 아동이 흔히 겪는 저조한 학업 성취는 낮은 자존감, 학교 생활 부적응, 비슷한 또래와의 교류, 부모와의 갈등으로 이어지고 사소한 일탈행동이 반복되다가 범죄를 학습하면서 보다 심각한 범죄에 이른다. 자녀의 범죄에 대한 적절한 대처법을 모르는 부모는 양육 스트레스를 받고, 부모와 자녀 간의 애착 형성에도 악영향을 끼친다. 이런 부모는 자녀를 잘못된 방법으로 훈육하여 자기통제 역량이 떨어지는 인격체로 키우거나 때로는 자녀를 학대하여 치명적인 정신적 상흔을 남길 수도 있다. 부모와의 애착 형성 실패, 낮은 자기통제력 그리고 가정 학대는 범죄를 설명하는 대표적인 사회 요인이다.

어떤 현상을 수치로 치환할 때는 숫자 이면에 있는 수많은 의미도 함께 해석해야 한다. IQ의 함정은 사이코패스 테스트에도 똑같이 적용해 볼 수 있다. 세간의 이목이 집중되는 흉악 범죄가 발생하면 사람들은 범죄자가 사이코패스인지부터 궁금해한다. 언론은 프로파일러와 범죄심리전문가의 의견을 인용해 온갖 뉴스를 양성한다. 사이코패스 성향 검사 도구로 잘 알려져 있는 PCL-R에서 해당 범죄자가 몇 점을 받을지에 관한 추측 보도가 이어진다. 과거 흉악 범죄자의 점수도 소환된다. 유영철 38점, 조두순 29점, 강호순 27점. 과연 이 숫자는 우리에게 무엇을 알려주는 걸까. 이 점수로 사이코패시psychopathy라는 정신 특질을 증명하려는 걸까.

의문은 이어진다. 점수를 기준으로 사이코패스 성향의 고저에 따라 사람을 서열화해도 될까. 이 점수는 범죄성criminality과 무슨 관계일까. 선천적으로 결정되는 점수일까 아니면 사회 환경적 요인으로 설명할 수 있는 점수일까. 어쩌면 우리는 아직도 비네가 경고했던 물화의 오류를 범하고 있는 건 아닐까. 점수에 집중하면 할수록 사람은 잊어버리고 마는 오류 말이다.

6.

돈이 잡아먹은 인간의 욕망

유전자 | 젠더 | 존재론적 불안
혐오 | 범죄자의 탄생 | **자본주의**
범죄의 의미 | 변화 | 권력

2011년 자본주의의 심장부 미국 뉴욕 월가에서는 '월가를 점령하라'Occupy Wall Street라는 목소리가 울려 퍼졌다. 시위의 물결은 파도처럼 전 세계로 퍼져나갔다. 사람들은 갈수록 사회적·경제적 불평등을 가중시키는 자본주의에 정면으로 도전했다. 무엇보다도 1대 99부의 불평등을 견인하는 금융자본의 탐욕과 이를 방조하는 정부를 향해 분노를 터뜨렸다. 신자유주의 경제철학으로부터 영양분을 공급받아 성장해 온 현 자본주의 시스템에 리셋이 필요하다는 공감대가 형성되었다.

그 즈음 프랑스의 경제학자 토마 피케티Thomas Piketty의 책《21세기 자본》이 세상에 등장했다. 전 세계는 피케티 열풍에 휩싸였고 심지어 130년 전 세상을 떠난 마르크스까지 소환되었다. 피케티는 불평등이 가중될 수밖에 없는 속성이 자본주의 체제 내에 존재한다는 점을 재확인했다. 다만 마르크스의 주장과 다르게 소수의 부유층에게 집중된 자본소득에 특히 주목했다. 자본수익률은 경제성장률보다 항상 높아 자본을 독점하고 있는 계층에게 부가 집중되는 현상은 필연적이라는 것이다. 자본수익의 비중이 높아질수록 부의 대물림은 쉬워지고 세습자본주의가 깊게 뿌리내린 사회에서 계층 간 이동가능성은 점점 희박해진다.

영화 《기생충》(2019)의 메시지에 세계인이 공감한 이유도 바로 여기에 있다. 영화는 자본주의 시스템의 불평등 구조와 계급 갈등이 이미 치유가 불가능한 수준에 이르렀다는 걸 암시한다. 봉준호 감독이 앞서 발표한 영화 《설국열차》(2013)도 계급체계가 고착화된 디스토피아를 배경으로 하고 있지만 그래도 열차의 꼬리 칸에 탄 자들에게서 사회개혁의 의지와 희망을 찾아볼 수 있다. 하지만 영화 《기생충》에서는 모순적 체제에 대한 자각을 완전히 상실한 채 계급 구조에 동화된 반지하 하층민이 상위계급에 기생해 살아가는 모습을 그리고 있다. 기택 가족이나 문광 부부 모두 집주인에게 동경심을 넘어 존경심을 표시한다. 이제 계급 갈등은 '계급 간 갈등'이 아닌 '계급 내 갈등'의 모습을 띠고 있다. 상위계급에 기생하기 위한 제한된 기회를 놓고 을과 을 사이에 피 튀기는 경쟁이 벌어진다. 계급 상승의 희망이 사라져 버린 사회의 모습이다.

오늘날 한국사회의 가장 중요한 화두는 불평등과 공정이다. 2020년 서울연구원이 20, 30대 청년 1천 명을 대상으로 실시한 조사에 따르면 10명 중 6~7명이 '우리 사회는 청년이 살 만한 나라가 아니'며 '노력해도 공정한 대가를 얻을 수 없는 곳'이라고 응답했다. 이들 10명 중 7명은 자신의 계층이 높아질 가능성이 낮다고 생각했다.[89] 영화 《성혜의 나라》(2020)가 묘사하는 청년의 현실은 이러한 조사 결과를 잘 반영하고 있다. 신문배달과 편의점 알바로 근근이 살아가는 취준생 성혜 그리고 그녀의 공시생 남자친구 앞에는 불안한 미래만이 놓여있다. 성혜의 나라는 '이생망'을 외치는 삼포세대가 희망 없이 살아가는 헬조선이다.

청년의 절망은 단지 기회결핍 때문만은 아니다. 수저계급론으로 대표되는 불평등의 불가항력적 조건은 수많은 흙수저를 절망의 낭떠러지로 내몬다. 설상가상으로 2020년 느닷없는 코로나의 습격으로 청년의 현실은 더욱 암담해졌다. 경제사정이 급격히 악화되고 신규 채용이 축소되면서 학교에서 노동시장으로 옮겨가는 단계의 청년들이 직격탄을 맞고 말았다. 이미 취업한 청년들도 휴직, 급여 삭감, 비자발적 퇴사 등 녹록치 않은 상황을 맞닥뜨리고 있다. 부동산, 주식, 암호화폐를 사들이려고 청년들은 '빚투', '영끌'에 나선다. 심지어 보이스피싱, 불법 온라인도박에 가담하는 청년의 수도 증가하고 있다. 이 때문인지 한 조사에 의하면 고독사 발생건수가 2013년부터 2020년 사이에 2배 이상 증가했으며, 20, 30대 청년의 고독사 중 자살의 비율은 40%에 이른다.

정부와 산하기관들은 경제 동향을 모니터링하기 위해 고용률, 실업률, 경제활동참가율, 임금손실률, 빈곤지수, 지니계수 등 다양한 지표를 수시로 발표한다. 허나, 이러한 경제지표가 단지 경제 현상을 반영하는 수치에 불과할까?

경제지표에는 폭력성이 잠재되어 있다. 사람들을 절박한 상황 속으로 내몰고, 인간적 연대를 끊어놓고, 분노와 무기력감을 끌어올리며, 보편적 도덕 가치를 무너뜨린다. 무엇보다 경제지표는 변화의 주체로서 인간이 지닌 창의성과 잠재성을 억압하는 요인이 된다. 경제지표와 경제적 조건이 경제 현상을 설명하는 것에 그치지 않는 건 바로 이 때문일지도 모른다.

범죄와 빈곤 사이

영화《시티 오브 갓》(2005)은 브라질 리우데자네이루 최대 빈민가를 배경으로 하고 있다. 폭력과 범죄가 난무하는 가운데 어린아이들은 무리 지어 다니며 돈을 빼앗고 물건을 약탈하기에 바쁘다. 정글 같은 환경에서 아이들은 서로에게 총을 쏴대며 일찌감치 생존의 방식을 터득해간다. 세월이 흘러 청년이 된 아이들은 빈민가에서 마약을 팔아 먹고 산다. 이권을 놓고 대립하던 갱단 사이에 전쟁이 벌어지자 코흘리개 아이들까지 전쟁에 동원되고 그 고사리 손에는 총이 주어진다. 일 년간 이어지던 충돌은 한바탕 격전 후에 보스들의 죽음을 끝으로 마무리된다. 주인이 사라진 거리에는 총 든 아이들이 활개를 치고 다닌다. 이것이 새로운 갱단의 탄생을 예고하는 것은 아닐까?

영화의 공간적 배경은 '파벨라'라는 이름의 브라질 슬럼가다. 1960년대부터 농민들이 도시로 대거 이주하면서 형성되기 시작했다. 급속한 산업화 과정 속에서 빈부격차는 갈수록 심해졌고 가난한 사람은 자연스레 빈민촌으로 밀려들었다. 파벨라는 극심한 빈곤, 높은 실업률, 인종차별, 빈부격차, 무질서로 악명이 높다. 이곳의 범죄 문제는 브라질 경찰조차 손을 쓸 수 없을 수준이다. 특히 마약 밀거래를 둘러싼 갱단들 간의 이권 다툼으로 총성이 그칠 날이 없다. 브라질은 2017년 한 해에만 살해된 사람이 총 63,880명으로 하루 평균 175명이며, 인구 10만 명당 30.8건인 셈이다. 같은 비율로 계산했을 때 1.7건에 불과한 한국의 18배가 넘는다.

파벨라의 범죄 문제는 근본적으로 빈곤에서 비롯되었다. 빈곤은 범죄가 생육하기에 좋은 토양이다. 빈곤과 범죄 사이의 관련성은 합리적 선택의 차원에서 설명할 수 있다. 노벨 경제학상 수상자인 시카고 대학교의 게리 베커Gary Becker는 범죄행위가 비용과 편익을 비교해 내린 합리적 선택의 결과라고 주장했다. 범죄의 기대 이익이 기대 비용보다 클 때 범죄가능성은 높아진다. 형벌은 범죄의 기대 비용 중 가장 큰 비중을 차지한다. 그런데 형벌을 통한 범죄 억제력은 행위자의 사회경제적 지위와 무관하지 않다. 잃을 게 별로 없는 하층계급에게 형벌 비용은 디스카운트된다. 그래서 극빈층에게 범죄행위는 합리적 선택의 결과가 될 수 있다.

그런데 달리 생각해 보면 빈곤이 합리적 판단을 제약하여 범죄에 이르게 한다는 설명도 가능하다. 결핍이 인간의 인지능력을 약화시켜 비합리적 선택으로 이끈다는 연구 결과가 있다. 연구자들은 인도의 사탕수수 농장에서 수확시기 이전과 이후에 각각 농부들의 지능지수를 측정해 봤다. 그랬더니 같은 농부에게서 수확 이후보다 수확 이전의 지능지수가 평균 9~10% 낮게 나왔다.[90] 어떻게 된 걸까? 인간의 뇌가 스트레스를 처리하기 위해 정신적 에너지를 소진해 버리면 합리적 사고력이 떨어진다. 사탕수수 농장의 농부와 가족에게는 수확 전 몇 달이 빈곤상태에 시달리는 시기다. 예전에 우리나라에도 초여름 보리 수확 전까지 양식이 떨어져 굶주려야 했던 보릿고개라는 시기가 있었다. 수확시기 이전의 낮은 지능지수는 경제적 곤궁으로 인한 과도한 스트레스 때문에 사고역량이 위축된 결과라고 해석할 수 있다. 우리나라 속담에도 '사흘 굶어서 남의 담 안 넘는 놈 없다'고 하지 않았는가? 하위계층의 범죄는 결핍상황이 초래한 비합리적 행위로 볼 수도 있다.

합리적 선택의 관점은 개별 행위자에만 초점을 맞춰 설명하는 한계가 있다. 일찍이 프랑스 사회학자 에밀 뒤르켐Emile Durkheim은 범죄를 사회적 현상이라고 규정했다.[91] 기본적으로 인간의 행위는 사회 전체에 영향을 미치는 보편적 조건에 의해 결정된다. 그래서 개별적 범죄행위를 들여다보기보다는 사회 전체의 범죄 발생 추세를 설명하는 게 더 중요할 수 있다. 뒤르켐은 급격한 경제침체가 공동체적 연대감을 약화시켰고 곧 범죄율 증가로 이어진다고 설명한다. 급격한 사회적 변화로 인해 아노미상태에 돌입하면 전통적 사회규범은 개인의 일탈행위를 더 이상 통제할 수 없게 된다. 과거 우리나라 IMF 외환위기 때의 그것들과 비슷하다.

미국 시카고 대학교의 범죄학자들도 비슷한 관점에서 범죄가 도심의 슬럼지역에 집중되는 이유를 설명하고자 했다. 외국계 이민자와 빈민이 밀집해서 거주하는 지역일수록 주민 사이에 유대감이 희박하다. 그들은 제한된 자원을 차지하기 위해 서로 치열하게 경쟁하고 충돌한다. 이런 환경 속에서 사람들은 지역공동체로부터의 영향력을 의식하지 않고 행동하고 그 결과 범죄율은 상승하게 된다.[92]

불평등은 범죄율을 높이는 또 다른 사회경제적 조건이다. 미국 범죄학자 로버트 머튼Robert Merton은 미국 사회가 선진국임에도 불구하고 이례적으로 범죄율이 높은 이유를 '아메리칸 드림'에 내포된 모순에서 찾는다.[93] 아메리칸 드림으로 상징되는 성공지상주의는 누구나 물질적 성공을 열망하는 사회 풍조를 조장한다. 명문 대학에 진학해서 고소득 직장에 취업하고 고급 승용차를 몰면서 여유로운 삶을 즐기는 것을 최고의 덕목으로 여긴다. 하지만 현실은 누구에게나 공평하게 기회가 제공되지 않는다. 애초부터 흙수저가 금수저와 경쟁하는 자체가 말이 되지 않는다. 공정이라는 이상과 불평등이라는 현실 사이의 괴리는 성공을 위한 제도적 수단이 부족한 하층계급의 마음속에 긴장strain을 유발한다.

긴장상태로부터 벗어나기 위해서는 성공에 대한 소망을 내려놓고 묵묵히 현실을 받아들이던지 불법적 방법으로라도 원하는 걸 성취해야 한다. 영화 《기생충》의 문광 부부가 바로 전자에 해당한다면 기택 가족은 후자에 가깝다고 할 수 있다.

그런데 범죄 문제를 빈곤과 불평등에 대한 개인적 반응의 차원에서만 보다 보면 자칫 나무만 보고 숲을 보지 못하는 잘못을 범할 수 있다.

돈을 넣어도 원하는 상품이 나오지 않는 고장 난 자판기가 있다. 사람에 따라서는 혹시나 하는 마음에 계속해서 버튼을 누르기도 하고, 그냥 상품을 포기하고 되돌아가기도 하고, 때론 억울한 마음에 자판기를 부수고 상품을 손에 넣기도 할 것이다. 어떤 사람은 자판기 주인에게 연락을 해서 항의할지도 모른다. 여기에서 고장 난 자판기는 불평등한 기회구조와 시스템이다. 첫 번째 반응은 제도적 울타리 안에서 어떻게든 성공해보려는 경우고 두 번째 반응은 현실에 좌절하여 희망을 잃어버린 경우다. 세 번째 반응은 합법적 방법을 거부하고 범죄를 선택한 경우다. 그리고 마지막은 모순적 사회구조에 대해 비판하고 개선을 시도하는 경우로 볼 수 있다. 그런데 이러한 개인적 반응을 살펴볼 때 우리가 간과하고 있는 보다 근본적인 문제가 있다. 도대체 고장난 자판기는 누구의 소유이고 수익금은 누구에게로 돌아가는 걸까?[94] 왜 우리는 고장난 자판기에 의존해서 살아가야 할까?

인간, 욕망 그리고 자본주의

《정의란 무엇인가》의 저자로 우리에게 잘 알려진 하버드 대학교 철학교수 마이클 샌델 Michael J. Sandel은 다른 저서에서 오늘날 세상이 자본주의의 경제논리에 잠식당했다고 비판한다. 그러면서 자본주의의 막강한 지배력 때문에 돈으로 거래되어서는 안 되는 것들이 점차 사라지고 있다고 말한다.[95] 그는 스포츠 분야의 '스카이박스화' 현상을 대표적인 사례 중 하나로 꼽고 있다. 미국에서 스포츠는 단순히 운동경기 이상의 의미를 갖는다. 다양한 인종과 민족이 뒤섞여 사는 미국 사회에서 스포츠는 공동체의식, 연대의식을 형성하는 중요한 역할을 담당해 왔다. 뉴욕 양키즈 스타디움에 모인 관중들은 인종, 피부색, 연령, 출신국가, 종교와 상관없이 같은 팀을 응원한다. 누구라도 뉴욕 시민으로서의 동질감과 자부심을 느낄 수 있다.

그런데 지난 수십 년 동안 스포츠계에서 돈의 영향력은 급속도로 막강해졌다. 대도시와 대학교에 있는 경기장마다 호사스러운 스카이박스가 등장하기 시작했다. 돈 있는 이들은 고액의 연회비를 지불하고 특별관람석인 스카이박스에 앉아 샴페인을 마시며 경기를 관람했다. 경기장과 구단 입장에서 스카이박스는 훌륭한 수입원이 되어주었다. 일반좌석의 계층화도 갈수록 심해졌다. 좌석은 입장료에 따라 더욱 촘촘하게 나뉘어졌다. 관중은 경기장에 들어서자마자 각자의 지불능력에 따라 상하좌우로 분산 배치되었다. 이제 같은 경기장에서 같은 팀을 응원하는 사람들에게서 예전만큼 공동체 의식을 찾아보기는 어렵게 되었다.

자본주의는 인간의 욕망을 먹고 자라는 나무와 같다. 물질을 향한 욕망, 남보다 더 벌고 싶은 욕망, 스카이박스에서 경기를 관람하고픈 욕망에 의해 자본주의 체제는 유지되고 발전된다. 들뢰즈는 인간의 욕망 자체를 부정적으로 바라보지 않는다. 그에 따르면 욕망이란 끊임없이 새로운 것을 만들어내려는 긍정적이며 창조적인 힘이자 에너지다.[96]

그렇다면 자본주의와 인간의 욕망은 어떤 관계가 있을까? 마르크스는 자본주의 사회에 속한 인간들이 가진 욕망의 근원을 화폐 자체의 특징에서 찾는다. 화폐는 모든 상품의 가치를 측정하는 기준이 되며 서로 다른 상품들 간의 교환을 중개하는 '일반적 등가물'이다.

아파트는 주거공간으로서, 자동차는 이동수단으로서 본래적 가치를 지닌다. 하지만 만약 아파트와 자동차 모두 1억 원이라는 가격이 매겨졌다면 시장에서는 동등한 가치를 지닌 상품으로 거래된다. 평생 무주택자로 살아온 어떤 사람에게는 아파트 한 채가 고가의 자동차와는 상대가 안 될 정도의 가치를 지닐 수 있다. 반면 수십억 원짜리 아파트를 여러 채 가진 사람에게는 한정판 모델의 고가 수입자동차 한 대의 가치가 더 클 수 있다. 그러나 화폐를 매개로 부여되는 교환가치 차원에서 이러한 주관적 가치평가는 중요하지 않다. 화폐는 모든 상품에 내재된 고유한 질적 가치를 획일적인 양적 가치로 대체한다. 사랑하는 사람과의 추억이 담긴 소중한 금반지라고해도 보석상에게 가져가면 무게와 순도에 따라 값어치가 결정될 뿐이다. 이렇듯 화폐는 모든 상품의 가치척도로서 무소불위의 힘을 발휘한다.

화폐의 다른 특징은 그 자체가 하나의 상품으로서 다른 모든 상품과 교환이 가능하다는 점이다. 화폐는 직접 교환을 통해 호화 별장으로, 최고급 요트로, 뉴욕 맨해튼의 펜트하우스로도 쉽게 전환된다. 하지만 화폐에는 한도가 분명하다. 1억 원으로는 그 가격대의 아파트만 살 수 있을 뿐 2억 원짜리 아파트를 살 수는 없다. 그래서 사람들은 자신이 가진 돈의 한계를 항상 느낄 수밖에 없다. 그리고 그럴수록 돈의 한계를 뛰어넘고 싶은 욕구를 느끼게 된다. 1억 원을 가진 사람의 눈은 2억 원짜리 아파트를, 2억 원을 가진 사람의 눈은 3억 원짜리 아파트를 향해 있다. 이처럼 자본주의 사회에서 욕망이 무한대로 확장되는 이면에는 화폐에 내재된 이중성이 존재한다. 마르크스의 말을 빌리자면 '화폐의 질적인 무제한'과 '화폐의 양적인 제한' 사이의 모순이다.

> 화폐는 모든 상품과 직접 교환될 수 있으므로 질적으로나 형태적으로나 제한을 받지 않는다. 즉 화폐는 물질적 부의 일반적인 대표자이다. 그러나 동시에, 현실의 화폐액은 모두 양적으로 제한되어 있고 따라서 효력이 제한되어 있는 구매수단일 뿐이다. 화폐의 양적인 제한과 질적인 무제한 사이의 이런 모순은 화폐축장자(貨幣蓄藏者)를 끊임없는 축적이라는 시시포스의 노동으로 몰아넣는다. 그는 아무리 새로운 국가를 정복하여 국토를 넓혀도 여전히 새로운 국경에 맞닥뜨리게 되는 세계 정복자와 마찬가지의 운명이 된다.[97]

그리스 신화 속 시시포스의 무한 반복되는 노동처럼 자본주의 사회의 인간은 일정한 수준의 부를 손에 넣자마자 더 큰 부를 향해 내달리는 존재다. 1억 원을 가진 사람이 투자로 1억 원의 수익을 내 2억 원을 가지게 되더라도 가치증식을 향한 노력은 거기에서 멈추지 않는다. 처음에는 원금 1억 원과 추가된 수익 1억 원이 확실히 구분되지만 머지않아 수중에 있는 2억 원이 양적으로 한계가 분명한 한 덩어리의 금액으로 생각된다. 한정적 가치에 불과하다는 점에서 1억과 2억 사이에 별다른 차이는 없다. 가치증식의 과정은 1억 원에서 시작되어 2억 원에서 끝나는 듯하지만 바로 그 지점에서 또다시 시작된다. 마치 꼬리에 꼬리를 물듯 욕망의 무한궤도는 멈추지 않는다.

자본주의 사회 속에서 인간의 욕망은 특정한 방식으로 유도되고 통제된다. 들뢰즈는 인류문명사를 인간의 욕망을 통제하는 시스템이 변천해온 과정으로 설명한다. 인간의 욕망은 예측불가능한 속성을 갖고 있기 때문에 어느 방향으로 흐를지 알 수 없다. 따라서 사회를 안정적으로 유지하기 위해서는 욕망이 일정한 방향으로 흐르도록 통제할 필요가 있는데 들뢰즈는 이를 욕망의 '코드화'라고 불렀다.

욕망은 원시사회에서 고대사회로 넘어오면서 전제군주의 권위에 의해 예속되었다. 예전에는 부족별로 산재되어 있던 다양한 코드들이 국가에 의해 하나의 코드로 '초코드화'되었다. 그러다가 자본주의 체제의 등장으로 욕망이 일시적으로 '탈코드화'되었다. 중세시대 영주의 토지에 매여 있던 소작농들이 대거 도시로 이동하면서 기존의 질서와 지배체제로부터 탈주하여 자유로운 신분을 획득하게 된 것이다. 이와 동시에 노동력도 토지로부터 풀려나 '탈영토화'되었다.

그러나 얼마 지나지 않아 이들은 임금노동자로서 자본주의 체제에 편입되었고 새로운 통제 아래에 놓이게 되었다. 그러면서 욕망은 자본증식을 지상과제로 하는 자본주의 규범에 맞추어 '재코드화'되었다. 자본주의 아래 욕망은 자본주의 질서를 유지하는 데 기여할 수 있도록 길들여졌다. 인간의 욕망이 또다시 획일화되고 '초코드화'된 것이다.

자본주의 사회는 인간의 마음속에서 끊임없이 소비욕구가 샘솟아야 작동할 수 있다. 더욱 화려하고 더욱 편리하고 더욱 세련된 상품으로 정신없이 사람들을 현혹한다. 더 많이 소비하기를 원하고 그만큼 더 많은 돈을 욕망한다. 들뢰즈는 자본주의적 욕망이 개인의 본래적 욕망이 아니라 자본주의 체제에 의해 의도적으로 생산된 욕망이라고 비판한다. 그래서 우리 스스로가 욕망한다고 믿고 있지만 사실은 우리가 자발적으로 욕망하는 게 아니다. 자본주의 체제가 욕망을 강요하고 더 많이 욕망하도록 부추기고 있을 뿐이다. 인간 본래의 다양하고 본래적인 욕망은 무한가치 증식을 추구하는 자본주의 체제의 욕망에 의해 잠식되어 버린 것이다.

그러나 자본주의 체제에 의해 추동된 욕망은 단지 경제 영역에만 국한되어 작동하지 않는다. 교육·정치·가족제도와 일상적 삶 속까지 깊숙이 침범해 겉으로 보기에는 학교, 정당 그리고 가정이 고유의 역할과 가치를 추구하는 것처럼 보이지만 그 이면에는 자본주의 코드가 작동하고 있다. 범죄학자 스티븐 메스너Steven F. Messner와 리차드 로젠펠드Richard Rosenfeld는 자본주의가 확산시킨 획일적 가치와 규범이 미국 사회의 높은 범죄율과 무관하지 않다고 말한다.[98] 일차적으로는 물질적 성공만을 추구하도록 부추기는 미국 사회의 문화적 풍토, 그리고 그 결과로 초래된 성공에 대한 지나친 집착, 과도한 경쟁, 상대적 박탈감이 범죄의 주된 원인이다.

그런데 이보다 심각한 문제는 따로 있다. 자본주의 가치와 규범이 가족, 교육, 정치 등 비경제적 사회제도마저 장악해 버린 점이다. 샌델 교수의 표현대로 돈으로 살 수 없는 것들, 돈으로 사면 안 되는 것들마저 자본주의가 사들인 것이다.

오늘날 자본주의 사회에서 교육제도는 성숙한 시민에게 필요한 지식과 행동규범을 가르친다는 본연의 목적에서부터 상당히 멀어지고 말았다. 단지 직업을 얻기 위한 방편이라는 인식이 일반적이다. 학생이 받는 교육의 질은 부모의 경제력에 좌우된다. 대학은 취업시장에서의 경쟁력을 고려해 자기 학생에게 높은 학점을 주고 이는 학점 인플레이션으로 이어진다. 학문적 필요성보다는 취업시장에서의 유불리를 따져 비인기학과를 통폐합한다.

마찬가지로 기존의 가족제도는 원래 출산과 양육을 통해 사회구성원을 재생산하고 가족구성원에게 정서적 안정감을 제공하는 역할을 담당한다. 그런데 오늘날 경제 논리는 가족제도의 존립을 위협하고 있다. 청년세대 사이에는 비혼율이 높아지고 있고 결혼 후에도 출산을 꺼리고 있다. 혼인과 출산에 수반되는 경제적 부담이 가장 큰 이유다.

이는 정치제도도 예외가 아니다. 정치제도는 이해관계의 차이로 발생하는 갈등을 균형적으로 조정하고 다양한 가치들을 공정하게 분배하는 기능을 담당한다. 하지만 자본주의 가치를 우선시할 때 정치의 일차적 목표로 경제성장과 물질적 풍요를 앞세운다. 'CEO 대통령'이란 단어가 등장하는 이면에는 정치제도의 목적이 사기업과 별반 다르지 않다는 생각이 자리잡고 있는 것이다.

자본주의의 시장원리가 장악한 사회에서 비경제적 사회제도는 고유한 기능과 가치가 저평가되어 제 기능을 발휘하지 못한다. 다큐멘터리 영화《인사이드 잡》(2011)은 2008년 글로벌 금융위기의 발생 배경에 감추어진 추악한 이면을 다루고 있다. 사상 초유의 금융위기가 발생하게 된 가장 큰 원인으로 인간의 욕망에 대한 제어 장치가 제대로 작동되지 않았던 점을 지목한다. 금융권의 일탈을 견제하려고 마련해 놓은 제도적 장치들이 도리어 그들과 결탁해 위기를 초래한 공범이 되어버렸다. 정부 관료들과 의원들은 월가의 투자은행으로부터 정치자금을 받고 파생상품에 대한 규제를 풀어주었다. 신용평가회사는 고액의 평가료를 챙기는 데 열중하느라 부실금융기관을 걸러내지 못했다. 연방정부기관인 증권거래위원회는 부채비율이 급증하면서 투자은행이 파산할 위험에 처했는데도 사실상 두 손을 놓고 있었다. 심지어 자타가 공인하는 세계 최고의 경제석학들마저도 금융회사로부터 돈을 받고 그들에게 유리한 학술논문을 발표하기까지 했다. 금융위기가 시작되기 직전까지 제대로 금융위기를 예측하고 경고한 경제학자는 거의 없었다.

자본주의에 포획된 욕망에는 브레이크가 없다. 욕망의 열차는 속도를 제어하지 못한 채 위험한 폭주를 이어간다. 그러다가 어느 순간 한계에 도달하면 제 속도에 못 이겨 탈선해 버리고 만다. 학교, 가정, 정치, 종교가 경제 논리에 잠식되어 버린 사회에는 브레이크가 없다. 사람들은 수단과 방법을 가리지 않고 물질적 성공을 향해 앞만 보고 달린다. 경쟁의 대열에서 한번이라도 낙오하면 모든 걸 잃어야 한다. 웹드라마《오징어 게임》(2021)의 참가자에게 주어진 게임의 결론은 생존과 죽음 둘 중 하나다. 일단 게임을 시작하면 도중에 그만둘 수도 없다. 어떻게 하면 황금돼지 저금통을 차지하기 위해 벌어지는 위험한 경주를 멈출 수 있을까? 물신숭배fetishism 풍조가 망가뜨린 휴머니티와 승자독식의 규범이 왜곡시킨 인간관계를 어떻게 하면 복원할 수 있을까?

   정답은 경제논리와 규범으로부터 가족, 교육, 정치제도를 해방시켜 원래의 자리로 되돌려 놓아야 한다. 그래서 제 기능과 역할을 회복할 수 있도록 해야 한다. 하지만 워낙 거창한 사회적 담론이라 너무 멀게 느껴질지도 모르겠다. 그렇다면 가장 가까이에 있는 나 자신에게서 출발해보는 건 어떨까? 나의 삶, 나의 인간관계, 그리고 나의 욕구에 대해 성찰해 보는 것이다. 나는 왜 살아가고 타인들과 어떻게 관계 맺고 있으며 삶을 통해 궁극적으로 원하는 건 무엇인가? 자본주의에 포획되어 버린 내 삶에서 본래의 풍요로움과 생생함을 되찾기 위해 한 번쯤 던져 봐야 할 질문이다.

소외된 인간들

   2021년 세계적으로 선풍적인 인기를 끌었던 웹드라마《오징어 게임》은 자본주의 사회의 우울한 자화상을 보여준다. 천정에 매달려 있는 황금돼지 저금통과 그 안에 담긴 456억은 이

시대의 모든 사람이 꿈꾸는 성공의 구체적 실체를 상징한다. 그리고 드라마 속의 게임 참가자들처럼 우리도 남을 이기기 위해, 남보다 더 차지하기 위해 옆 사람과 치열하게 경쟁하면서 살아간다.

마르크스는 자본주의 시스템이 인간소외를 초래한다고 말한다. 우선 노동자는 생산물로부터 소외된다. 아무리 땀 흘려가며 공들여 만들어도 생산물은 자신의 소유가 될 수 없다. 생산물은 자본가의 소유가 되고, 그 대신 노동자는 자본가로부터 임금을 지급받는다. 노동자는 생산수단인 자본을 소유하지 못했기 때문에 이런 방식으로 노동을 상품처럼 팔면서 살아간다.

존 스타인벡John E. Steinbeck의 소설 《분노의 포도》는 노동으로부터 소외된 자들의 비참한 현실을 잘 보여준다. 미국 오클라호마 주에서 농사를 짓고 살던 톰 조드 가족은 흉년으로 은행에 땅을 빼앗긴 뒤 무작정 캘리포니아의 비옥한 토지를 찾아 떠난다. 천신만고 끝에 캘리포니아에 도착하지만 그곳은 이미 자본가들의 차지가 된 지 오래다. 약탈적 자본주의가 지배하는 그 땅에서 모든 것은 상품화되고 가격이 매겨진다. 가난한 노동자는 자본가의 필요에 따라 그때그때 헐값에 사용되고 버려지는 노동력에 불과하다.

> 사람들이 강에 버려진 감자를 건지려고 그물을 가지고 오면 경비들이 그들을 막는다. 사람들이 버려진 오렌지를 주우려고 덜컹거리는 자동차를 몰고 오지만, 오렌지에는 이미 휘발유가

뿌려져 있다. 그래서 사람들은 가만히 서서 물에 떠내려가는 감자를 바라본다. 도랑 속에서 죽임을 당해 생석회에 가려지는 돼지들의 비명에 귀를 기울인다. 산처럼 쌓인 오렌지가 썩어 문드러지는 것을 지켜본다.[99]

노동자는 자신이 생산한 노동의 결실로부터 철저히 분리된다. 그들이 가꾸어낸 오렌지, 키워낸 돼지는 곧장 자본가의 손에 넘어가 시장에서 상품으로 팔린다. 과잉 생산된 상품은 자본가의 이윤을 보호하기 위해 폐기된다. 굶주림에 허덕이며 영양실조로 죽어가는 사람들은 절망적인 눈으로 버려지는 음식을 바라볼 수밖에 없다. 허기진 배를 붙잡고 오렌지가 불태워지고, 돼지가 땅에 산 채로 묻혀도 그저 바라볼 뿐이다.

임금노동자는 생산과정으로부터도 소외된다. 분업화된 생산과정 속에서 자신에게 맡겨진 한두 가지 작업만 반복적으로 수행해야 한다. 한낱 기계부속품으로 전락해 기계의 통제를 받으며 노동한다. 영화 《모던 타임즈》(1989)의 주인공(찰리 채플린)은 쉴 새 없이 돌아가는 컨베이어 벨트에서 나사 조이는 작업을 반복하는 공장 노동자다. 기계의 회전이 빨라지면 주인공의 손동작도 덩달아 바빠진다. 작업 속도를 감당하지 못한 주인공이 기계 속으로 빨려 들어가 나사바퀴와 한 몸이 되어 돌아가는 장면은 노동에 대한 통제력을 상실한 채 일개 기계부속품으로 전락한 인간의 모습을 씁쓸하게 묘사한다.

노동자는 노동할 때 자기 확신을 갖지 못한 채 자기 자신을 부

정하고, 비참하고 불행하다고 느끼고, 정신적·육체적 에너지
를 자유롭게 발전시키지 못하고, 자신의 육체를 학대하고 정
신을 파괴한다는 사실이다. 그래서 노동자는 노동하지 않을
때만 자신을 느끼며, 노동하고 있을 때는 자신을 느끼지 못한
다. (…) 노동자의 노동은 강요된 노동이다. (자신의) 필요를 충
족시키는 것이 아니라 외부의 필요를 충족시키는 수단일 뿐이
다.[100]

마지막으로 생산물과 생산과정으로부터의 소외는 사람 사이의 소외로 이어진다. 자본가는 노동자를 상품처럼 취급한다. 노동자는 노동시장에서 사고 팔린다. 인간관계는 사회적 관계로서의 성격을 상실한 채 사물과 사물 사이의 거래 관계처럼 변질된다. 구매행위와 판매행위처럼 사람들은 상품을 매개로만 타인과 관계를 맺는다. 인간관계의 중요도는 화폐적 가치로 환산되어 돈이 되는 관계와 그렇지 않은 관계로 나뉜다. 돈을 많이 가진 자는 존귀한 존재로, 돈이 없는 자는 무가치한 존재로 여겨진다. 생존을 위해 노동을 팔아야 하는 사람에게 다른 사람은 모두 경쟁자다. 노동시장은 노동을 팔려는 사람으로 항상 북적이지만 판매 기회는 제한적이다. 경쟁자를 물리치지 않고서는 생존할 수 없는 비인간적 구조다.

인간소외가 만연한 세상은 범죄에 취약하다. 서로가 서로를 적대하는 환경 속에서 이기주의는 확산되고 인간성은 실종된다. 우리의 삶이 고되고 각박한 이유가 인간을 노동으로부터 소외시키

고 인간관계를 왜곡시켜 노동력을 착취하는 자본주의의 구조적 문제에서 기인한다는 걸 사람들은 깨닫지 못한다. 그 대신 자본주의로부터 노동력을 착취당한 사람들은 동료의 생명과 재산을 자신들이 당했던 방식대로 약탈한다. 범죄학자 리차드 퀴니Richard Quinney는 대부분의 폭력범죄와 재산범죄를 사람들이 자본주의 사회의 착취구조에 동화된 결과라고 말한다.[101] 자본주의가 본질상 약탈적이기 때문에 그 시스템 안에서 사는 사람도 필연적으로 동료에게 약탈적인 모습을 보인다는 것이다.

《오징어 게임》 속 참가자는 누가 무슨 이유로 자신들을 이토록 비인간적이고 잔인한 경쟁에 몰아넣었는지 알지 못한다. 그저 주어진 규칙에 따라 생존 게임을 할 뿐이다. 처음에는 많은 참가자가 극단적인 게임 방식에 대해 거부감을 느끼지만 시간이 갈수록 게임 방식에 적응하고 오로지 우승하는 데에만 몰두한다. 그리고 동료 참가자를 무참히 공격한다. 목숨을 잃을지언정 말이다.

영화 《자전거 도둑》(1948)에서도 주인공 안토니오(람베르토 마지오라니)는 자신의 유일한 생계수단인 자전거를 잃어버린 후 이를 되찾기 위해 필사적으로 행동한다. 그는 자전거 한 대를 구하기 위해 가족의 침대보마저 저당 잡혀야 하는 비참한 현실이 어디에서부터 시작된 건지 깨닫지 못한다. 결국 주인공은 다른 사람의 자전거를 훔치는 방식으로 약탈적 사회에 적응하려 한다.

마르크스가 자본주의 체제 하에서 소외되고 착취당하는 노동자 계급의 현실을 고발한 지 어언 150년이 지났다. 오늘날 노동자들이 처한 현실은 어떨까? 영화 《노매드랜드》(2021)는 노동시장의 주변부를 떠도는 임시직 노동자에 대한 이야기를 들려준다. 2008년 금융위기로 직장과 삶의 터전을 잃은 사람들은 캠핑카에 몸을 싣고 일거리를 찾아 이곳저곳을 떠돈다. 이러한 유랑 노동자들은 공사장이나 식당에서 아르바이트를 하면서 생활비를 벌거나 크리스마스 성수기에만 한시적으로 열리는 아마존의 캠퍼포스Camper Force에 임시 고용되어 연말에 폭증하는 주문을 처리한 후 해고된다.

4차 산업혁명은 인간소외를 더욱 가속화하고 있다. 인공지능에게 일자리를 빼앗기는 사람이 하나둘씩 늘어나고 있다. 과학기술의 발전 속도를 따라가지 못해 낙오한 사람은 노동시장 밖으로 밀려나간다. 하이데거는 과학기술의 눈부신 발전으로 인류가 전례 없는 물질적 풍요를 누리던 20세기를 '고향 상실의 시대'라고 불렀다. 물질 문명의 발전에 취해 버린 현대인들이 존재의 의미를 망각한 채 살아가고 있는 실태를 꼬집은 것이다. 오늘날 가속화하고 있는 인간소외 문제 역시 존재의 위기와 맞닿아 있다.

겉으로 드러난 현상은 경제 문제다. 청년 빈곤, 취업난, 저임금, 비정규직…. 그렇다면 경제적 대책으로 문제가 해결될 수 있을까? 과연 취업난이 해소되고 임금이 높아지고 직업이 안정되면 현대 사회가 앓고 있는 인간소외가 사라지게 될까?

영화 《리틀 포레스트》(2018)는 주인공 혜원(김태리)이 노동의 과정과 결실로 주체성을 회복하고 소외를 극복하는 모습을 그리고 있다. 고향 시골집으로 돌아가 직접 땀 흘려 농작물을 가꾸고 그걸로 음식을 만들어 먹는 과정 속에서 삶의 의미를 찾아간다.

정체성을 잃어버린 이들, 프레카리아트

최근 전 세계 노동시장에 '프레카리아트'(precariat)라는 새로운 집단이 등장했다.* 신자유주의 확산에서 비롯된 노동시장의 유연화는 불안정한 직업을 가진 노동자를 양산했다. 저임금 시간제 노동을 전전하며 살아가는 프레카리아트가 전 세계적으로 수십억 명에 이른다고 한다. 우리나라도 예외는 아니다. 수많은 알바생, 파견직 노동자, 플랫폼 노동자, 택배 노동자가 노동시장의 가장 바깥 언저리를 맴돌며 살아가고 있다.

프레카리아트가 경험하는 소외는 기존의 노동계급과 차원이 다르다. 무엇보다 이들에게서는 직업적 정체성을 찾을 수 없다. 계속해서 이런저런 일자리를 갖고 있지만 그것이 그들에게 안정된 직업이 되어주지는 못한다. 그러다보니 하고 있는 일에 대해 어떠한 가치를 느낄 수 없으며 장래를 위한 인생 계획을 세울 수도 없다. 사람에게 직업은 단순히 먹고사는 문제를 해결해주는 방편으로서의 의미만 있는 게 아니다. 일을 통해 사람은 즐거움과 보람을 느끼고 스스로의 가치와 잠재력을 발견한다. 더 나아가 인생의 참된 의미를 발견하게 된다. 그래서 프레카리아트가 처한 문제는 단순히 노동으로부터의 소외를 넘어 삶 자체로부터의 소외라고 말할 수 있다.

영화 《혼자 사는 사람들》(2021)은 소외된 인간관계의 회복을 해법으로 제시한다. 1인 가구는 자꾸 증가하고 혼밥과 혼술이 점차 익숙해지고 타인과의 감정적 교류는 불편하기만 하다. 의미 있는 대화가 사라진 업무공간에서 인간관계는 기능적 수준을 벗어나지 못한다. 사람들은 겉으로는 쿨한 척하지만 마음속엔 외로움을 가득 안은 채 살아간다. 그러면서 한때나마 모두가 하나가 되었던 2002년 월드컵을 그리워한다. 영화《성혜의 나라》는 자본주의가 만들어 놓은 덫으로부터 탈출하라고 말한다. 노동을 상품처럼 팔면서 힘겹게 살아가야 하는 삶의 방식에 도전장을 던진다. 더이상 자본주의 체제의 부품이 되기를 거부하고 자유롭고 주체적인 인간 본연의 삶을 되찾기로 한 것이다.

7. 잘못은 아니지만 범죄입니다

유전자 | 젠더 | 존재론적 불안
혐오 | 범죄자의 탄생 | 자본주의
범죄의 의미 | 변화 | 권력

수사관으로 일할 때 겪은 일이다. 한 30대 남성을 조사 중이었다. 그는 아내로부터는 간통으로, 여자 친구에게서는 혼인빙자간음으로 고소당한 상태였다.

출산한 아내가 산후조리차 처갓집에 간 사이 총각 행세를 하고 다니며 한 미혼 여성과 사귀다가 아내에게 발각된 사건이었다. 남성은 여자 친구와 여관에는 들어갔지만 성관계는 맺은 적은 없다고 완강히 버텼다. 하지만 남성의 은밀한 신체부위와 성행위의 특징에 관한 아내와 여자 친구의 진술이 일치하는 점으로 볼 때 그가 거짓말하는 게 분명했다.

혼인빙자간음은 일종의 사기행위로서 수사의 핵심이 가해자가 결혼하겠다는 말로 피해자를 속였는지 밝히는 데 있다. 이를 위해 피해자의 진술뿐만 아니라 그녀가 제출한 일기장과 편지까지 일일이 읽어가며 둘이 만나 사귀다가 성관계에 이르는 과정을 면밀히 조사했다.

몇 달 동안 수사한 보람이 있어 법원으로부터 영장을 발부 받아 가해자를 구속시키는 데 성공했다. 당시 정의감에 불타던 20대 청년 경찰이었던 나는 배우자를 배신하고 순진한 여성을 농락한 파렴치한 범죄자를 집요한 수사 끝에 법의 심판대에 세웠다며 뿌듯해 했던 기억이 아직도 생생하다.

그로부터 10년 후 헌법재판소는 혼인빙자간음을 처벌하도록 한 형법조항이 위헌이라고 판결하였다. 해당 조항이 사람의 성적 자기결정권을 침해할 뿐만 아니라 도덕주의적 성 이데올로기를 강요한다는 이유에서였다. 혼인빙자간음죄 폐지로부터 6년째 되던 해에 이번에는 비슷한 이유로 간통죄도 폐지되었다. 헌법재판소의 위헌 판결이 나오던 그날 불현듯 예전에 내 손으로 구속시켰던 그 남성을 떠올렸다. 분명 그때 당시에 그는 범죄자로 처벌을 받았지만 지금의 기준으로는 범죄자가 아니었다.

세월이 흐르면 도덕에 대한 관념과 기준이 변하고, 변화를 반영해 법률도 바뀌기 마련이다. 범죄의 의미 속에는 도덕적 가치가 함유되어 있다. 그래서 시대와 문화에 따라 법률로 금지되는 행위도 달라진다.

19세기 초 영국 형법은 무려 223개의 범죄에 대해 사형을 선고할 수 있도록 규정했다. 여기에는 반역, 살인, 해적, 강간과 같이 오늘날에도 무겁게 다루는 범죄도 있었지만 나머지 대부분은 그렇지 않았다. 허위로 편지를 꾸며 돈을 요구하는 행위, 검역소에 격리되는 걸 거부하는 행위, 런던 템스강을 가로지르는 웨스트민스터교를 훼손하는 행위도 당시에는 사형에 해당하는 중대한 범죄였다.

그렇다면 범죄란 객관적인 실재가 아니라 단지 특정 시대와 사회의 창조물에 불과한 것일까?

우리나라에서 간통죄 폐지를 반대하는 측은 합법화가 사람들이 간통을 부추길 거라고 주장했다. 그런데 간통죄가 폐지된 후 과거보다 더 많은 간통행위가 발생하고 있는지 실제로 알 수는 없다.

마찬가지로 혼인빙자간음죄가 사라지면서 전보다 더 많은 여성들이 결혼한다는 말에 속아 성관계를 맺고 있는지도 알 수 없다. 엄밀히 말하자면 이러한 변화 추이를 조사하는 게 무의미하다. 간통도 혼인빙자간음도 더 이상 범죄가 아니기 때문이다.

그래도 합법화 이후 간통과 혼인빙자간음이 정말로 증가했을지 궁금하긴 하다. 사람이 사회적으로 금지된 행위를 안 하는 이유가 처벌 때문인지 알고 싶어서다.

법률로 금지되어 있지 않더라도 도덕이나 사회규범이 금기시하는 행위가 있다. 처벌을 받지 않지만 사회적 비난 때문에 기피하는 행위다.

도덕과 범죄 사이에는 공통분모가 존재한다. 범죄는 사회의 도덕적 가치를 반영한다. 그리고 도덕적 가치에 반하는 행위 중 일부는 범죄로 규정된다. 그래서 범죄의 의미를 탐구하는 작업은 도덕과의 관계를 확인해 나가는 과정이라고도 할 수 있다. 그 과정에 답을 구해야 할 두 가지 질문이 있다.

> - 범죄의 의미 속에 자리한 보편성과 상대성 그리고 불변성과 가변성이라는 대립적 속성이 어떻게 공존할 수 있을까?
>
> - 처벌을 수단으로 범죄를 억제할 때, 범죄에 내포된 도덕적 요소는 어떻게 작용할까?

범죄가 도덕을 만날 때

범죄 피해 조사는 국민이 어떤 유형의 범죄로부터 얼마나 피해를 당하고 있는지 알아보기 위한 설문조사다. 영국에서는 2009년 범죄 피해 조사를 앞두고 조사당국이 고민에 빠졌다. 그전까지는 16세 이상만을 대상으로 조사를 해오다가 그 해부터 10~15세 아동과 청소년이 새로 조사대상에 포함되었는데 아이들 사이에 빈번하게 발생하는 사소한 사건들 중 어디까지 범죄 피해의 범위 안에 포함해야 할지 기준을 정하기가 쉽지 않았기 때문이다.

성인에게는 범죄행위지만 아이들 세계에서는 대부분 학교 운동장이나 교실에서 또래 간에 일상적으로 발생하는 일이었다. 고민 끝에 조사당국은 최종적으로 네 가지 다른 기준을 적용하여 아동과 청소년의 범죄 피해 경험을 측정하기로 했다.

조사를 완료하고 아동과 청소년의 범죄 피해 규모를 추산하여 발표했다. 그런데 적용 기준에 따라 피해 규모가 최대 5배까지 큰 차이를 보였다. 가장 광범위한 의미로 법률에 범죄로 규정되어 있는 모든 행위를 기준으로 했을 때 215만 건의 피해가 발생한 것으로 나타났다.

반면 가장 좁은 의미로 응답자 자신이 범죄 피해를 당했다고 인식하는 경우만을 고려했을 때에는 피해 건수가 40만 건에 불과했다. 예를 들어, 어떤 학생은 친구와 주먹다툼을 하다가 코피가 났는데도 범죄 피해를 당한 것은 아니라고 응답했다. 그렇다면 영국에서 아동·청소년 대상 범죄가 도대체 몇 건이나 발생한 걸까? 어쩌면 범죄의 본질이란 215만 건과 40만 건 중간 어디쯤 위치하고 있는 걸까?

범죄는 국가에 의해 처벌의 대상이 되는 위법행위다. 형법 및 특별법에는 이러한 위법행위와 처벌이 규정되어 있다. 그래서 법의 형식적 요건만을 기준으로 범죄를 정의하는 건 비교적 간단하다. 범죄행위criminal act와 위법행위illegal act가 다르지 않기 때문이다. 간통과 혼인빙자간음의 사례처럼 법이 바뀌어 과거의 위법행위가 합법화되면 그와 동시에 그 행위에 내포된 범죄성도 자연스럽게 사라지게 된다.

물론 반대의 경우도 가능하다. 2021년 민법이 개정되면서 부모의 징계권 조항이 사라졌다. 더 이상 자녀에 대한 체벌을 '사랑의 매'라고 정당화할 수 없게 되었다.

그러면 어떤 행위들이 법률에 범죄행위로 규정되는 걸까? 일단 그 행위로 인해 초래되는 피해가 있어야 한다. 형법에서는 이를 침해법익이라고 부른다.

제레미 벤담Jeremy Bentham은 범죄를 개인 또는 공동체에 고통을 유발하는 행위라고 정의했다. 존 스튜어트 밀John Stuart Mill도 타인에 대한 위해를 범죄의 기본 요건으로 생각했다. 개인의 자유는 최대한 보장되어야 하지만 위해를 초래하는 경우 국가는 형벌로써 자유를 제한할 수 있다고 보았다. 위해의 유형은 크게 특정 개인에 대한 사적 위해와 공공의 이익을 침해하는 공적 위해로 나눌 수 있다. 누군가의 물건을 훔치는 행위가 전자에 해당한다면 탈세, 밀수, 공해 배출 등의 행위는 후자에 속한다. 신체적, 재산적 피해가 가장 일반적이지만 때로는 정신적, 감정적 차원의 위해행위도 가능하다. 후자의 예로 사람들에게 혐오감이나 수치심을 유발하는 공연음란죄가 있다.

그러나 법률의 역할이 위해 방지의 차원에만 머물지는 않는다. 넓게 보면 법률은 사회의 도덕규범을 수호하는 역할을 한다. 도덕은 무엇이 옳고 그른가에 대한 가치판단이다.

뒤르켐은 어떤 행위를 법률로 금지하고 위반자를 처벌하는 것은 한 사회가 수용한 도덕적 경계를 명확히 설정하는 데 기여한다고 말한다. 도덕규범은 관념적으로 존재할 때보다 법률에 명시적으로 규정될 때 넘어서는 안 되는 선이 확실해진다. 또한 사람들은 선을 넘은 자를 향해 함께 손가락질하며 비난할 때 도덕규범의 실체를 더욱 확연히 느낀다. 포토라인에 선 흉악범에게 사람들이 비난을 쏟아 붓는 장면은 바로 모두가 우리 사회의 도덕규범을 재확인하는 순간이라고 말할 수 있다.

그런데 법률의 도덕적 역할이 강조될수록 침해법익이 분명하지 않은 행위까지 범죄의 범주가 확장되는 경향이 있다. 흔히 말하는 '피해자 없는 범죄'victimless crime가 여기에 해당한다. 성매매, 도박, 마약, 동물 학대 등이 대표적이다. 시대와 문화에 따라서는 혼전 성관계, 동성애, 동물 성관계(수간), 항문성교 등도 비도덕적 행위라는 이유를 들어 처벌하기도 한다.

그러면 국가가 침해법익이 분명치 않음에도 도덕을 명분으로 개인의 행위를 처벌하는 걸 어떻게 정당화할 수 있을까?

첫째, 이러한 행위들이 특정 개인에게는 피해를 주지 않지만 사회 전체적으로 위해를 초래하기 때문이라는 주장이 있다. 근친상간이나 일부다처제(또는 일처다부제)가 금지되어야 하는 이유는 사회의 근간인 가족제도를 위협하기 때문이다. 국가 모독죄가 필요한 이유도 국가의 권위와 체면을 보호하기 위해서다. 둘째, 원래 법률은 도덕 그 자체를 보호하는 데 목적이 있다는 입장이 있다. 순수 법도덕주의에 입각한 태도인데 영국의 법률가인 제임스 스테판James Stephen의 다음과 같은 주장 속에 그 의미가 잘 담겨져 있다.

> 형법의 중요한 역할은 극단적인 경우 역겹도록 악한 행위들을 행위자들 위에 오명으로 깊숙이 낙인 찍어 공공의 도덕적 기준이 공공연하게 어겨지는 일이 없도록 보호하는 것이다. (…) 너무도 미개하고 충격적인 사악한 행위들이 있는데 이러한 행

위를 저지른 위반자는 본보기가 되도록 엄하게 처벌해야 하며 어떠한 비용을 지불해서라도 최선을 다해 예방해야 한다.[102]

하지만 법률로서 금지된 행위와 비도덕적 행위가 항상 일치하는 건 아니다. 때로는 둘 사이에서 갈등과 충돌이 빚어지기도 한다.

소포클레스의 희곡 《안티고네》에서 안티고네는 국왕의 매장 금지 명령을 어기고 오빠의 시신을 땅에 묻는다. 그녀는 혈육을 매장하도록 명령한 신의 법, 즉 자연법이 매장을 금지한 국법보다 우위에 있다고 믿었다.

자연법은 신과 같은 절대자로부터 부여받은 명령으로서 사회 속에서 도덕규범 형태로 존재한다. 사람을 살해하거나 남의 물건을 훔치는 행위는 자연법적으로 부도덕하다고 여겨지며 그 때문에 형법으로 금지되고 위반한 자는 처벌을 받는다. 이처럼 본래적으로 악하기 때문에 법으로 금지된 행위를 라틴어로 '말라 인 세이'mala en se라고 한다. 이러한 범죄행위는 자연의 섭리 및 인간의 도덕 정서와 충돌하기 때문에 시대와 문화를 초월해 도덕적 비난의 대상이다.

이에 반해 자연법에서 유래하진 않았지만 공공의 질서 유지와 같은 특별한 목적을 위해 법으로 금지한 행위들이 있는데 이를 '말라 프로히비타'mala prohibita라고 부른다. 행위 자체가 악하거나 비도덕적이라서가 아니라 법으로 금지했기 때문에 어기면 비난을 받게 되는 행위를 말한다. 교통법규 위반, 업소의 영업시간 위반, 방역수칙 위반 등 처벌 규정이 있는 특별법의 무수한 금지행위들이 여기에 속한다.

안티고네가 처한 상황은 말라 인 세이와 말라 프로히비타 사이의 충돌로 이해할 수 있다. 오빠의 시신을 길거리에 방치해두어 자연법을 어길지 아니면 국왕의 명령을 거부해 국법을 어길지 선택해야 하는 딜레마인 것이다.

법과 도덕을 동일시하는 엄격한 법도덕주의는 개인의 자유를 과도하게 침해할 우려가 있다. 영화《시네마 천국》(1990)에서 영화 속 키스신에 대한 가톨릭 신부의 사전 검열과 편집, 영화《래리 플린트》(1997)에서 포르노 잡지 발간에 대한 음란물 제작유포죄 적용은 법도덕주의와 표현의 자유가 어떻게 충돌하는지 잘 보여준다.

영화《처녀들의 저녁식사》(1998)에서 간통죄로 교도소에 복역했다가 출소한 호정(강수연)은 친구들에게 이렇게 말한다.

"국가가 언제부터 내 아랫도리를 관리하기 시작한 거야?"

또 다른 예로 2013년 개정되기 전까지 경범죄처벌법상 비밀스러운 장소에서 춤을 가르쳐 주는 행위는 처벌 대상이었다. 과거에는 춤 교습소가 '춤바람 난 남녀'들이 만나 불륜을 저지르는 곳이라는 인식 때문에 만들어진 조항이다.

법률이 도덕교사의 역할을 넘어 아예 부모처럼 행동할 때도 있다. 법가부장주의에 따르면 국가는 개인이 스스로에게 해로운 행위를 하지 못하도록 법률로 강제할 수 있다. 예를 들어, 2016년까지 인도에는 자살기도죄가 있었다. 자살을 시도한 행위 자체가 처벌 대상이었던 것이다. 우리나라에서 오토바이를 탈 때나 작업장에서 일할 때 안전모를 착용하지 않으면 범칙금이나 과태료를 부과하는 것도 마찬가지라고 할 수 있다.

범죄와 도덕 사이의 또 다른 연결고리는 '비난 가능성'이다. 어떤 위반행위를 두고 도덕적 차원에서 행위자를 비난할 수 있는지 여부를 의미한다. 정당방위 차원이나 심신상실 상태에서 저질러진 폭력행위에 대해서 형사적 책임을 면제하거나 감경해 주는 이유는 행위가 벌어진 정황이나 행위자의 상태를 고려할 때 위반행위에 대해 비난하기 어렵기 때문이다.

형사미성년 어린 아이가 저지른 행동에 대해 형사 책임을 묻지 않는 이유도 마찬가지다. 전투를 수행하다가 적군을 살해한 군인도 처벌하지 않는다. 사형제도는 국가가 개인의 생명을 빼앗는 행위지만 살인으로 해석되지 않는다.

법률적 차원에서는 비난 가능성 여부가 행위와 행위자를 둘러싼 객관적 요소들에 따라 결정된다. 하지만 일반 대중이 범죄자를 비난할 때에는 주관적이고 감정적인 성격을 띨 때가 많다.

영화 《타임 투 킬》(1996)에서 한 흑인 소녀가 백인 남성들에 의해 집단 강간을 당한다. 피해 소녀의 아버지는 인종차별이 워낙 심한 지역이라 재판을 통해 정당한 심판이 이루어질 가망이 없다고 판단한다. 그래서 그는 기관총으로 직접 범죄자들을 쏴서 죽여 버리는 쪽을 택한다. 명백한 살인이지만 영화를 보는 관객은

심정적으로 아버지의 입장에 동조하며 쉽게 그를 살인자라고 부르지 못한다.

드라마《빈센조》(2021)의 주인공을 바라볼 때에도 비슷한 도덕적 딜레마를 경험하게 된다. 빈센조는 악당들을 합법적으로 처벌하는 대신 잔인한 폭력과 살인으로 응징한다. 법과 원칙에 따라 맞서기에 악은 너무나 견고할 뿐만 아니라 정의를 수호해야 할 법조차 악의 편에 선 상황이다. 우리는 빈센조의 행위가 엄연히 범죄라는 사실을 알지만 그의 행위를 비난하기보다 다음과 같은 그의 생각에 심정적으로 동조하게 된다.

> 난 여전히 악당이며 정의 따위엔 관심조차 없다. 정의는 나약하고 공허하다. 이걸로는 그 어떤 악당도 이길 수 없다. 만약에 무자비한 정의가 있다면 기꺼이 져 줄 용의가 있다. 악당 역시 평화로운 세상에 살고 싶으니까. - 드라마《빈센조》중

그런데 비난 가능성의 주관적이고 감정적인 측면이 강조되면 자칫 '여론재판'으로 흐를 우려가 있다. 사건이 발생할 당시 어떤 사회적 상황이 일반 대중의 도덕 감정을 자극하여 공분을 불러일으키면 범죄 성립의 여부, 행위에 적용될 범죄 유형 그리고 처벌의 수위에 영향을 미칠 수 있다.

행위에 대한 도덕적 판단이 법적 판단을 앞서게 될 때 법적 안정성이 침해된다. 분노하는 대중의 입맛에 맞추어 사건을 처리하면 형벌의 응보적 목적은 달성될지 몰라도 사법정의는 실종될 것

이다.

 아닌 게 아니라 언제부터인가 우리 사회에는 '국민정서법', '법 감정'이라는 용어가 자주 등장하고 있다. 특정 사건에 대해 일반 국민이 가지는 감정이나 정서의 중요성을 강조한 용어다. 무엇이 심각한 범죄인지, 어느 정도의 처벌이 합당한지에 대한 국민의 인식을 가늠할 수 있다는 점에서 의미가 있다. 하지만 지나치게 강조될 때 형사사법의 기본 원칙인 죄형법정주의와 충돌할 수 있고 사법부의 판단과 결정이 무력화될 수도 있다.

 더욱이 대중의 감정과 정서는 언론의 영향에 매우 취약하기 때문에 잘못하면 엉뚱한 방향으로 여론이 흘러갈 위험도 있다. 죄형법정주의는 범죄의 성립 여부가 특정한 개인이나 집단의 자의적 판단에 의해 좌지우지되는 것을 막는 최후의 보루나 마찬가지이다. 한마디로 말하면 '법률이 없으면 범죄도 없고 형벌도 없다'는 원칙이다.

 따라서 일반 국민이라면 범죄자를 두고 얼마든지 도덕적 비난과 분노를 표시할 수도 있겠지만, 범죄의 성립 및 중대성을 판단하는 법률적 심사에서는 비난 가능성 또한 일차적 검토 대상일 뿐이다.

 그렇다고 일반 국민의 법 감정이 무시되어야 한다는 의미는 아니다. 범죄의 본질은 사회 일반의 보편적 도덕규범에 근거하고 있으며 사람들의 법 감정은 이러한 도덕규범을 반영한다. 따라서 일반 국민이 느끼는 법 감정과 동떨어진 사법적 판단은 정당성을 인정받기 어렵다. 다만 주의해야 할 점은 법 감정이 고정불변의 무엇이 아니라는 사실이다. 시대와 문화에 따라 도덕규범이 변하고 동시에 법 감정도 변하며 특정 행위에 대한 대중의 도덕적 비난 가능성도 함께 변한다. 마찬가지로 범죄의 의미도 함께 변해간다.

지금 여기는 맞고 그때 거기는 틀리다?

2017년 여름 어느 날 캐나다 밴쿠버 시의 다운타운을 가족과 함께 걷고 있었다. 그 순간 어디에선가 이상한 향이 느껴졌다. 아이들이 무슨 냄새인지 물어왔다. 그건 분명 대마초를 태우는 냄새였다.

주위를 둘러보니 각양각색의 대마초를 깔아놓은 가판이 눈에 띄었다. 사람들이 가판 주변에 모여 있었고 대마초 냄새가 길거리를 가득 메우고 있었다. 내 눈을 의심하지 않을 수 없었다. 그때까지 캐나다에서 대마초 판매와 흡연은 엄연히 범죄행위에 해당했기 때문이다. 도대체 어떻게 된 일일까?

2015년 정권을 잡은 자유당과 트뤼도 수상이 추진해 온 공약 중 하나가 대마초 합법화였다. 2017년 4월에 대마초 합법화 법안이 제출되었고 같은 해 11월에 캐나다 하원을 통과했다. 그리고 다음해 6월에 법안이 상원을 통과하여 10월 17일을 기하여 오락용 대마초 합법화 법안의 효력이 발생했다. 따라서 내가 밴쿠버 다운타운을 걷고 있던 때는 법안 제출과 하원 통과의 중간쯤 되는 시점이었다.

시내 한가운데에서 명백한 불법행위가 버젓이 저질러지고 있었던 것이다. 사실 그 즈음 공원에 가면 여기저기 대마초를 피우고 있는 사람들을 쉽게 찾아볼 수 있었다. 허나, 불법행위를 제지하는 사람도, 단속하는 경찰도 없었다. 이미 수상이 대마초 합법화를 선언했고 의회에서 법안이 문제없이 통과하리라 예상되는 상황에서 형식적으로는 분명 범죄에 해당하지만 실질적으로는 범죄로 취급되지 않고 있었다.

동쪽 하늘에서 여명이 밝아오는 모습이 머릿속에 떠올랐다. 새벽이 아침으로 바뀌면서 잠시 동안 어둠과 빛이 공존하는 것처럼 합법화를 목전에 두고 불법과 합법, 범죄와 비범죄가 어색하게 동거하고 있는 상황처럼 느껴졌다.

얼마 후 캐나다 한국대사관 홈페이지에 안내문이 걸렸다. 캐나다에서 대마초가 합법화된 이후라도 한국인이 대마초를 구매, 소지, 사용하는 행위는 대한민국법상 범법행위로서 형사처벌을 받을 수 있다는 경고가 담겨 있었다.

모든 비도덕적 행위가 범죄행위를 구성하지는 않는다. 굶어 죽어가는 이웃을 보고도 외면한다면 도덕적인 차원의 비난을 받을지언정 법에 따라 처벌받지는 않는다. 반대로 모든 범죄행위가 비도덕적인 것도 아니다.

헌법을 유린하는 쿠데타 세력에 맞서 싸운 시민들을 보자. 비록 계엄령을 위반했더라도 그들의 행위를 비도적덕이라고 비난할 수 없다. 그럼에도 범죄는 도덕과 밀접한 관계를 가지고 있다. 어떤 행위를 법으로 금지할 때 옳고 그름에 대한 가치판단이 기본이기 때문이다.

그런데 문제는 이러한 가치판단에 대한 입장이 제각각이라는 데 있다. 도덕적으로 옳은 행위의 기준은 무엇인지, 도덕이라는 것이 실제로 존재하기는 하는 것인지, 더 나아가 우리는 왜 도덕적으로 행동해야 하는 것인지에 대해 다양한 생각이 존재한다.

> **도덕에 대한 두 가지 생각**
>
> 보편적 도덕 원칙이 우리의 생각과 무관하게 존재한다는 입장을 '도덕 객관주의'라 한다. 개인이 좋든 싫든, 사회가 용인하든 안하든 상관없이 이러한 도덕원칙은 객관적인 타당성을 지닌다. 도덕적 가치는 신의 준엄한 목소리와 내면의 양심을 통해 인간에게 주어진다. 물리적 세계에 속한 인간이 이상적 원형으로서의 완전한 선에 도달하는 것은 불가능하지만 도덕적 삶을 지향하는 인간은 최선을 다해 원형에 가까워지려고 노력할 의무를 진다.
>
> 반면 '도덕 상대주의'에 따르면 도덕은 객관적으로 존재하는 준칙이 아니라 전적으로 행위자의 주관에 속한 판단기준에 불과하다. 극단적으로 말하면 사람마다 도덕적 판단기준이 다를 수 있다. 소설가 어니스트 헤밍웨이(Ernest Hemingway)의 말을 빌자면 '도덕이라는 것은 우리가 그것에 대하여 좋게 느끼는 것이요, 부도덕이라는 것은 우리가 그것에 대해 나쁘게 느끼는 것'일 뿐이다.

영화 《범죄와 비행》(1989) 속에서는 도덕 원칙에 대한 두 가지 상반된 입장이 충돌한다. 주인공 로젠탈(마틴 랜도)은 자신과 불륜을 저지르던 여성을 청부살인한 후 죄책감에 시달린다. 그의 범행을 입증할만한 아무런 증거나 증인도 없는 완전범죄였다. 하지만 신이 모든 걸 알고 있기 때문에 결국 자신은 심판을 받게 될 거라는 생각에 사로잡혀 정신이 붕괴할 지경까지 이른다. 그러던 중 번뇌의 밤을 보내고 아침에 잠에서 깨어났을 때 세상도 자신도 예전과 다름이 없다는 사실을 깨닫는다. 그러자 갑자기 마음이 편해지고 양심의 가책도 눈 녹듯이 사라져 버린다. 그동안 자신을 꿰뚫어 보던 것 같던 신의 맹렬한 눈이 사실은 허상에 불과하다는 걸 알게 된 것이다. 옳고 그름의 절대적 기준인 신이 없다면 도덕 원칙이란 것도 존재하지 않고 양심의 가책도 느낄 필요가 없다. 이제 그는 도덕의 굴레를 벗어던지고 자유로운 인간으로 새롭게 태어난다.

니체의 말처럼 신은 죽어 버렸고 그래서 인간이 의지할 절대 가치도 사라진다면 인간에게는 자유와 선택만이 남겨진다. 신이 없는 상황에서 인간에게 모든 것이 허용된다.

사르트르는 인간을 아무런 목적도 이유도 없이 세상에 내던져진 존재로 보았다. 처음부터 존재의 의미나 삶의 지침 따윈 주어지지 않았기 때문에 스스로 선택하고, 행동하고, 책임지며 삶의 의미를 스스로 만들어 가야 한다. 세상에 이미 존재하고 있는 도덕 원칙에 대해 니체는 기독교 전통을 기반으로 한 '노예의 도덕'에 불과하다 말한다. 순응, 겸손, 근면 등의 덕목을 강조하는 태도는 지배자의 고귀함, 강함, 아름다움을 갖지 못한 피지배자의 질투에서 비롯되었다. 자유로운 인간은 세상의 도덕으로부터 과감히 벗어나 자율적으로 선택하고 책임지는 사람이다.

그러나 도덕 상대주의는 우리를 상식적으로 납득하기 어려운 결론으로 이끈다. 도덕이 개인의 주관에 속한다는 말은 사람이 어떠한 행위를 하더라도 비난할 수 없다는 뜻이기도 하다. 그러면 유대인 학살의 주범들조차도 얼마든지 자신의 행위가 도덕적이었다고 항변할 수 있게 된다. 1970년대 미국에서 50여 명의 여성을 살해한 연쇄살인범 테드 번디조차 다음과 같은 말로 자신의 범죄를 합리화하고 있다.

> 나는 모든 도덕 판단은 가치 판단이며 모든 가치 판단은 주관적이고 그 어떤 것도 옳거나 그른 것으로 판명될 수 없다고 배웠소. (…) 나는 나의 진정한 자유와 진정한 해방을 위하여 진정으로 거리낌이 없어야 함을 깨달았소. 그리고 나는 나의 자유에의 최대의 장애물, 최대의 방해물과 한계는 내가 타인들의 권리를 존중해야 한다는, 이치에 맞지 않는 가치판단이라는 것을 재빨리 발견했소. (…) 내 당신에게 분명히 말하지만 내가 햄을 먹을 때 취할 수 있는 쾌락과 내가 당신을 강간하고 죽임으로써 기대하는 쾌락 사이에는 절대적으로 그 어떤 차이도 없소.[103]

테드 번디가 보여주는 극단적 이기주의는 도덕 상대주의로부터 그다지 멀리 떨어져 있지 않다. 도덕은 사람들이 함께 살아갈 때 필요한 가치규범이다. 만약 모든 사람들이 각기 무인도에 홀로 살아가는 상황이라면 도덕도 규범도 법도 필요 없다. 오로지 행위자 자신만을 구속하는 도덕을 주장하는 도덕 상대주의는 그 자체로 모순적이라고 말할 수 있다.

그렇다면 도덕 원칙이 개인이 아니라 시대와 문화에 따라 상대적이라는 주장은 어떨까? 도덕적으로 옳고 그름의 관념은 시간의 흐름과 경험의 공유를 거쳐 역사적·문화적으로 만들어지고 집단적으로 승인된 결과물로 볼 수 있다. 따라서 객관적이고 보편적인 도덕도 동일한 사회에 속해 동시대를 살아가는 사람들에게서나 발견되는 가치규범에 불과한 것은 아닐까?

시대가 변하고 도덕관념이 바뀌면 과거에 범죄로 여겨졌던 행위에 대해 새로운 판단이 내려지는 경우를 종종 보게 된다.

2005년 미국 버지니아 주 대법원은 어떤 처벌조항을 두고 위헌성을 심사했다. 사건은 한 여성이 헤어진 남자친구를 상대로 손해배상청구소송을 제기하면서 시작됐다. 전 남자친구가 성병에 걸린 사실을 알면서도 자신과 성관계를 맺어 성병을 감염시켰으니 피해를 배상하라는 내용이었다.

이에 대해 남성은 전 여자친구가 '불법행위'에 가담하는 과정에서 성병에 감염되었기 때문에 자신에게는 손해배상 의무가 없다고 항변했다. 무엇이 불법행위란 말인가? 놀랍게도 당시까지 버지니아 주에서 혼전 성관계는 '간음죄'fornication에 해당하는 명백한 범죄였다. 피고 측의 논리는 둘 사이의 성관계 자체가 범죄에 해당하기 때문에 그 과정에서 발생한 피해에 대해서는 배상을 하지 않아도 된다는 것이었다. 이에 대해 버지니아 주 대법원은 간음죄가 공중보건을 증진하고 건전한 양육 환경을 조성하는 효과가 있지만 그 필요성이 개인의 자유에 대한 정부의 개입을 정당화하기엔 불충분하다며 해당 법조항을 위헌으로 판결했다.[104] 21세기에, 그것도 미국에서 혼전순결을 강제하는 법이 존재했던 것이다.

같은 문화권에 속한 도덕이 시대의 흐름에 따라 변하기도 하지만 다른 문화권에 속한 도덕 사이에는 차이가 더욱 확연하다. 문화적 상대주의는 어떤 행위의 옳고 그름이 각 사회가 수용한 가치에 따라 좌우되기 때문에 상대적이라고 주장한다. 종교적 계명으로 특정한 행위를 금지하는 경우가 대표적이라고 할 수 있다.

2004년 프랑스 정부는 학교에서 종교적 상징물 착용을 금지하는 법률을 통과시켰다. 그런데 금지된 종교적 상징물에 이슬람교 여성들이 착용하는 히잡, 니캅, 부르카가 포함되어 사회적으로 커다란 논란을 불러 일으켰다. 비이슬람 프랑스인이 보기에는 얼굴을(때로는 전신을) 가리는 두건이 여성 억압의 대표적인 상징일지 몰라도 이슬람교도들은 자신의 종교적 정체성과 신념을 나타내는 방편으로 여긴다.

또 다른 예로 파키스탄과 중동의 일부 국가에서 자행되고 있는 명예살인을 들 수 있다. 이들 나라에서는 가문에 불명예를 끼친 여성을 남자들이 살해하는 풍습이 지금까지도 이어지고 있다. 2005년에는 독일 베를린에서 무슬림 여성 6명이 집안이 정해준 남성과 결혼하지 않는다는 이유로 가족에 의해 희생되는 일이 발생하기도 했다. 명백한 살인이지만 가족들은 종교적 계명과 관습에 따른 정당한 행위로 여겼다.

한 사회의 도덕규범을 이해하기 위해서는 그 사회가 처해 있는 문화적·종교적 맥락을 고려해야 한다. 사회마다 규범적으로 금지되거나 허용되는 행위가 다를 수 있다는 점도 인정되어야 한다. 그렇다고 하더라도 도덕적 다양성을 절대적인 진리로 받아들일 수는 없다. 사람을 죽이는 행위는 시대와 문화를 막론하고 일반적으로 악하다고 여겨진다. 다만 사회와 문화에 따라 살인행위를 정당화하는 조건에 차이가 있을 뿐이다. 또한 문화적 상대주의는 인류가 보편적으로 중요하게 여기는 가치를 무너뜨릴 위험이 있다. 타 민족에게 가하는 인종청소, 대량학살과 같은 반인륜적 행위조차 문화적 상대주의의 이름 아래 도덕적으로 문제 없다고 여겨질 수 있다.

도덕 객관주의의 손을 들어 보편적 도덕원칙의 존재를 인정하더라도 여전히 문제가 해소된 건 아니다. 도덕과 부도덕을 구분하는 기준의 문제가 남는다.

먼저 의무론은 도덕을 오로지 의무의 문제로 본다. 우리 내면의 이성과 양심의 목소리는 개인적인 욕구와 이익에 구애 받지 말고 오로지 옳은 일을 행하라고 명령한다. 나의 행위가 다른 모든 사람들에게도 보편적으로 적용될 수 있는 원칙이 되어야 하며 사람을 수단이 아닌 목적으로 대우하라고 명령한다.

칸트는 도덕의 원천을 인간만이 가지고 있는 자유의지에서 찾는다. 세상의 다른 피조물들과 달리 오직 인간만이 본능적 욕구를 누르고 자유의지를 발휘하여 이성과 양심에 따라 행동하기 때문에 도덕적인 존재라고 부를 수 있다는 것이다.

이에 반해 결과론은 도덕적 행위의 특성은 결과가 산출하는 행복의 양에 있다고 본다. 공리주의학자 벤담은 최대의 쾌락과 최소의 고통을 추구하는 것이 인간 본성이라고 말한다. 이러한 본성을 사회에 그대로 적용하면 사회 전체를 위한 쾌락의 총량을 최대로, 고통의 총량을 최소로 만드는 행위가 선하고 도덕적인 행위가 된다.

그런데 현실에서는 의무론과 결과론 중 어느 한 입장을 취하는 게 결코 쉽지만은 않다. 영화 《프리즈너스》(2013)에는 누군가에 의해 딸을 납치당한 두 가정이 등장한다.

한 아이의 아빠는 용의자를 불법적으로 납치한 뒤 폭행과 고문을 가하며 딸의 소재를 추궁하려 한다. 폭력을 써서라도 딸의 목숨을 구해야 한다는 입장이다. 하지만 다른 아이의 부모는 이에 반대한다. 아무리 자식의 목숨을 살리기 위해서라지만 어떤 경우에도 폭력은 안 된다는 입장을 고집한다.

영화 《가라, 아이야 가라》(2007)는 마약에 찌든 미혼모 밑에서 방임된 채 자라고 있는 한 어린 소녀를 위해 무엇이 최선의 선택인지 관객에게 묻고 있다. 아이를 납치해서라도 모범적인 가정에 맡겨 올바르게 성장하게 해야 한다는 입장과 아무리 선한 목적을 위해서라도 유괴는 범죄일 뿐이라는 입장이 대립한다.

영화 《다크 나이트》(2008)에서 악당 조커가 행한 도덕 실험도 마찬가지다. 시민들과 죄수들은 자신이 살기 위해서 상대를 죽여야만 하는 상황에 놓인다. 살고자 하는 본능적 욕구와 살인은 어떤 이유로도 안 된다는 내면의 목소리가 치열하게 대결을 벌인다. 관객도 무고한 시민의 생명과 범죄자들의 생명을 저울질하다가도 모든 생명의 가치는 동등하다는 원칙 앞에서 머뭇거리게 된다.

범죄의 비용 : 범죄를 저지르는 대가는 얼마일까?

왜 모든 사람은 범죄를 저지르지 않는 걸까? 이 질문에는 악한 본성을 가진 인간이 전제되어 있다. 일찍이 중국의 순자荀子도 성악설을 설파했고, 《군주론》을 쓴 니콜로 마키아벨리Niccolò Machiavelli도, 계몽사상가 홉스도 인간을 이기적이며 악한 존재로 묘사했다. 사회학자 뒤르켐에게 인간은 무한 욕망을 가진 존재로 여겨졌다. 성서 속 최초의 인간이 신의 명령을 어기고 원죄를 지은 탓에 후손들의 내면에 죄의 씨앗이 잉태되고 말았다. 악한 본성 때문에 인간이 범죄를 저지르는 게 당연하다면 우리가 물어야 할 합당한 질문은 '왜 사람은 범죄를 저지르는가?'가 아니라 '왜 사람은 범죄를 저지르지 않는가?'일 것이다.

쉽게 생각하면 사람이 범죄를 저지르지 않는 이유는 처벌이 두렵기 때문이다. 그리고 처벌이 두려운 이유는 고통이 수반되기 때문이다. 생명을 잃는 것은 물론이고 자유를 박탈당하는 것도, 벌금을 내야 하는 것도 모두 고통스럽다. 벤담에 의하면 인간은 본성상 고통을 회피하고 쾌락을 추구하는 존재다. 범죄를 저지르기 전 망설이는 이유는 범죄행위로 얻어질 쾌락과 수반될 고통의 양을 저울질하는 데 시간이 필요하기 때문이다. 그런 의미에서 범죄행위는 경제활동과 유사하다. 우리가 상품이나 서비스를 구매하기에 앞서 지불해야 할 비용과 기대되는 이익을 비교하듯이 범죄자도 범죄행위로 인한 비용과 이익을 계산하는 합리적 행위자다. 형벌은 잠재적 범죄자 입장에서 가장 큰 비중을 차지하는 비용 항목이다.

그렇다면 형벌을 더 강화해 범죄의 비용을 높이면 자연스럽게 범죄가 억제되지 않을까? 범죄학자들이 연구한 바에 의하면 형량을 늘리거나 벌금형을 징역형으로 바꿔도 범죄가 그다지 줄어들지 않았다. 강화된 법이 적용된 직후 일시적으로 범죄율이 줄어드는 '반짝 효과'가 나타났지만 얼마 지나지 않아 다시 원래 수준으로 되돌아왔다. 오히려 교도소 수감 기간과 재소자 수가 증가하면서 교도소 과밀화만 가중되었다.

그런데 범죄를 저지르는 자가 떠안아야만 하는 부담에는 단지 형벌의 고통만 있는 게 아니다. 앞서 살펴봤듯이 형법적 금지 속에는 도덕적 금지가 포함되어 있다. 그래서 '선을 넘은 자'를 향한 도덕적 비난은 범죄자가 일차적으로 맞닥뜨려야 할 고통이자 비용이다.

범죄행위가 발각되어 붙잡히는 순간부터 수사와 재판 그리고 처벌을 받는 일련의 과정 속에서 범죄자는 주변 사람들로부터, 사안에 따라서는 사회 전체로부터 비난을 감수해야 한다. 범죄학자 하워드 베커Howard. S. Becker는 형사사법절차를 어떤 사람이 '아웃사이더'로 규정되는 과정이라고 정의한다. 아웃사이더는 범죄자라는 낙인과 오명을 뒤집어쓰고 사회로부터 배제되고 축출되는 자이다.

인간이 사회로부터의 도덕적 비난을 두려워하는 이유는 무엇일까? 그것은 인간의 특별한 존재방식에서 비롯된다. 아담 스미스Adam Smith는 《도덕 감정론》에서 인간은 천성적으로 자신이 다른 사람들로부터 비난이나 찬사를 받을만한 사람인지 항상 신경 쓰는 존재라고 말한다. 타인의 위치에 선 채 스스로를 바라보며 도덕적 판단을 한다. 마치 남에게 하듯 스스로의 감정, 생각, 인격, 행동에 대해 고개를 끄덕이기도 하고 때론 역겨워하기도 한다. 스미스는 이러한 내 안의 관찰자를 '공평무사한 중립적 방관자'라고 불렀다.

> 관용의 적정성과 부정(不正)의 추악성, 우리 자신의 큰 이익보다 다른 사람들의 더 큰 이익을 위하여 우리 자신의 그것을 양보하는 것의 적정성과, 우리 자신의 최대의 이익을 얻기 위하여 다른 사람의 가장 사소한 이익까지 침해하는 행위의 추악성을 우리에게 보여 주는 것은 바로 이 공평무사한 중립적 방관자이다.[105]

동물과 구별되는 인간의 가장 큰 특징 중 하나는 성찰하는 능력이다. 쉽게 말해 성찰하는 능력이란 스스로에게 말을 걸 수 있는 능력이다. 타인에게 그러하듯 자신의 자랑스러운 행동에 대해 칭찬하고 떳떳하지 못한 행동을 책망한다. 성찰하는 능력을 통해 인간은 자신에 대한 타인의 관점과 태도를 받아들인다.

> 자기를 되돌아보는 바로 그 성찰 과정에 의해 개인은 자신에 대한 다른 사람의 태도를 수용하여 의식적으로 그 과정에 스

스로 적응할 수 있게 되며, 주어진 사회적 행위 안의 그러한 과정의 결과를 그에 대한 자신의 적응 측면에서 수정할 수 있게 되는 것이다. 그러므로 성찰은 사회적 과정 안에서 정신의 발달에 본질적인 조건이다.[106]

사회학자 미드는 사회화 과정을 '일반화된 타자'generalized others가 개인의 사고와 행동에 미치는 영향이 커지는 과정으로 정의한다. 여기서 일반화된 타자란 특정한 상황 속에서 일반적으로 사람들이 취하는 역할과 태도의 집합체를 의미하는데 스미스가 말한 공평무사한 중립적 방관자와 유사하다. 범죄자가 세상 사람들로부터의 도덕적 비난에 완전히 눈 감을 수 없는 건 내면에 있는 일반화된 타자 때문이다.

비난자의 역할을 담당하고 있는 일반화된 타자는 자아의 모습을 한 타자인 동시에 타자의 모습을 한 자아다. 그래서 범죄자가 겪는 도덕적 비난은 세상으로부터의 비난이자 스스로에게 보내는 비난이다. 행위자는 범죄를 저지르기 전에 도덕적 존재의 정체성에 타격을 입힐 수 있는 도덕적 비난으로부터 자신을 보호할 안전장치를 마련하려 한다.

범죄학자 그레샴 사이크스Gresham M. Sykes와 데이비드 맛짜David Matza는 범죄행위의 도덕 비용을 낮추는 방법으로 동원되는 다양한 중화기술neutralization techniques을 제시했다.[107] 사이크스와 맛짜에 의하면 비범죄 상태에 있던 행위자는 '표류 상태'를 거쳐 범죄 상태로 이행한다. 표류 상태란 행위자의 내면이 도덕적 구속으로부터 자유로워진 상태를 말한다. 그런데 이러한 도덕적 표류 상태에 들어가기 위해 사람들은 범죄행위를 정당화하는 논리를 편다. 이를 중화기술이라고 한다.

첫 번째 기술은 책임을 부정하는 방법이다. 나쁜 짓인 건 알지만 자신이 처한 상황과 조건 때문에 어쩔 수 없다는 태도를 말한다. 주변 친구들의 압력, 따돌림에 대한 두려움 때문에 비행에 가담하게 될 때 작동되는 심리다.

둘째, 행위가 초래하는 실질적인 피해는 없다는 논리다. 물건을 훔쳐도 보험으로 해결된다거나 대형 마트에서 물건 한두 개 없어져도 티도 안 날 것이라는 생각이다.

세 번째는 피해자를 피해자로 여기지 않는 태도다. 불법으로 거액의 재산을 불린 기업주의 돈을 횡령하는 사원의 심리에 이런 식의 정당화 논리가 작동할 수 있다.

넷째, 자신의 범죄행위에 대해 비난할 사람을 선제적으로 비난하는 방식으로 방어막을 칠 수 있다. '국회의원과 판·검사가 더 썩었지', '들키지 않았을 뿐이지 세상엔 더 나쁜 놈들이 많아' 식의 논리가 동원된다.

마지막으로 범죄행위에 대해 나름대로의 거창한 대의명분을 끌어들여 정당화할 수 있다. 과거 권위주의 정권에서 민간인 사찰, 사법살인, 고문을 자행했던 자들도 국가와 민족을 위해서 일한다는 생각으로 일말의 도덕심을 무력화시켰을 것이다.

사실 애써 중화기술을 동원하지 않더라도 어떤 특정 상황이 도덕 비용의 문제를 단박에 해결해주기도 한다. 정치철학가 한나

아렌트Hannah Arendt는 유대인 대학살을 주도했던 나치 친위대 장교 아돌프 아이히만이 어떤 정신병을 앓은 것도, 이데올로기적 신념이 있었던 것도, 심지어 유대인을 증오했던 것도 아니었다고 지적한다.

> 아이히만의 경우 성가신 점은 바로 그토록 많은 사람들이 그와 같다는 점 그리고 그 많은 사람들이 도착적이지도 가학적이지도 않다는 점, 즉 그들은 아주 그리고 무서울 만큼 정상적이었고 또 지금도 여전히 정상적이라는 점이다.[108]

인류 역사상 가장 끔찍하고도 잔인한 범죄로 기록될 홀로코스트의 집행자가 악마도, 괴물도 아닌 평범한 사람에 불과했다는 사실. 아렌트는 문제의 원인은 아이히만을 유대인 학살자로 몰고 간 전체주의 체제라고 보았다.

아이히만은 상부의 명령을 충실히 이행해야 한다는 의무감에 스스로 범죄를 저지른다는 생각조차 하지 못했다. 그가 비난을 받아야 할 부분이 있다면 '성찰 없는 맹목성'이다.

스스로의 행위에 대한 옳고 그름의 판단 중지, 즉 '도덕적 모라토리엄'이 그에게서 발견되는 치명적 결함이다. 아렌트가 말한 '악의 평범성'은 바로 이런 조건에서 잉태된다. 누구라도 나치 정권처럼 특수한 상황 속에 놓이게 되면 내면의 도덕적 제어장치가 제대로 작동하지 않게 되고, 평소에는 상상조차 해보지 못한 악하고 비도덕적인 행동을 할 수 있다. 심리학자 필립 짐바르도Philip

Zimbardo는 평범하고 선량한 사람을 악한 행동으로 이끄는 상황의 힘에 대해 다음과 같이 비유적으로 설명한다.

> 도덕성이 마치 기어 변환 장치와 같아서 어떤 경우에 중립에 놓인다고 상상해보자. 그와 같은 상황에서 도덕성 이탈이 일어난다. 자동차가 비탈길에 있는 경우 기어를 중립에 놓으면 차와 운전자는 모두 비탈 아래로 미끄러지듯 내려간다. 이런 경우 어떤 결과를 빚어내는 것은 운전자의 의도나 솜씨가 아니라 상황의 특성이다.[109]

중립에 놓인 기어는 옳고 그름의 경계가 불분명하고 선과 악이 뒤섞인 상태에 대한 비유적 표현이다. 기어를 중립에 놓고 비탈길에 차를 세우면 내연기관의 작동 없이도 저절로 아래로 굴러 내려간다. 마찬가지로 인간도 성격이나 기질 같은 심리적 요인이 작용하지 않더라도 도덕적 판단을 흐리게 만드는 상황에 놓이면 저절로 악한 행동에 빠져들게 된다는 것이다.

범죄로 지불해야 할 도덕 비용이 적은 사람일수록 범죄의 위험성이 높다. 또한 범죄자가 지불해야 할 도덕 비용이 적은 사회일수록 더 많은 범죄가 발생한다.

과연 어떤 사람이 도덕 비용을 더 적게 낼까? 또한 어떤 사회에서 범죄의 도덕 비용이 낮을까?

영화《몬스터》(2003)는 연쇄살인범 에일린 워노스의 이야기를 담고 있다. 그녀는 플로리다 주 일대에서 성매매를 미끼로 남성들을 유인하여 살해하고 돈을 빼앗아 오다가 결국 경찰에게 붙들린다.

영화는 워노스의 불행했던 성장과정과 더불어 그녀의 세계관에 초점을 맞춘다. 워노스는 어린 시절 엄마로부터 버림받고 아빠에게 학대를, 아빠 친구에게 성폭행을 당한다. 13세에 미혼모가 되고 낳은 아기는 곧바로 입양된다. 아빠가 자살한 후 생계를 위해 어린 나이에 성매매를 시작한다. 친구들은 그녀를 놀려대고 동생들조차 그녀의 존재를 부끄러워하자 고향을 떠나 이곳저곳을 떠돌기 시작한다.

여러 남성을 살해했지만 워노스는 자신이 여전히 착한 사람이라고 생각하고 있다. 도덕과 법에서는 살인을 금지하고 있지만 현실에서는 매일 정치적 목적, 종교적 이유, 영웅이 되려는 개인적 욕심 때문에 서로 죽이는 게 세상이라고 말한다. 그래서 세상이 말하는 도덕 원칙은 그저 미사여구이고 빛 좋은 개살구에 불과하다고 주장한다.

범죄학자 트레비스 허쉬Travis Hirschi는 사회적 존재인 사람은 사회와 맺고 있는 유대관계 때문에 함부로 범죄를 저지르지 않는다고 말한다. 사회적 유대관계는 주변에 사랑하는 사람들이 많거나 사회활동에 활발하게 참여하거나 세상에서 이루고자하는 목표가 뚜렷한 사람일수록 강하다.

범죄를 저지를 때 상당한 도덕 비용을 지불해야 하는 자는 바로 이처럼 강력한 사회적 유대관계에 속한 사람이다. 반면에 워노스처럼 불우한 성장과정을 거치면서 사회와 의미 있는 관계를 맺는 데 실패한 사람이 지불해야 할 도덕 비용은 별로 없다.

사회적 유대관계의 강약이 도덕 비용을 결정하는 개인적 차원의 요소라면 사법정의는 사회적 차원의 요소라고 할 수 있다. 얼마나 사법정의가 확립되어 있는지에 따라 범죄를 저지르는 개인이 지불해야 할 도덕적 비용이 달라질 수 있다.

사법정의가 확립되려면 우선 법률 자체가 도덕적이어야 한다. 미국의 법철학자 론 풀러Lon L. Fuller는 법률이 제대로 효력을 발휘하기 위해서는 '내재적 도덕성'internal morality을 갖추어야 한다고 주장한다.[110] 이를 위해 법률은 사람이 아닌 행위를 기준으로 적용되어야 하며, 금지되거나 허용되는 행위가 무엇인지 명확해야 하고 자주 변경되어서는 안 된다. 무엇보다도 법률에 규정된 내용과 실제 집행되는 내용이 일치되어야 한다. 사법정의는 법 집행 과정이 도덕적일 것을 요구한다. 법 앞의 평등원칙, 무죄추정의 원칙이 지켜져야 한다. 어느 누구도 가난하거나 힘이 없다는 이유 때문에 부당한 처벌을 받아서는 안 되기 때문이다.

사법정의가 올바로 서지 않은 사회에서 사람들은 '도덕적 현기증'을 경험한다. 법과 원칙의 높음과 부도덕한 현실의 낮음에서 비롯된 고도 차이는 사람들에게 어지럼증과 구토를 일으킨다.

워노스는 세상이 어린 시절 타봤던 회전 관람차와 같다고 한다. 울긋불긋한 네온사인을 빛내며 빙글빙글 돌아가는 모습이 너무도 아름다웠지만 막상 타보니 멀미가 나서 구토를 하고 말았다. 그녀가 순진할 때에는 세상이 법과 도덕률에 따라 조화롭게 돌아가는 줄로만 알았지만 정작 살아보니 세상은 구역질이 날만 큰 모순으로 가득 차 있다는 사실을 발견한 것처럼.

우리 사회는 어떤가? 법의 이중 잣대, 무전유죄 유전무죄, 사법 카르텔, 법조비리 그리고 사법농단. 법의 도덕성과 권위가 추락할수록 모럴 해저드와 법냉소주의가 사회 전반으로 퍼져간다. 우직하게 법을 지키는 사람들만 바보 취급을 받고 온갖 수단과 방법을 동원해서 법망을 빠져나가는 사람들은 능력자가 되는 세상이다. 위법과 편법 사이의 위험한 줄타기가 일반화되고 규범의 항구를 떠나 표류하는 사람들이 늘어난다. 이런 세상에서 사람들은 적은 도덕 비용을 지불하고 쉽게 범죄를 저지를 수 있다.

영화《몬스터》에서 사람들은 어린 워노스가 타고 싶어 했던 바로 그 회전 관람차를 '몬스터'라고 불렀다. 영화는 연쇄살인범이 아니라 바로 세상이 괴물이라고 고발하는 듯하다. 법과 도덕으로 그럴듯하게 치장한 부조리한 세상 말이다.

8. 다시 한 번 기회를 줘도 될까요?

유전자 | 젠더 | 존재론적 불안
혐오 | 범죄자의 탄생 | 자본주의
범죄의 의미 **변화** | 권력

타지에서 부산으로 전학왔던 고등학교 동창이 떠오른다. 그는 학창시절 내내 교실 맨 뒷자리에 앉은 채 공부와는 담을 쌓고 지내던 친구였다. 껄렁대는 녀석들과 어울려 다니던 불량스런 학생으로 기억한다. 내가 대학 3학년 때 즈음 그가 공군사관학교에 들어갔다는 얘기를 듣게 되었다. 고등학교 시절 그 친구의 모습을 떠올리자 선뜻 믿기지 않았다. 그로부터 20여 년이 흐른 후, 고교 동창회 모임에서 졸업 후 처음으로 그를 만나게 되었다. 그는 전투기 조종사로 복무하다 전역한 후 민간항공사의 기장이 되어 있었다. 그날 친구가 내게 들려준 이야기는 이렇다.

전학 온 후 얼마 지나지 않아 아이들이 괴롭히기 시작했고 이에 맞서 몇 차례 주먹질을 하다 보니 비슷한 부류와 어울리게 되었다. 자연스럽게 공부와는 거리가 멀어졌고 성적이 나오지 않아 대학 진학도 포기할 수밖에 없었다. 그의 곁에는 그를 아끼는 친구가 한 명 있었는데, 친구는 졸업 후 빈둥대던 그를 끈질기게 설득하며 학원으로 이끌었다. 그 친구 덕택에 다시 학업을 시작할 수 있었고 삼수 끝에 공군사관학교에 입학하게 되었다. 입학 후에도 건장한 체격과 씩씩한 기질 덕분에 동료 생도들로부터 리더십을 인정받았고 성공적으로 졸업할 수 있었다는 것이다. 지금은 민항기를 타고 전 세계를 돌아다니는 삶에 매우 만족하고 있다고 했다. 그때 그 친구의 끈질긴 조언이 아니었다면 자신은 아마도 지금껏 비뚤어진 인생을 살고 있을 거라는 말을 덧붙였다.

내 친구 이야기는 자칫 잘못된 길로 흘러갈 뻔한 인생이 어떤 터닝 포인트를 계기로 반전을 이룬 무수한 사례 중 하나일 것이다. 책 《멈추지마, 다시 꿈부터 써봐》로 잘 알려진 김수영 작가도 반전의 인생을 산 인물이다. 그는 중학교 시절 가난, 왕따 그리고 선생님의 체벌을 견디다 못해 결석과 가출을 반복했다. 걸핏하면 사고를 쳐서 경찰서에 들락거리던 문제아였다. 결국 중학교를 자퇴하고 검정고시를 쳐서 상업고등학교에 진학을 했다. 그런데 놀랍게도 몇 년 후 그는 연세대학교 학사와 런던대학교 석사를 마친 후 세계적인 석유회사인 로열 더치 쉘Royal Dutch Shell에 입사했다. 이러한 반전의 배경에는 문제아 김수영을 끝까지 믿고 지지해 줬던 선생님과 친구들도 있었지만, 무엇보다 어느 날 우연히 마주친 한 신문 기사가 있었다. 신문에는 이스라엘군과 팔레스타인 민간인 사이의 무력 충돌 과정에서 총에 맞고 사망한 어린아이와 그 아이를 껴안고 오열하는 아버지의 사진이 실렸다. 큰 충격을 받은 김수영 작가의 머릿속에는 다음과 같은 생각이 떠올랐다.

> 내 딴엔 매일매일 전투하듯 살고 있다고 생각했다. 하지만 실제로 끔찍한 전쟁 속에서 고통스럽게 살아가고 있는 그들과 비교했을 때 나의 힘겨움은 부끄러운 어리광에 불과했다. 그들이 생사의 현장에서 살아가야 한다는 것이 너무나 안타까웠고, 이제까지 세상에 이런 일이 있는 줄도 몰랐던 것 역시 충격이었다.[111]

자신을 둘러싼 현실의 문제에만 매몰되어 있던 자아가 넓은 세상을 향해 시선을 돌리게 된 순간이었다. 그때부터 세상에서 자신이 무슨 일을 할 수 있을지 고민하게 되었고 잠자고 있던 가슴이 뛰기 시작했다.

변화하는 존재로서의 인간

청소년기는 방황과 혼란의 시기다. 일찍이 미국의 심리학자 그랜빌 스탠리 홀Granville Stanley Hall은 청소년기를 '질풍노도의 시기'storm and stress라는 말로 표현했다. 이 시기에 청소년은 감정적 불안을 경험하고 부모와 학교의 권위에 반항심이 생기며 위험한 행동에 쉽게 이끌린다. 때로는 일탈행동을 넘어 심각한 범죄에 빠져들어 헤어 나오지 못하기도 한다.

영화 《트레인스포팅》(1997)은 스코틀랜드의 에딘버러를 배경으로 방황하는 청춘들의 이야기를 전해준다. 삶의 의미와 이유를 찾지 못한 채 마약에 찌든 나날을 보내던 주인공 렌턴(이완 맥그리거)이 기성세대에 편입되는 과정에서 겪는 성장통을 그려내고 있다. 세상을 향한 렌턴의 태도는 냉소적이고 반항적이다. 온통 절망과 좌절뿐인 세상 속에서 마약은 그에게 유일한 안식처가 되어준다.

> 비참함 위에 비참함을 쌓고 그 비참함을 수저로 퍼내어 갈아엎는다. 그런 후 곪아터진 핏속에 계속 뿌려버린다. 훔치고 사기치고 훔치고 사기치고, 삶이 완전히 무너질 때까지 망가지는 거다. 아쉬울 게 없는 삶이므로(…) 결코 풍요로울 수 없는 삶이다. 훔치고 사기 치건 간에 무슨 상관이랴. 끊임없이 세상을 향해 반항하는 거다. - 영화《트레인스포팅》중

렌턴은 부모님의 도움으로 간신히 마약 중독에서 벗어난다. 새 삶을 살아보라는 여자 친구의 충고를 받아들여 취직도 한다. 혼란스러웠던 청소년기를 뒤로 한 채 새로운 인생을 살아간다. 이에 반해 과거에 어울리던 예전 친구들은 아직도 마약과 범죄의 세계에서 빠져나오지 못하고 있다. 그들은 성인이 된 이후에도 여전히 방황하던 사춘기의 연장선 위에 머물러 있다. 돈을 벌기 위해 강도행각을 벌이고 마약을 밀매하거나 성매매 포주 노릇을 하면서 살아간다. 어떻게 렌턴은 범죄자의 길에서 벗어날 수 있었을까? 그리고 다른 친구들은 왜 그러지 못했을까?

누군가는 범죄를 저지르다가 어느 시점에 이르러 그만두기도

하고, 누군가는 일평생 온갖 범죄를 저지르면서 살아간다. 많은 경우 사춘기에 잠시 일탈하다가도 청년기에 접어들면서 제정신을 차린다. 하지만 어린 시절 시작된 일탈행동이 꼬리에 꼬리를 물고 청소년기와 성인기의 범죄로 이어지는 경우도 있다. 도대체 이러한 차이는 어떻게 설명할 수 있을까? 왜 누구는 변하고 누구는 변하지 않는 걸까?

이 질문에 대답하기 위해서는 우선적으로 누군가를 '범죄자 vs. 비범죄자'의 도식으로 판단하는 태도부터 버려야 한다. 어떤 한 시점을 기준으로 A라는 사람이 범죄자인지 또는 비 범죄자인지 규정짓는 태도 말이다. 개인은 삶이라는 여정 속에서 다양한 경험과 사건을 통해 변화를 거듭하는 존재이다. 그래서 시간의 흐름에 따라 전개되는 개인의 역동적인 삶으로 우리의 시선을 옮겨야 한다. 우연과 필연이 교차되고 과거와 현재가 조우하는 삶의 여정 속에서 주체의 의지적 선택을 추적해 나가야 한다. 인간은 시간의 흐름에 따라 끊임없이 변화하고 성장해가는 주체이기 때문이다.

빅토르 위고Victor M. Hugo의 소설 《레 미제라블》의 주인공 장 발장은 마음속 깊은 곳에 세상을 향한 원망이 가득 찬 인물이다. 고작 빵을 훔친 죄로 19년이나 감옥살이를 했다는 억울함 때문이다. 하지만 한 주교가 베풀어준 놀라운 은혜에 감동 받아 새 사람이 되기로 결심한다. 그 후 마들렌으로 이름을 바꾸고 성실하게 일한 결과 사업가로 큰 성공을 거두고 한 마을의 시장까지 된다. 그는 더 이상 세상을 원망하고 저주하던 과거의 장 발장이 아니다.

시민들의 존경을 받고 있는 마들렌 시장과 예전의 전과자 장 발장은 마치 전혀 다른 인물처럼 느껴진다. 하지만 장 발장을 뒤쫓는 자베르 형사의 눈에는 마들렌 시장과 도주한 전과자 장 발장은 동일 인물일 뿐이다. 자베르는 20년이란 세월이 흘렀고 그동안 많은 것이 바뀌었지만 장 발장의 실체는 조금도 바뀌지 않았다고 믿는다. 자베르에겐 한 번 범죄자는 영원한 범죄자일 뿐, 아무리 개과천선하더라도 바뀌는 건 없다. 과연 그럴까? 사람은 바뀔 수 없는 걸까?

세상 만물은 변한다. 고대 그리스 철학자 헤라클레이토스Heracleitos의 생각이다. 그는 '인간은 같은 강물에 두 번 발을 담글 수 없다'는 말로 이를 표현했다. 이와 비슷하게 영국의 철학자 알프레드 화이트헤드Alfred N. Whitehead도 세상의 모든 것은 끊임없이 변해가는 과정 중에 있다고 말한다.[112] 이에 덧붙여 불변의 실재란 건 아예 존재하지 않으며 변화하는 과정 자체가 바로 실재라고 주장한다. 무슨 의미인지 좀 더 쉽게 이해하고 싶다면 한번 인근의 천년고찰을 찾아가 보라. 그리고 대웅전 뜰에 놓인 석탑을 유심히 바라보라. 군데군데 부서지고 깎여진 모양새와 검붉게 물든 겉면은 석탑이 거쳐 온 시간을 말해준다. 얼핏 보면 항상 그 자리에 그대로인 것 같지만 바로 이 순간에도 석탑은 변화를 멈추지 않는다. 비바람에 의한 풍화, 돌 속에 함유된 철의 산화, 표면에 서식하는 이끼에 의한 마모는 순간순간 아주 미세한 영향을 미치며 석탑을 변화시키고 있다. 그렇다면 석탑의 실재는 한 순간의 모습 속에 있는 게 아닐지 모른다. 처음에 만들어진 뒤 여태껏 변화해

왔으며, 앞으로도 변해 갈 전 과정으로서 존재한다고 말할 수 있지 않을까?

일개 사물에 불과한 석탑도 시시각각 변하는데 사람이라고 예외일 리 없다. 사람도 시간의 흐름과 함께 쉼 없이 변한다. 오래전 한 TV 광고 속 여배우가 '사랑은 움직이는 거야'라고 말한 적이 있다. 영원히 변치 않을 것 같던 사랑도 세월이 가면 변한다. 단지 사람의 마음 정도가 아니라 사람의 주체성마저 시시각각 변한다는 게 화이트헤드의 생각이다. 하나의 주체로서 어제의 나와 오늘의 나 그리고 내일의 나는 정체성이 동일하지 않다. 혹시 아주 어릴 적 촬영된 동영상 속 자신의 모습을 바라보며 이상한 느낌을 가진 적이 없는가? 영상 속 아이의 생김새, 등장하는 주변 인물들 그리고 어렴풋이 떠오르는 기억을 고려하면 분명 그 아이는 내가 맞다. 하지만 나는 영상 속에서 천진난만하게 뛰어 놀고 있는 그 아이를 1인칭이 아닌 3인칭 시점으로 쳐다보게 된다. 과거의 나와 현재의 나 사이에 존재하는 정체성의 불일치를 경험하는 순간이다.

화이트헤드는 인간이 본질적으로 시간의 흐름 속에서 끊임없이 변화하는 주체라는 점을 인식할 때 대상의 실체에 조금 더 가까이 다가갈 수 있다고 말한다. 그동안 많은 철학자가 실체를 '고정되어 불변하는 무엇'으로만 인식해왔다. 최초로 제기된 철학적 질문도 '세상 만물의 공통적 요소는 무엇인가?'였다. 불변의 실체가 무엇인지 묻는 것이다. 고대 철학자들은 물, 불, 공기, 원자 등에서 답을 찾으려했다. 플라톤은 눈에 보이는 개별적 사물의 이면에 존재하는 원본으로서 이데아$_{idea}$를 제시했다. 데카르트 역시 지각되는 모든 것을 의심한 끝에 인식의 주체인 코기토$_{Cogito}$를 찾아내고 인간 주체성을 확립했다. 그런데 이처럼 변하지 않는 실체, 근본, 본질을 전제하고 대상을 분석하려는 태도는 매순간 변화하고 움직이는 대상을 억지로 멈춰 세워서 한 지점에 붙들어 매려는 것과 비슷하다. 마치 한 그루의 나무에서 새순이 돋아 꽃과 잎이 피어나고 열매가 맺힌 후 단풍이 든 후 잎이 떨어지는 변화의 전 과정을 무시한 채, 단순히 잎이 무성할 때 찍은 한 장의 사진만으로 나무의 본질을 논하려는 것이라고나 할까? 아니면 폴짝폴짝 뛰는 생생한 개구리를 붙잡아다가 포르말린에 담근 채 개구리의 참 모습을 관찰하려는 태도와 유사하다고나 할까?

우리가 인간을 바라볼 때 빠지기 쉬운 착각이나 오류가 바로 여기에 있다. 언뜻 보면 사람은 태어나고 살아가면서 동일한 무언가를 유지하는 존재, 즉 '불변의 일자'를 지닌 존재 같다. 그리고 그것이 곧 그 사람의 실체이자 정체성이라고 생각하기 쉽다. 하지만 유치원, 고등학생, 결혼 이후 그리고 현재의 정체성이 동일하다고 말하기 어렵다.

변하지 않는 단일한 정체성은 존재하지 않는다. 화이트헤드의 말처럼 실재하는 것은 '다자$_{多者}$적 사건들로 구성된 과정'이며 한 사람의 실체는 이러한 과정의 산물일 뿐이다. 그럼에도 인간을 어느 한 시점에 붙박인 존재처럼 취급하는 것은 우리가 쉽게 빠지는 오류 중 하나이다. 20년이란 긴 시간이 흘렀지만 자베르 형사의 시선은 여전히 과거 장 발장을 만난 그 시점에 머물러 있다.

자베르가 뒤쫓는 자는 과거의 장 발장이다. 범죄자 장 발장은 가고 시장 마들렌이 남았다. 자베르가 찾는 장 발장은 더 이상 존재하지 않는다.

과거는 흔적을 남긴다

사람은 변한다. 그렇다고 과거와 단절되는 게 아니다. 누구도 과거의 사건과 경험, 지난날의 모습과 완전히 독립해서 존재할 수는 없다. 과거는 그냥 흘러가 사라져 버리는 게 아니다. 현재의 주체 안에 흔적과 기억으로 남아 있다. 분명 현재의 나는 예전의 나와 구별되는 정체성을 지닌다. 그럼에도 과거의 일부는 여전히 현재의 주체 안에 머무른 채 지속적으로 영향을 미친다.

영화 《메멘토》(2001)는 과거의 흔적이 주체에게 미치는 영향을 일련의 인과적 과정으로 표현하고 있다. 주인공 레너드(가이 피어스)는 사고로 단기 기억 상실증에 걸린 인물이다. 그의 기억력은 10분 이상 지속되지 못한다. 레너드에게 남아 있는 최후의 기억은 아내가 성폭행을 당한 후 살해되는 장면이다. 그의 기억에 문제가 생긴 것도 바로 그날 아내를 구하려다 살인범에게 당한 공격 때문이다. 레너드가 원하는 바는 단 한 가지, 아내의 복수다. 기억의 한계를 극복하기 위해 불과 10분이라는 짧은 시간 동안 범인에 관한 단서를 찾아 서둘러 사진을 찍어 메모에 남기고 중요한 정보는 몸에 문신으로 새긴다. 곧이어 기억은 말끔히 지워지고 레너드는 메모와 문신을 통해 과거로부터 전달된 파편화된 정보에 의지해 다음 행동을 취한다.

과거가 남겨 놓은 흔적은 현재의 레너드에게 절대적인 영향력을 미친다. 누구를 믿고 누구를 믿지 말지는 전적으로 메모의 내용에 따라 정해진다. 그가 살아가는 이유조차 과거의 흔적 속에서 찾아야 한다. 거울 앞에 선 레너드의 가슴엔 '그를 찾아 죽여라'Find him and kill him는 문신이 새겨져 있다. 잊지 않기 위해 과거 어느 시점에 스스로 몸에 새겨 놓은 글귀다. 그에겐 절대적 행동지침이자 삶의 목표이고 존재의 이유가 된다.

한 인간이 태어나서 범죄자로 성장하는 과정은 마치 레너드가 과거가 남겨 놓은 단서에 반응하고 그 반응의 결과 새로운 단서가 만들어져 다음에 일어날 사건에 영향을 미치는 연쇄반응과 흡사하다. 임상심리학자 테리 모핏Terrie E. Moffitt은 일생 동안 지속적으로 범죄를 저지르는 사람을 '평생 지속형'이라고 불렀다. 문제는 아이가 엄마 뱃속에 있을 때부터 시작될 수 있다. 산모의 음주, 마약 복용, 과도한 스트레스는 태아에게 신경 심리적 장애를 유발할 위험이 있다. 이러한 장애를 가지고 태어난 아이는 유아기와 아동기에 문제행동을 보일 가능성이 높다. 부모가 체벌이나 학대로 대응하고 그 결과 아이는 부모와 정서적 친밀관계를 형성하지 못하게 된다. 청소년기를 거치면서 분노장애, 행동장애가 더욱 악화되고 낮은 학업성취도, 잦은 일탈행위로 이어진다. 이제 청소년기의 비뚤어진 삶은 성인기의 경험에 영향을 미친다. 학업 중단, 가출, 소년원으로 점철된 삶은 취업과 결혼이라는 인생의 중요한 순간마다 불리하게 작용한다.[113]

범죄자로 성장하는 과정은 마치 과거의 원인과 현재의 반응이

어우러져 일종의 궤적을 이루는 것처럼 보인다. 범죄학자 로버트 샘슨Robert J. Sampson과 존 롭John H. Laub에 의하면 사람은 사회와의 결속이 느슨해지거나 끊어질 때 범죄를 저지르게 되는데, 역으로 범죄는 사회와의 결속을 약화시킨다. 마치 사회와의 결속과 범죄 행위가 서로 주거니 받거니 하며 영향을 미치는데 그 과정 속에서 일관된 삶의 패턴이 만들어진다는 것이다.[114] 예를 들어, 타고난 기질 탓에 자꾸 말썽을 피우는 아이는 부모와 선생님에게 자주 혼나게 되고 그 결과 가정 및 학교와 정서적 끈이 약해진다. 이렇게 약해진 유대관계는 일탈행위를 더욱 부추겨서 아이는 학업을 더욱 멀리하고 비행 친구들과 어울리며 각종 범죄행위에 가담하게 된다. 범죄행위가 발각되어 소년원에 수용되면 주류사회로부터 더욱 멀어진다. 나중에 사회로 복귀하더라도 쉽게 사회에 편입되지 못한다. 취업, 결혼 그리고 성공의 기회는 제약 당한다. 그 결과 사회 속에 깊숙이 뿌리내리지 못하고 '사회적 유목민'social nomad이 되어 주류 사회의 변두리를 떠돌게 된다. 이처럼 사회와 비 연결 상태에 머물러 있을수록 범죄의 위험성은 높아진다. 범행, 교도소 수감, 전과자, 사회와의 단절 그리고 재범으로 이어지는 인과적 순환과정이 시간의 흐름을 따라 반복되고 범죄자로서의 삶은 하나의 궤적을 그리며 지속되는 것이다.

영화《사회에의 위협》(1993)은 범죄의 궤적에서 벗어나지 못한 채 비극적인 최후를 맞는 한 청년 케인(타이린 터너)의 이야기를 담고 있다. 케인의 아빠는 오래전 마약을 밀매하다가 총에 맞아 죽었고 엄마도 마약 중독으로 죽었다. 그는 어린 시절부터 마약을 팔거나 심지어 집에서 사람을 죽이는 아빠를 보면서 자랐다. 어느새 세월이 흘러 청년으로 성장한 케인의 모습 속에는 과거가 남긴 흔적이 고스란히 묻어있다. 나고 자란 지역을 벗어나지 못한 채 아빠가 그랬던 것처럼 마약을 팔고, 자동차를 훔치고, 때론 사람도 죽이면서 살아가고 있다. 물론 그의 주변에도 선한 영향력은 있다. 신실한 기독교인인 조부모는 성경 말씀과 사랑으로 케인이 범죄자의 길에서 벗어나도록 인도하려 한다. 케인을 염려하는 주위의 몇몇 사람들도 새로운 삶을 살아보라고 충고한다. 하지만 케인은 태어나는 순간부터 현재까지 이어져온 삶의 궤적에서 끝내 빠져나오지 못한다. 영화의 마지막 장면에서 총을 맞고 죽어가는 케인은 마음속으로 다음과 같이 되뇐다.

> 돌이킬 수 없는 내 잘못들이 내 삶을 가로막고 있어. 내가 저지른 일들이 결국 내 발목을 잡고 말았어. - 영화 《사회에의 위협》 중

과거의 경험, 사건, 생각, 그리고 과거의 나는 현재의 나에게 끊임없이 말을 걸고 간섭한다. 그러나 대부분의 사람은 과거의 영향력을 잘 인식하지 못한 채 살아간다. 당장 눈앞에 펼쳐진 현재만 인식하고 과거는 이미 흘러가 사라져 버린 것쯤으로 취급하기 때문이다.

사람이 범죄의 궤적에서 벗어나기 위해서는 자신의 정체성이 간직하고 있는 '역사성'을 자각하는 것이 중요하다. 과거부터 현재까지 경험과 흔적이 쌓이고 쌓인 결과물, 즉 시간이라는 파도

가 만든 퇴적물이 바로 자기 자신이라는 사실에 대한 깨달음이다. 이러한 자각이 있을 때 비로소 새로운 변화 가능성의 문이 열린다. 안타깝게도 케인의 경우 이러한 깨달음이 찾아왔을 때는 이미 죽음의 문턱에 다다른 순간이었다.

사람은 과거로부터의 연장선 위에 놓여 있지만 동시에 새로운 모습으로 변화할 잠재력을 지닌 존재다. 지나온 시간의 무수한 흔적이 차곡차곡 쌓이다가 어느 순간에 이르면 과거로부터 주어진 모든 여건data을 종합해서 이전과 다른 주체로 거듭난다. 화이트헤드는 이와 같은 새로운 주체로의 갱신을 '다 함께 성장함'이라는 뜻을 가진 'concrescence'로 표현했는데 우리말로는 '합생合生'이라고 번역된다. 합생이 가능한 이유는 인간이 실존적 존재로서 취하는 독특한 존재방식 때문이다. 인간은 태어나면서부터 죽는 순간까지 어떤 의미 있는 존재가 되기 위해 부단히 애쓴다. 인간 외의 어떤 다른 존재도 이러한 노력을 하지 않는다. 고양이는 본능에 충실한 채로 고양이로서의 삶을 살아갈 뿐, 존재의 의미를 찾거나 이를 위해 어떤 다른 존재가 되려 하지 않는다. 실존은 오직 인간에게만 해당하는 문제다.

영화 《트레인스포팅》의 스코틀랜드 청년들에게서도, 영화 《사회에의 위협》의 케인에게서도 존재의 의미를 향한 욕구가 드러난다. 새로운 정체성을 가진 존재로 거듭나고자 하는 자기초월적 갈망이 그들의 마음속에 꿈틀댄다. 하지만 거듭나는 일은 결코 쉬운 일이 아니다. 과거의 흔적이 만들어 놓은 지금 내 모습과 간절히 원하는 미래의 정체성 사이에 커다란 간극이 존재함을 깨닫고 절망할 뿐이다. 영화 속 청년의 일탈과 방황은 의미 있는 정체성을 추구하는 과정에 수반되는 존재론적 불안정성의 발현이다. 한편으로는 과거로부터의 영향력에 매여 있으면서, 다른 한편으로는 현재 상태를 초월하고자 하는 창조성에 이끌린다. 그래서 자기초월적 의지를 가진 존재는 불안정할 수밖에 없다.

하지만 자기초월은 과거와의 단절을 의미하지 않는다. 아무리 불행하고 비참한 과거일지라도 과거는 현재의 나를 형성하며 새로운 나의 근거가 된다. 과거는 미래의 토대다. 화이트헤드가 말한 합생이란 완전히 새로운 주체의 생성을 의미하는 것이라기보다는 과거에 바탕을 둔 주체의 변환이라고 보는 게 옳다.

영화 《프레셔스》(2013)는 불행한 과거를 딛고 새로운 존재로 거듭나는 한 소녀의 이야기를 담고 있다. 주인공 프레셔스(가보리 시디베)는 뉴욕시의 할렘 지역에 사는 16세 학생이다. 멋진 남자 친구와 사귀고, 잡지 표지 모델도 되고, 뮤직비디오에도 출연하고 싶지만 이 모든 게 그저 공상 속에서나 가능한 일이란 걸 잘 알고 있다. 그녀를 둘러싼 현실은 온통 절망뿐이다. 학교에서 아무하고도 어울리지 못하는 외톨이 신세다. 가출한 아빠는 가끔씩 찾아와 프레셔스를 강간하고 두 번씩이나 임신시킨다. 엄마는 이런 딸을 보호해주기는커녕 딸에게 남편을 뺏겼다며 그녀를 미워하고 괴롭힌다. 프레셔스를 향해 '세상에서 가장 쓸모없는 년'이라고 욕설을 퍼붓다가 감정이 폭발하면 다짜고짜 폭행을 가한다.

프레셔스의 삶은 어긋난 가족관계로 인해 짓눌려 있다. 딸을 강간하는 아빠와, 이를 묵인할 뿐만 아니라 오히려 딸을 질투하는 엄마. 프레셔스Precious란 이름은 영어로 '소중하다'는 의미지만 세상 어느 누구도 그녀를 소중하게 대하지 않는다. 비참하고 절망적인 현실은 그녀로 하여금 세상과 소통하기를 멈춘 채 그저 공상의 세계 속에 머물게 할 뿐이다. 그런데 그녀는 이러한 비참한 현실이 그녀가 기억도 하지 못하는 과거의 어느 시점에 시작되어 현재까지 누적되어 온 결과라는 사실을 모르고 있다. 스스로를 자책하고 비하할 뿐이다. 그러다가 비로소 엄마의 이야기를 통해 현재의 불행이 어디에서 출발했는지를 알게 된다.

프레셔스가 세 살 때에 처음으로 아빠가 어린 프레셔스의 몸에 손을 대기 시작했는데 엄마는 이를 알고도 남편이 자신을 떠나버릴지 모른다는 두려움에 말리지 못하고 그냥 묵인했다는 것이다. 심지어 지금까지도 엄마는 남편이 자신을 사랑하지 않는 이유를 모두 딸 때문이라고 여기고 있었다. 엄마의 이야기가 끝나는 순간 프레셔스는 자신이 겪고 있는 불행의 근원이 무엇인지 깨닫는다. 자신의 현재 삶 속에 농축되어 있는 역사성을 인식하게 된 것이다. 그제야 비로소 변화를 향한 의지가 생겨난다. 현재라는 시간 속에 갇혀 있던 주체가 새로운 나를 찾아 발걸음을 내딛을 수 있게 된다. 정체성의 변화는 자신의 과거에 대한 정확한 인식에서 시작된다.

한 개인이 범죄자의 궤적에서 이탈하는 것은 정체성의 변환을 의미한다. 단순히 범죄행위를 그치는 정도를 넘어서 자신의 사회적 정체성을 리모델링하는 것을 말한다. 스스로를 범죄자로 여기는 인식을 멈추고 새로운 비범죄적, 친사회적 정체성을 함양할 수 있어야 한다. 이러한 변환이 가능해지기 위해서는 어떤 계기가 필요한데, 보통 새로운 상황이나 기회의 형태로 찾아오기도 한다.

사회심리학자 어빙 고프먼Erving Goffman은 어떤 사람이 현재 처해 있는 상황과 그를 둘러싼 사람들 그리고 그의 일상적인 일과 행동이 바로 그 사람의 정체성이라고 말한 바 있다. 새로운 환경과 제도에 속해서 새로운 사회적 역할을 수행할 때 정체성 변환이 발생한다. 범죄자로서의 정체성이 변환될 때에도 새로운 상황이 필요한데, 이를 범죄학 이론에서는 '인생의 변곡점'turning point이라고 부른다. 범죄학이 제시하는 중요한 인생의 변곡점으로는 결혼, 임신, 취업, 군 입대, 교육, 종교 등이 있다. 인생 과정에 찾아오는 새로운 상황은 사회적 지지를 얻고 성장할 수 있는 계기를 마련할 뿐만 아니라 일상적으로 참여하는 활동의 유형과 성격을 바꾼다.

프레셔스에게 있어서 인생의 변곡점은 대안학교에서 그녀의 멘토가 되어 줄 레인 선생님과의 만남이었다. 프레셔스는 선생님의 도움으로 글을 깨우치고 배움의 기쁨을 경험한다. 그리고 주변 사람들의 도움 속에 둘째 아들을 출산하게 되고 새로운 삶에 대한 희망을 품게 된다. 한 여성이 출산을 통해 엄마가 된다는 것은 정체성의 변환을 가져오는 중요한 계기가 된다. 엄마로서의 지위와 역할을 수용하게 되면서 나타나는 변화다.

국내의 한 연구원에서 성매매 경험이 있는 여성들을 대상으로 심층 면접을 한 적이 있다.[115] 성매매 여성의 삶으로부터 어떻게 벗어날 수 있었는지 묻자, 첫 번째 원인으로 결혼과 임신을 꼽았다. 새로운 삶을 안정적으로 지지해 줄 반려자의 등장과 출산이 내면적 변화를 가져온 중요한 전환점이 되었다고 말했다. 종교적 회심은 교도소에 수감된 범죄자가 바뀌는 중요한 계기로 작용한다. 출소자의 재범률을 낮추기 위한 교화 프로그램에도 신앙을 통한 정체성의 변화에 초점을 맞춘 경우가 있다. 신앙 생활은 범죄자나 전과자라는 부정적 표지를 대체할 만한 새로운 정체성을 부여하고, 교도소 내의 삶에 특별한 목적과 의미를 불어넣어준다. 또한 절대적 존재인 신을 매개로 죄를 범한 과거의 자기 자신과 진심 어린 화해를 할 수도 있다.

> 삶을 돌아보면 모든 것이 가치 없고 내가 해 온 모든 일들이 잘못되었다는 걸 느껴요. 기독교가 나에게 말해준 한 가지는 '너는 죄를 용서받았으니 이제 그 길에서 떠나서 다시 시작하라'는 겁니다. 왜냐하면 저는 신이 나의 죄를 용서해줬다는 사실뿐만 아니라 그 죄를 모두 잊어버렸다는 걸 믿기 때문이죠. 이런 사실을 믿을 때 다시 시작하고 모든 걸 바로잡을 수 있는 엄청난 기회가 제공되는 겁니다.[116] - 어떤 재소자

삶의 태도가 근본적으로 변하기 위해서는 우선적으로 자신의 현재 삶에 대해서 불만을 느껴야 한다. '이건 내가 원하는 삶이 아니야!'라는 내면의 외침이 있어야 한다. 그 다음으로 현재의 만족스럽지 못한 삶이 단순히 어제 오늘의 문제가 아니라 오래전 과거 어느 시점부터 이어져 온 일련의 부정적 조건들의 결과라는 사실을 인식해야 한다. 따라서 중대한 삶의 변화가 없이는 자신의 미래

도 크게 다르지 않을 것이라는 결론에 도달하게 된다. 미국의 심리학자 로이 바우마이스터Roy F. Baumeister는 삶의 변화에 선행되는 이러한 인식의 과정을 '불만족의 결정화'crystallization of discontent라고 표현했다. 불만족스러운 삶을 둘러싼 파편화된 인식과 경험이 크리스털처럼 단단하고 투명하게 결정체로 구체화되는 과정을 의미한다. 이때 비로소 자신이 당면한 문제를 과거와 미래를 잇는 통시적 관점으로 바라볼 수 있게 되어 문제의 실체가 보다 명료해진다.

> **불만족의 결정화**
>
> 삶의 부정적 측면들은 서로 연결되어 전체적으로 바람직하지 못한 패턴을 형성하게 된다. 단순히 엉망인 하루가 아니라 한 해가 모조리 엉망인 것이다. 문제가 그저 개별적이고 예외적으로 생겨나는 것이라면 같은 문제가 반복될 것이라고 여겨지지 않는다. 그러나 이러한 문제들이 전반적으로 부정적인 패턴의 일부라는 사실을 깨닫게 되었을 때 앞으로의 삶도 불만스러운 방향으로 전개될 것이라고 예상할 수 있게 된다.[117]

자신의 과거에 대한 해석은 범죄자의 교화과정에서도 중요한 위치를 차지한다. 영국의 범죄학자 샤드 마루나Shadd Maruna는 재소자가 출소 후 성공적으로 사회에 복귀하여 정상적인 삶을 살아가기 위해서는 무엇보다 자신의 과거 모습을 충분히 납득할 수 있어야 한다고 말한다.[118] 간단히 말해 과거의 실패가 현재의 모습 그리고 미래의 성공을 위해 필요한 과정이었다고 해석할 수 있어야 한다. 마루나는 이러한 해석을 '구원 서사'redemptive narrative라고 불렀는데, 구체적으로 다음과 같은 내용을 담고 있다.

먼저 스스로의 내면에 선하고 정상적인 진정한 자아, 즉 '진짜 나'가 존재한다고 인식한다. 다음으로 과거에 자신이 저지른 범죄는 이러한 진정한 자아에 의한 것이 아니라 범죄행위로 자신을 이끈 특정한 부정적 상황과 조건 때문임을 깨닫고 내면 깊은 곳의 죄책감과 수치심으로부터 벗어난다. 그 다음 단계에서는 내 주변에 나의 잠재력과 진정한 가치를 알고 있으며 내게 도움을 줄 사람들이 있다는 걸 깨닫게 된다. 이제 비로소 자신의 불행했던 과거를 더 나은 현재와 미래로 나아가는 과정 중에 거쳐야만 했던 일종의 통과의례로 받아들인다. 스스로를 죄로부터 구원받은 자아, 속죄된 자아로 인식한다. 현재의 자아는 과거의 부정적인 자신과 미래의 긍정적인 자신을 잇는 가교라고 생각한다. 구원 서사의 마지막 단계에 이르면 관심의 대상이 자기 자신에게서 외부로 이동한다. 구원받은 자아는 타인을 위해 무언가 가치 있는 일을 하고 싶어 한다. 더 나은 세상을 위해 필요한 사람이 되고자 하는 욕구가 생겨난다.

영화 속 프레셔스가 써 내려가는 이야기가 바로 마루나가 말한 구원 서사이다. 프레셔스는 레인 선생님과의 만남, 참된 교육의 기회 그리고 새 생명의 탄생이라는 중요한 인생의 변곡점을 통해 자신의 내면에 감춰진 진정한 자아의 소중함과 가치를 깨닫는다. 그녀는 두 번이나 친부의 아이를 임신했던 과거를 더 이상 수치스러운 실패의 흔적만으로 생각하지 않는다. 자신이 주변 사람들에게 사랑받고 있고, 또한 사랑받을만한 가치 있는 존재라는 사실을 인식한다. 무엇보다 과거에 자신에게 벌어졌던 일들과 진정한 화해를 하게 되면서 그녀의 자아는 구원을 얻는다. 더 나아가 이제 자신의 자녀가 더 나은 환경에서 좋은 교육을 받을 수 있기를 바라는 새로운 소망을 품고 당당하게 세상을 향해 나아간다. 위대한 변화를 위한 첫발을 내디딘 것이다.

변하는 자, 머무는 자

어느 날 예수가 예루살렘Jerusalem에 있는 베데스다Bethesda 연못을 지나가게 되었다. 그 연못 주변에는 수많은 불치병 환자와 장애인이 누워있었다. 전설에 의하면 아주 가끔씩 하늘에서 천사가 연못에 내려오는데, 그때마다 물이 움직이고 제일 먼저 물속으로 들어가는 사람은 어떤 병도 나을 수 있다는 이야기가 있었다. 연못 주변의 사람들은 바로 그 순간을 기다리고 있는 것이다. 예수는 그곳에서 38년 동안이나 앓고 있는 어떤 병자에게 다가가 말을 건넨다.

"네가 낫고자 하느냐?"

그러자 병자가 말한다.

"주여, 물이 움직일 때에 나를 못에 넣어 주는 사람이 없어 내가 가는 동안에 다른 사람이 먼저 내려가나이다."

이에 예수가 명한다.

"일어나 걸어가라."

그러자 병자는 즉시 병이 나아서 걷기 시작했다.[119]

　신약성경의 복음서에 등장하는 이 이야기는 예수가 행한 수많은 치유사역 중 한 장면이다. 그런데 가만히 보면 예수와 병자 사이의 대화에 흥미로운 점이 있다. 연못가에 누워있는 사람은 모두 다 중증 환자로 혹시나 기적이라도 일어나서 병이 나을까 노심초사 기다리는 자들이다. 그런 사실을 뻔히 아는 예수가 무려 38년 동안 병을 앓고 있는 사람에게 병이 낫길 원하는지 묻고 있다. 물으나 마나 한 질문 아닌가? 그런데 더욱 신기한 점은 이런 뻔한 질문에 대한 병자의 반응이다. 그는 예수의 질문에 엉뚱한 소리를 한다. 병이 낫고 싶다고 말하는 대신 옆에 도와주는 사람이 없는 자신의 처지에 대해 하소연한다. 그렇다면 예수는 도대체 무슨 의도로 그런 질문을 했을까?
　예수는 그 병자가 치료에 대한 의지를 가지고 있는지 확인하려 한 것이다. 아니, 어쩌면 병자에게 그러한 의지가 없음을 미리 간파하고 치료에 대한 의지를 가지라는 의미였을지 모른다. 왜냐하면 성경은 예수가 그에게 묻기 전에 이미 그의 병이 벌써 오래된 줄 알고 있었다고 전하고 있기 때문이다.
　사실 예수가 주목한 건 육신의 질병이 아니다. 더 큰 문제는 내면의 병이었다. 진정 치유되어야 할 병은 지난 38년의 삶을 통해 내면에 남겨진 실패의 흔적이다. 오로지 병이 낫기만을 바라며 연못가에 누운 채 그 긴 세월을 기다리는 동안 그는 거듭된 실패와 좌절을 맛보았을 것이다. 어쩌다 한 번 오는 치료의 기회조차 허망하게 잃을 수밖에 없던 그에게는 희망도, 의지도 증발했다. 패배의식에 젖어 그저 지난 수십 년 동안 매일 해오던 것처럼 그는 그날도 습관대로 누워있을 수밖에 없었다. 정곡을 찌르는 예수의 질문에 그가 앓고 있는 마음의 병증이 그대로 드러났다. 그는 현재의 불행한 처지를 자신을 돕지 않는 다른 사람들의 탓으로 돌렸다. 실패의 기억과 흔적이 쌓인 곳에 패배주의자의 변명과 절망만이 존재한다. 예수는 바로 이걸 간파한 것이다.

화이트헤드가 말한 합생은 사람의 주체적 결단 없이는 결코 일어나지 않는다. 과거의 여건이 종합되기 위해서는 현재의 주체가 능동적인 힘을 발휘해야 하기 때문이다. 주체는 과거로부터의 영향력에 수동적으로 이끌려 다니는 대신 당당히 맞서야 하며, 과거의 여건을 자신의 관점에 따라 나름대로의 방식으로 받아들여야 한다. 화이트헤드는 주체적 결단에 의한 행위를 '주체적 지향'subjective aim이라고 부른다. 주체적 지향은 자기초월적 존재에게서 나타나는 특징이다.

과거의 여건을 각양각색의 종잇조각이라고 생각해보자. 도화지 위에 아무렇게나 널려있는 종잇조각들은 보는 눈만 혼란스럽게 할 뿐 어떤 의미도 주지 못한다. 하지만 모양과 색상에 따라 잘 배열하여 도화지에 붙이면 멋진 모자이크 그림이 탄생한다. 어떤 그림으로 표현될지는 전적으로 화가에게 달려 있다. 그렇기 때문에 같은 종잇조각들을 가지고 있더라도 화가가 지향하는 바에 따라 전혀 다른 그림이 탄생할 수 있다. 자기초월적 존재는 어지러이 널려 있는 종잇조각과 같은 과거의 파편들을 종합해서 새로운 무언가를 생성하려는 의지를 가진 자이다. 과거로부터의 정보에 의지해서 새로운 미래를 추구하는 존재라고 말할 수 있다.

범죄의 궤적으로부터 벗어나는 과정에도 주체의 의지적 결정이 중요한 역할을 한다. 범죄학자 샘슨과 롭은 초창기 이론에서 범죄자의 삶을 변화시키는 요인으로 단순히 결혼, 취직, 입대 등과 같은 인생의 변곡점을 제시했다. 이어 후속 연구에서는 인생의 변곡점이 행위 주체인 범죄자의 개인적 의지와 의도적 선택 행위에 달려 있다며 기존의 이론을 보완한다. 설령 변화에 필요한 상황과 기회가 주어지더라도 범죄자가 주체적 결단으로 변화를 선택하지 않으면 아무 소용이 없다는 걸 의미한다.[120]

영화 《트레인스포팅》의 주인공 렌턴은 의지적으로 변화를 선택한 자다. 마약에 찌든 삶을 청산하고 새로운 무언가를 찾아보라는 여자친구의 충고에 자극을 받아 부동산 중개업체에 취직을 한다. 하지만 어느 날 옛날 친구들이 그가 어렵게 마련한 새로운 삶의 터전을 침범해 온다. 그리고 그를 마약 밀매에 끌어들이려 한다. 친구들은 렌턴을 고집스레 붙들고 놔주지 않으려는 과거의 잔재다. 이에 대해 렌턴은 친구들을 배신하고 그들과 절연하는 방식으로 결연하게 맞선다.

프레셔스 역시 새롭게 변화된 인생을 선택한 인물이다. 프레셔스가 처음으로 대안학교를 찾은 날 레인 선생님은 복도에서 맥 빠진 모습으로 앉아 있는 그녀를 발견한다. 프레셔스에게 수업에 들어올지 묻자 그녀는 주저한다. 그러자 레인 선생님은 그녀에게 20초 후에는 교실 문을 닫는다는 말만 남기고 사라진다. 레인 선생님은 프레셔스에게 스스로의 의지로 교실 문턱을 넘으라고 촉구하고 있는 것이다. 베데스다 연못가에서 예수가 병자에게 병이 낫기를 원하는지 물어보는 장면이 떠오른다. 예수는 주체의 의지와 결단이 전제되지 않으면 교육을 통해 아무런 변화도 일어나지 않으리라는 사실을 이미 알고 있었다.

  그렇다면 변화를 향한 의지와 결단은 어떻게 생성되는 걸까? 로고테라피의 창시자이자 책 《죽음의 수용소에서》로 잘 알려진 빅터 프랭클Viktor E. Frankl은 미래에 대한 기대가 변화를 향한 원동력이라고 말한다. 그는 제2차 세계대전이 끝나갈 무렵 유대인이라는 이유로 온 가족이 아우슈비츠 강제수용소로 끌려갔다. 반년 만에 종전과 더불어 풀려났지만 여동생을 제외한 모든 가족이 죽임을 당했다. 프랭클 자신도 모든 것을 잃고 추위와 굶주림 속에서 날마다 죽음의 공포를 경험해야 했다. 절망 속에 빠져 지내던 어느 날, 문득 든 생각이 그의 삶의 태도를 바꿨다. 그날 프랭클은 아픈 발을 질질 끌고 추운 날씨 속에 작업장까지 걷고 있었다. 머릿속은 온통 자질구레한 문제들로 가득 차 있었다. 저녁 급식에는 뭐가 나올지, 끊어진 신발 끈을 어떻게 수선할지, 작업장에 차출되지 않을 방법은 없는지 등을 생각하고 있었다. 그러다가 문득 그런 하찮은 문제들만 골몰하는 게 싫어져서 엉뚱한 상상을 하게 되었다.

갑자기 나는 불이 환히 켜진 따뜻하고 쾌적한 강의실의 강단에 서 있었다. 내 앞에는 청중들이 푹신한 의자에 앉아서 내 강의를 경청하고 있었다. 나는 강제수용소에서의 심리상태에 대한 강의를 하고 있었던 것이다! 그 순간 나를 짓누르던 모든 것들이 객관적으로 변하고, 일정한 거리를 둔 과학적인 관점에서 그것을 보고 설명할 수 있게 되었다.[121]

프랭클은 실제로 수용소에서 겪은 경험을 엮어 책을 출판하였다. 그리고 당시 수용되어 있던 사람들의 상태와 심리를 관찰한 내용을 토대로 로고테라피logotherapy(의미치료)라는 새로운 심리치료 방법을 탄생시켰다. 로고테라피의 핵심은 정신질환 환자들에게 미래에 이루어야 할 과제와 그 중요성을 깨닫게 하는 데 있다. 미래에 대한 기대감을 불러일으켜 살아가야 할 의미를 회복하도록 하는 것이다. 프랭클의 책에서 인용하고 있는 니체의 말처럼 '왜 살아야 하는지 아는 사람은 그 어떤 상황도 견딜 수 있다.' 죽음의 문턱 앞에서도 프랭클이 절망을 딛고 앞으로 나아갈 수 있었던 이유는 장차 도래할 자신의 모습을 보았기 때문이다.

프랭클의 사례는 신학자 볼프하르트 판넨베르크Wolfhart Pannenberg의 '현재는 과거가 아닌 미래의 선취적 결과다'라는 말을 떠올리게 한다.[122] 보편적 시간 개념에 의하면 과거가 현재의 원인이고 현재는 미래의 원인이다. 그러나 판넨베르크는 그 반대라고 주장한다. 현재는 과거가 아니라 미래의 결과이며, 미래는 현재의 상태에 영향을 미친다고 말이다. 영화 《터미네이터》(2019)의 주인공들은 머지않아 지구가 핵전쟁으로 잿더미가 되며 기계가 지배하는 세상이 올 것이라는 걸 알고 있다. 미래에서 타임머신을 타고 온 저항군이 앞으로 일어날 일을 알려줬기 때문이다. 미래에서 온 사람들과 미래의 일을 알게 된 사람들에 의해 현재가 바뀌어 간다. 미래가 현재를 이끌어 간다.

> 현재는 저 미래로부터 분리하여 독립해 있는 것이 아니다. 오히려 미래가 현재에 대해서 명령하고 요구를 하며 (…) 이처럼 우리는 과거와 현재가 미래의 원인이라고 하는 관습적인 역설과는 반대로 현재를 미래의 결과로 보는 것이다.[123]

어떻게 하면 미래를 위해 현재를 변화시킬 능동적 에너지를 확보할 수 있을까? 어떻게 하면 과거의 사슬을 끊고 앞을 향해 나아갈 수 있을까? 일탈과 방황의 굴레에 갇혀 있는 비행청소년, 불법행위로 점철된 인생 궤적 위에 놓여 있는 범죄자가 미래에 대한 기대를 품도록 하는 방법은 무엇일까?

예전에 미국 매사추세츠 주에 있는 교도소에서 진행했던 재활 프로그램에 관한 이야기다. 수감자의 폭력성을 낮추기 위해 여러 전문가가 투입되어 정신 치료를 포함한 다양한 재활 프로그램을 진행했다. 시간이 흐른 후 출소자를 대상으로 재범을 예방하는데 어느 프로그램이 가장 효과적인지 조사했다. 그 중 100% 효과를 보인 프로그램은 바로 대학 학위과정이었다. 보스턴 대학교수들이 수감자를 상대로 25년 동안 대학과목을 가르쳤고 대략 2~3백 명이 학사 학위 이상을 취득했다. 그리고 학위를 받은 수감자 중 출소 후 재수감된 사례가 25년 동안 단 한 건도 없었다. 출소 후 3년 이내 재범률이 평균 65%라는 점을 감안하면 정말 놀라운 결과다.[124] 어떻게 이런 일이 가능했을까?

학위는 단순히 교과과정을 이수했다는 증명서 이상의 의미를 지니고 있기 때문일 것이다. 최고 수준의 대학으로부터 학위를 수여받는 순간 수감자는 미래에 대한 기대를 품게 되지 않았을까? 그와 동시에 범죄자라는 정체성을 벗어던지고 새로운 삶을 살고 싶은 의지가 생겨나지 않았을까?

소년법을 바라보는 불편한 시선

사춘기 청소년의 뇌가 충분히 발달하지 않았다는 사실이 알려진 것은 생각보다 그리 오래되지 않았다. 대략 20여 년 전까지만 해도 사람의 뇌는 아동기가 끝나고 사춘기에 접어들면서 완성된다고 여겨졌다. 그러다가 2000년대 이후 뇌과학 분야의 신경영상기술이 급격히 발전하면서 새로운 사실이 드러나기 시작했다. 사춘기 청소년의 뇌는 중요한 변화를 겪으며 거의 20세에 이르러서야 완성된다는 것이다.

이 시기 두뇌발달의 가장 두드러진 특징은 감정을 담당하는 영역이 이성을 담당하는 영역보다 훨씬 빠르게 발달한다는 점이다. 두려움, 슬픔과 같은 부정적 감정을 담당하는 편도체보다 의사 결정, 계획, 자기통제, 결과적 사고 등 인지적 사고를 담당하는 전두엽이 더디게 발달한다. 종종 사춘기 청소년이 무모하고 충동적으로 행동하는 이유가 바로 여기에 있다. 또한 보상에 대한 반응을 담당하는 두뇌영역이 매우 활발하게 활동하는 시기이기도 하다. 사춘기 청소년에게 감정적 또는 사회적 보상은 매우 중요한 의미를 갖는다. 그래서 사람들이 자신을 어떻게 바라보는지를 항상 신경 쓰게 되는데, 특별히 또래 평판에 대해 관심이 많다. 또 다른 특징으로 두뇌의 여러 다른 영역 간에 연결성이 강화되는 시기이다. 대뇌의 백색질이 증가하면서 뇌세포 사이에 주고받는 신호의 속도도 빨라지게 된다. 인간은 다른 사람에 대해 생각하거나 어떠한 결정을 내리기 위한 판단을 할 때 두뇌의 여러 영역이 기능적으로 연결되어야 한다.

그런데 이러한 두뇌 역량의 발달 정도는 사춘기 청소년이 처해 있는 외부 환경의 조건과 자극의 형태에 의해 결정된다. 그래서 부모, 교사 그리고 또래로부터 부정적인 자극에 많이 노출되면 정상적인 사고와 판단을 하는 데 어려움을 겪게 된다. 사춘기 청소년은 주변 환경으로부터 영향을 받으며 중대한 변화의 과정 속에 있다. 그래서 그들의 생각, 언어, 표정, 그리고 행동은 불완전할 수밖에 없다.

청소년이 저지른 흉악범죄가 터질 때면 소년법을 개정하거나 폐지하자는 목소리가 부쩍 힘을 얻는다. 청소년범죄와 관련된 뉴스 기사에는 어김없이 많은 댓글이 달리고 청와대 국민청원에도 단골 메뉴처럼 올라온다. 그러다 보니 형사미성년자의 연령을 낮추거나 촉법소년에 대한 보호처분 규정을 없애자는 주장이 계속해서 제기되고 있다. 소년법 폐지를 공약으로 내걸고 표심을 자극하는 정치인도 등장한다.

왜 우리나라는 범죄를 저지른 청소년을 형벌로 엄하게 처벌하지 않을까? 그 이유는 소년법의 제정 목적에 잘 나타나 있다. 소년법 제1조는 이 법의 목적이 '반사회성이 있는 소년의 환경 조정과 품행 교정을 위한 보호처분 등의 특별한 조치를 하고, 형사처분에 관한 특별조치를 함으로써 소년이 건전하게 성장하도록 돕는 것'이라고 말하고 있다. 한마디로 국가가 나서서 비뚤어진 청소년을 변화시켜 바르게 성장하도록 돕겠다는 것이다. 청소년을 처벌의 대상이 아니라 교화의 대상으로 바라보는 관점을 취하고 있다. 범죄를 저지른 청소년에게 국가가 엄한 법 집행자가 아니라 부모나 교사처럼 행동하려는 것이다. 바로 변화 가능성에 대한 희망 때문이다. 앞서 설명했듯이 사춘기 청소년의 두뇌발달은 여전히 진행형이다. 그들의 말과 표정이, 그들의 범죄행위가 겉보기엔 성인의 것처럼 보일지라도 여전히 미성숙하고 불완전한 뇌의 지배를 받고 있을 뿐이다. 그래서 성인이 될 때까지 조금 더 기다려 주는 것이다.

> **'촉법소년'의 한계**
>
> 우리나라 소년법은 19세 미만인 사람이 범죄를 저지른 경우 사안에 따라 형벌 대신 보호처분을 받을 수 있도록 규정하고 있다. 특히 촉

> 법소년이라고 부르는 10세 이상 14세 미만의 미성년자는 보호처분만 가능하다. 이들은 형사미성년자로서 형사 책임 능력이 인정되지 않아 형벌을 부과할 수 없기 때문이다. 아무리 심각한 범죄를 저질러도 촉법소년에게 부과할 수 있는 가장 중한 처분은 소년원에서의 2년 구금이다.

청소년기는 주변 환경의 영향에 민감하게 반응하는 시기다. 청소년의 두뇌는 외부 환경의 자극에 따라 구조와 기능이 변한다. 학대하거나 방임하는 부모에게서 길러진 아이가 청소년기에 문제를 일으킬 위험성이 월등히 높은 건 잘 알려진 사실이다. 부정적 영향을 최소화하고 긍정적인 자극을 제공하여 청소년 성장발달에 변화가 나타나기를 기대하는 마음이 바로 보호처분 속에 담겨 있다.

호통판사로 잘 알려진 천종호 판사는 가정법원에서 만난 비행청소년들에 대해 다음과 같이 이야기하고 있다.

> 비행소년들은 마음 둘 곳도 편히 쉴 곳도 없는 아이들이 대부분입니다. 잘못을 저지른 아이들이지만 마음의 상처를 달래고 몸과 마음을 누일 작은 자리만 있어도 아이들은 분명 달라질 수 있습니다. 그러나 불행히도 우리 사회의 비행소년들이 처한 환경은 상상할 수 없을 만큼 나쁩니다. 아픈데 치료를 받지 못해 차라리 소년원에 보내 달라고 요청하는 아이가 있는가

하면, 배가 고파서 슈퍼에서 과자를 훔치다 법정에 서는 아이도 많습니다.[125]

오늘날 소년법을 바라보는 어른들의 시선은 편하지 않다. 청소년이 저지른 끔찍한 범죄를 생각하면 엄벌에 처해야 마땅한데, 다른 한편으로는 그들이 아직까지 미성숙한 존재라는 사실을 외면할 수도 없기 때문이다. 결국 모든 것은 그들을 향한 변화 가능성에 희망을 걸 것인가, 아니면 거두어들일 것인가의 문제가 아닐까? 과연 우리 사회가 소년법의 취지처럼 범죄소년을 새롭게 거듭날 수 있는 주체로 바라봐 줄 수 있을 것인가?

소년법의 미래가 여기에 달려 있다.

9. 공공의 적이 사라지지 않는 이유

유전자 | 젠더 | 존재론적 불안
혐오 | 범죄자의 탄생 | 자본주의
범죄의 의미 변화 **권력**

미국 국민 1천 명 중 7명은 교도소에 수감되어 있다. 미국의 범죄자 수감률은 세계 모든 국가 중 1위이다. 미국의 인구는 전 세계의 5%에 불과하지만 전 세계 범죄자 4명 중 1명은 미국 교도소에 수감되어 있는 셈이다. 미국의 범죄자 수감률은 OECD 평균보다 7배 높고 수감률 2위인 칠레보다 3배 높다. 왜 이렇게 큰 차이를 보이는 것일까? 미국의 높은 범죄율 때문일까? 미국은 범죄율이 높은 편이기는 하지만 세계 최고 수준은 아니다. 살인율의 경우 중남미 국가에 비해 10분의 1 수준이며 OECD 국가만을 고려해도 브라질, 멕시코, 남아공, 러시아보다 월등히 낮다. 따라서 독보적으로 높은 미국의 교도소 수감률은 범죄율만으로는 설명되지 않는다. 어쩌다가 미국은 세계 1등 교도소 수감 국가가 된 걸까?

다큐멘터리 영화 《미국 수정헌법 제13조》 (2016)는 미국이 처한 교도소 수감 과잉의 원인을 추적하고 있다. 1972년에는 불과 30만 명에 불과하던 수감자가 현재 230만 명에 이른다. 영화는 급격한 수감자 증가의 주범으로 1970년대 닉슨 정부가 시작된 이래로 지금까지 진행 중인 '마약과의 전쟁'을 지목한다.

그렇다면 미국에서 약 50년 동안 진행되고 있는 '마약과의 전쟁' 속 마약 중독 실태는 어떨까? 미국 보건복지부에서 실시한 설문조사에 따르면 2016년 헤로인 또는 마약성 진통제를 오남용한 미국인은 1,180만 명에 달한다.[126] 2017년 한 해 동안 미국에서 마약 중독으로 사망한 사람은 7만 명이 넘었고 사망자 숫자는 계속적인 증가 추세에 있다. 지금 이 순간에도 미국에서는 25초마다 한 명씩 마약 소지 혐의로 체포되고 있다. 미국 교도소 수감자 230만 명 중 20%는 마약사범이다. 2020년 미국에서 마약을 소지하거나 거래한 혐의로 체포된 사람만 115만 명이다.

미국 정부가 마약과의 전쟁에 쏟아 부은 돈은 자그마치 약 1조 달러(약 1천 200조 원)에 이른다. 2021년 대한민국 정부 한 해 예산의 두 배가 넘는 규모다. 현재도 미국 연방정부는 마약사범의 교도소 수용에 '매일' 920만 달러(약 100억 원)를 쓰고 있다. 한 해에 연방정부와 주 정부가 마약사범 수감에 투입하는 예산의 규모는 무려 13억 달러(약 1조 5천억 원)에 달한다.

그래서 미국의 마약 문제는 얼마나 해결되었을까? 미국 사법 당국이 저소득층 흑인과 히스패닉 주거지역에서 마약과 전쟁을 벌이면서 천문학적인 예산을 쏟아 붓고 있는 사이 다른 곳에서는 마약성 진통제가 미국인, 특히 10대 청소년 사이에 빠르게 퍼져 가고 있다.

> **엄벌주의와 대중**
>
> 엄벌주의는 대중이 느끼는 범죄에 대한 공포심과 적대감으로 정당화된다. 디지털 성범죄는 지난 몇 년간 우리 사회에서 가장 높은 대중적 관심을 불러일으킨 사회 문제 중 하나다. 소라넷, 버닝썬, 다크웹 사건과 특히 최근의 텔레그램 n번방, 박사방 사건은 대중이 디지털 성범죄의 심각성을 깨닫는 계기가 되었다. 특히 이러한 사건이 사이버상에서 수많은 미성년자가 성적으로 착취당하고 있는 현실을 드러내면서 커다란 사회적 파장과 공분을 불러일으켰다. 대중의 분노와 두려움은 엄벌주의에 불을 붙였고 국회와 정부는 즉각 법률 개정으로 화답했다. 법정형을 상향하고 양형기준을 강화하여 범죄자가 더 무겁게 처벌받도록 하였다. 성 착취물을 단순히 소지하거나 시청하는 행위도 처벌할 수 있도록 법이 개정되었다. 이제 경찰관은 사이버상에서 자신의 신분을 감추고 범죄자에게 접근할 수도 있으며 수사 목적을 위해 미성년자로 위장할 수도 있게 되었다.

지난 수십 년 동안 진행해온 마약과의 전쟁은 실패했다. 마약 중독을 예방하지도, 마약 공급을 차단하지도, 마약 수요를 낮추지도 못했다. 다만 마약과의 전쟁이 거둔 확실한 성과(?)는 교도소 수감자 수를 엄청나게 늘렸다는 점이다. 거의 유일한 전리품이나 다름없다.

전쟁이 수행되는 과정에 지켜져야 할 전략적 대원칙은 '엄벌주의'다. 공공의 적으로 지목된 자에게 관용의 여지란 없으며 그들의 행위는 엄벌로 다스려져야 한다. 처벌 근거가 없다면 새로운 법이나 규정을 만들고 낮은 법정형은 법 개정을 통해 높이고 검사는 법정 최고형을 구형하며 판사는 이를 선고함으로써 호응한다. 집행유예보다는 실형이, 가석방보다는 만기 출소가 선호된다. 강력한 단속과 법 집행을 위해 더 많은 경찰관과 교정공무원을 뽑는다. 당연히 전쟁을 수행하는 데 소요되는 예산도 늘려야 한다.

범죄와의 전쟁은 마치 엄벌주의라는 탱크에 범죄의 공포라는 연료를 주입하고 수행되는 것이 아닐까. 전쟁의 대의명분은 사회악의 척결이며 궁극적 목적은 범죄로부터 안전한 삶이다. 그런데 미국의 사례가 보여주듯이 전쟁은 마약 문제를 해결하지도, 더 안전한 사회를 만들지도 못했다.

천문학적 수준의 예산을 투입한 결과, 미국 정부는 교도소마다 넘쳐나는 수감자로 인해 과밀 수용과 예산 부족의 문제에 시달리고 있다. 형기를 마치고 출소한 사람의 상당수는 전과자라는 낙인, 사회적 관계의 단절, 경제적 곤궁으로 인해 사회 복귀에 실패한 채 재범을 저지르고 교도소로 돌아간다. 그동안의 경험을 통해, 그리고 범죄학자들이 수행한 여러 연구를 통해 엄벌주의로는 범죄 문제를 해결하지 못한다는 사실이 이미 알려져 있다. 그런데도 왜 우리는 엄벌주의를 포기하지 못하며 왜 정부는 실패가 예견된 전쟁을 지속하고 있는 걸까? 이렇게 실패한 전쟁이 혹시 누군가에게는 이익을 가져다주는 건 아닐까?

법과 원칙의 그림자

2005년 프랑스 파리 교외의 한 이민자 거주지에서 시작된 소요사태는 파리 주변 22개 소도시와 파리 중심가, 그리고 지방까지 들불처럼 확산되었다. 불과 3주 동안의 소요사태로 9천여 대의 차량이 불타고 3천여 명이 체포됐으며, 1백 명 이상의 경찰관이 부상을 당했다. 당시 시라크 정부는 3개월 동안 비상사태를 선포하여 대응했다. 사건의 발단은 두 청소년의 죽음이었다. 경찰의 검문을 피해서 달아나던 아프리카계 10대 청소년들이 변전소에 숨어들었다가 감전사하는 사고가 발생했다. 그러나 이 사고가 대규모 소요사태를 촉발시킨 배경에는 외국계 이민자에 대한 프랑스 정부의 강경일변도 치안정책이 자리 잡고 있다.

프랑스어로 '교외' 또는 '변두리'라는 의미의 '방리유'banlieue는 외국계 이민자들의 집단거주지를 지칭한다. 제2차 세계대전 이후 산업화가 급속도로 진행되던 중 노동력이 부족하게 되자 프랑스 정부는 북아프리카와 아랍지역에서 외국인 노동인력을 대거 수입했다. 그러나 1970년대 발생한 오일 파동은 수많은 공장의 부도와 대량 실업사태로 이어졌다. 이때부터 방리유는 실직한 외국 이민자가 모여 사는 빈민지대로 전락하고 말았다. 주거환경은 갈수록 낙후되고 범죄와 무질서의 온상이라는 낙인이 붙었다. 이들은 노동시장에서 방리유 출신이라는 이유로 부당한 차별을 당해야만 했고 높은 실업률은 이 지역의 가장 고질적인 문제 중 하나가 되었다. 교육제도에 적응하지 못한 청소년의 이탈도 가속화되었다. 프랑스에서 태어난 이민자 2세는 스스로를 프랑스인으로 여기지만 프랑스 주류 사회는 이들을 받아들이려 하지 않았다.

이민정책 및 경제정책의 실패에서 비롯된 방리유의 게토화와 이민자의 주변화를 프랑스 정부는 법질서 확립 차원에서 접근했다. 1990년대부터 정부는 치안 불안, 도시 폭력과 같은 단어를 사용하기 시작했고, 방리유를 우범지역으로, 이민자들을 '위험계급'으로 분류하였다. 마치 리트머스 시험지에 액체가 스며들듯 불안과 공포가 파리지엔느의 마음속에 퍼져갔다. 그러자 우파 정치인들은 앞다투어 치안 문제를 정치 아젠다로 채택하였다. 당시 내무부장관이었던 니콜라 사르코지Nicolas Sarkozy는 방리유 문제에 대한 강경발언을 쏟아냈고 경찰은 공격적인 법 집행으로 집권당의 치안정책에 보조를 맞추었다. 도시 폭력에 대한 집단적 공포에 사로잡힌 대중은 정부의 '똘레랑스 제로'(무관용) 정책을 지지하며 힘을 실어주었다.[127]

법 집행을 강화하면 범죄율이 줄어들 것 같지만 실제로는 그 반대인 경우가 많다. 경찰이 단속을 강화하면 더 많은 법 위반행위가 적발되고 결과적으로 발생 건수가 높아져 범죄율도 상승한다. 우범지역인 방리유에 경찰력이 집중되고 공격적으로 법을 집행하자 범죄율이 덩달아 높아졌다. 이민자에 대한 경찰의 차별적이고 억압적인 태도는 방리유 청년들의 거센 반발을 불러일으켰다.

영화《증오》(1995)는 당시 방리유 지역 이민자 청년들과 경찰 사이의 대립과 갈등을 잘 보여준다. 방리유에 배치된 경찰관들은 그곳 청년들에게 거침없이 폭력을 행사한다. 조그만 소란이라도 일어나면 어김없이 경찰이 나타나 법 집행의 명목으로 폭력과 폭언을 일삼는다. 방리유 청년들은 경찰에 대해 노골적인 적대감을 드러내고 급기야 화염병으로 경찰차에 불을 지르기도 한다. 높아진 범죄율과 청년들의 저항은 프랑스 정부가 더욱 강경하게 대응할 빌미를 제공한다. 강경대응이 문제를 악화시키고 악화된 상황은 거꾸로 강경대응을 정당화하는 악순환이 반복된다. 모든 문제의 본질은 노동시장에서의 차별, 높은 실업률, 사회적·문화적 고립이었지만 정부는 범죄와 무질서 그리고 치안의 문제로 규정했다. 경제정책과 이민정책의 실패에서 비롯된 문제를 법과 원칙을 앞세운 엄벌주의 치안정책으로 해결하려 한 것이다.

국가는 법률에 근거해서 공권력을 행사한다. 범죄사건을 수사하고 범죄자를 처벌할 때에도 항상 법과 원칙을 전면에 내세운다. 법치주의 사회에서 모든 사람은 법 앞에 평등하고 그래서 법과 원칙의 이름하에 행해지는 법 집행은 공정하며 정의롭다고 여겨진다. 이러한 관점에는 법률이 사회 구성원들의 합의를 통해 공공선을 추구하도록 만들어졌다는 가정이 전제되어 있다. 그렇기 때문에 국가가 행사하는 공권력도 특정 세력이 아닌 사회 구성원 전체의 일반의지를 반영한다고 간주된다.

이에 반해 일반의지니 공공선이니 하는 것이 순진한 유토피아적 관념에 불과하다는 관점도 존재한다. 갈등적 관점에 의하면 법률은 상호 대립하는 집단 사이 힘겨루기의 결과물일 뿐이다. 따라서 법률은 힘센 지배 집단의 이익과 가치를 반영한다. 강한 자들은 자신들의 기득권을 지키기 위해서 법률을 만들고 집행한다. 모든 사회는 최상위층에서부터 최하위층까지 계층화되어 있

다. 국가는 계층을 구분하는 칸막이를 잘 지켜 불평등한 사회구
조를 유지하는 역할을 하며 법률은 이러한 역할을 수행하는 데
필요한 중요 수단일 뿐이다.

> **공권력이라는 이름의 폭력**
>
> 러시아의 문호 레프 니콜라예비치 톨스토이(Lev Nikolayevich Tolstoy)
> 는 국가의 본질이 폭력이라고 주장한다. 입법권을 장악한 권력자들
> 이 자신들의 의사를 구체화한 법을 폭력을 통해 다른 사람들에게
> 강요하기 때문이다. 사회는 부를 독점하려는 소수의 욕심쟁이들과
> 이들로부터 핍박을 받는 다수의 민중으로 구성된다. 그런데 국가는
> 소수의 강자의 편에 서서 그들의 이익을 대변하는 역할을 한다. 강
> 자가 약자에게 자행하는 착취와 약탈을 정당화하기 위해 공권력이
> 라는 이름으로 폭력을 동원하는 존재가 바로 국가다. 그래서 불평
> 등과 부조리가 있는 곳에는 국가 폭력이 필요하다는 것이다.
>
>> 어떤 사람이 필요에 따라 스스로 생산한 물건은 관습이나 여
>> 론, 정의심과 상호 합의에 의해 보호된다. 폭력으로 보호할 필
>> 요가 없다. 수만 에이커의 삼림지를 한 명의 지주가 소유하고
>> 있고, 근처에 사는 수천 명의 사람에게 땔감이 없다면, 삼림지
>> 를 보호하는 데는 폭력이 필요하다. 수 세대의 노동자들이 착
>> 취를 당했으며 현재도 여전히 착취를 당하고 있는 공장과 작업
>> 장 역시 마찬가지다.[128] - 톨스토이

서로 다른 계급 간에 이해관계로 인한 충돌이 발생할 때 법은
중립적인 중재자의 스탠스를 취하지 않는다. 법은 지배계급의 편

에 서서 그들의 이익을 대변한다. 플라톤의 《국가》에 등장하는 소피스트 트라시마코스Thrasymachus의 말처럼 '정의는 강자의 이익'이다. 미국 사회학자 도널드 블랙Donald Black은 법이 고정값을 갖는 상수constant가 아니라 조건에 따라 값이 변하는 변수variable라고 말한다.[129] 개인의 사회경제적 지위에 따라 동원할 수 있는 법의 규모가 결정된다. 막강한 변호인단을 거느린 재벌총수와 국선변호인에게 의존해야 하는 소시민의 차이라고 할 수 있다. 또한 개인에게 적용되는 법의 규모는 이해당사자들의 상대적 지위에 따라 결정된다. 사회적 지위가 높은 계층의 이익을 침해하는 행위는 보다 엄하게 다루어진다. 더욱이 이해당사자 사이의 계층적 거리가 크면 클수록 상위계층이 하위계층에 대해 동원하는 법의 규모가 증가한다.

영화 《카트》(2014)에서 대형 마트의 계약직 직원들은 하루아침에 부당해고를 당한다. 열심히 일하기만 하면 정규직 사원으로 전환시켜주겠다는 회사 측 약속만 믿고 온갖 부당한 요구와 형편없는 근무환경도 묵묵히 견뎌온 터였다. 부당하고 일방적인 계약 해지에 맞서 직원들은 노동조합을 결성하고 파업에 들어간다. 그러나 계약직 직원과 회사 간의 대립은 마치 성경 속 다윗과 골리앗의 대결을 보는 듯하다. 회사는 파업을 불법 점거와 업무방해로 규정한 뒤 유능한 변호사로 구성된 법무팀을 가동해 노조를 압박한다. 동시에 파업 주동자에게는 엄청난 규모의 손해배상 청구소송을 진행한다. 경찰도 시위대의 편은 아니다. 마트에서 농성하는 직원들을 업무방해죄 현행범으로 체포하고 맨몸으로 저항하는 이들에게 물대포로 응수한다. 파업 투쟁이 길어지자 급기야 회사는 용역 깡패를 동원해 농성 천막을 부수고 폭력을 행사하지만 이에 대해서 법은 침묵할 뿐이다.

사법부는 얼마나 공정할까? 모든 국민은 법 앞에 평등하다는 헌법의 정신이 재판과정에 지켜지고 있을까? 과거 노회찬 의원은 횡령사건 판결문 461건을 분석한 후 그 결과를 언론에 공개했다. 소규모 자영업체 종업원 34명의 평균 횡령액이 636만 원이고 기업체 최고경영자 83명의 평균 횡령액은 46억 원이었다. 그런데 실형을 선고받은 사람의 비율은 종업원이 더 많았고, 반대로 징역형을 선고받은 후 집행유예로 풀려나는 비율은 최고경영자가 훨씬 높은 것으로 나타났다.[130]

재벌에게 관대한 법원의 판결은 이른바 '3.5법칙'으로 잘 알려져 있다. 그동안 우리나라 대표 재벌기업의 총수들은 피해액이 적게는 수백억 원에서 많게는 수천억 원에 이르는 범죄를 저지르고도 한결같이 징역 3년에 집행유예 5년을 선고받았다. 횡령·배임죄의 집행유예 선고율이 평균 32% 정도인데 반해 기업범죄 사건은 62%, 재벌만 고려하면 72%에 이른다.[131] 1980년대에 돈과 권력에 의해 처벌이 좌우되던 부패한 사법부를 향해 '유전무죄 무전유죄'라며 분노를 터뜨렸던 탈주범 지강헌의 지적은 비단 과거의 문제만이 아니다.

비판 범죄학은 범죄 현상에 대한 우리의 보편적인 앎 자체에 도전장을 던진다. 무엇보다 이데올로기, 프로파간다, 대중문화와 같은 외부 영향에 쉽게 조작될 수 있는 인간 인식의 한계를 지적

한다. 내가 알고 있는 것은 도대체 어디까지 진실인가? 내가 믿고 있는 것은 내가 실제로 믿고 있는 걸까, 아니면 누군가가 나로 하여금 믿기 원하는 걸 믿고 있는 걸까?

영화《내부자들》(2015)의 두 주인공은 본질적으로 대척점에 서 있는 인물들이다. 안상구(이병헌)는 온갖 범죄를 저지르며 주먹 하나로 잔뼈가 굵은 전형적인 뒷골목 깡패이고 우장훈(조승우)은 과거엔 경찰관으로서, 현재는 검사로서 범죄자를 붙잡아 법의 심판대에 세우는 게 본업인 공무원이다. 그런데 어느 순간부터 이들은 동업 관계를 맺고 한 팀을 이룬다. 처음엔 각자 목적을 이루기 위해 서로가 필요해서 뭉쳤을 뿐이었다. 안상구가 원했던 것은 오로지 자신의 손목을 자른 오 회장(김홍파)에 대한 복수였다. 우 검사도 겉으로는 정의를 내세우지만 실제로 그를 이끄는 힘은 출세욕이었다. 빽도 족보도 없는 지방대 출신이 출세하기 위해서는 큰 거 한 방이 필요했던 것이다. 동상이몽으로 시작된 동업 관계는 안상구가 기자회견을 열어 불법 비자금과 정치 자금에 대해 폭로한 뒤 새로운 국면에 접어든다. 쉽게 끝날 줄 알았던 싸움이 적군으로부터 의외의 반격을 당하고 전세가 역전된다. 시간이 갈수록 우장훈과 안상구는 자신들이 싸우고 있는 거대 세력의 힘을 온몸으로 느낀다. 재벌, 정치, 언론은 철저한 공생 관계를 맺고 기득권을 지키기 위해 살인도 마다하지 않는다. 한국 사회를 망가뜨려온 '거대한 악의 축'의 실체가 점점 드러나고 누가 진짜 공공의 적인지 분명해진다. 아군과 적군의 구분이 명확해지면서 우장훈과 안상구는 복수심이나 출세욕과 같은 사적인 목적을 초월하여 '거악 척결'이라는 새로운 깃발 아래에서 다시금 전열을 가다듬는다.

영화 《내부자들》의 조국일보 논설주간 이강희(백윤식)는 '말이 권력이고 힘'이라는 사실을 철저히 신봉한다. 그에게 대중은 개나 돼지에 불과하다. 비판적 사고가 결여된 채 그저 먹고사는 문제에만 골몰하는 일차원적 존재들이다. 그래서 언론은 말과 글의 힘으로 얼마든지 여론을 자신들에게 유리한 쪽으로 조종할 수 있다고 믿는다. 비자금과 불법 정치자금 폭로 때문에 자신들을 향해 비난 여론이 형성되지만 반박 보도를 통해 여론의 칼날을 오히려 고발자에게로 돌리는 데 성공한다.

범죄 현상에 대한 우리의 인식은 대부분 정부가 제공하는 정보와 대중매체의 보도로 형성된다. 이를 바탕으로 우리는 어떤 행위가 심각한 범죄에 해당되며 어떤 부류의 사람이 위험한 범죄자인지 알고 있다고 생각한다. 그런데 이렇게 보편화된 지식은 과연 얼마나 정확한 걸까? 사실 이러한 팩트 체크보다 근본적인 질문은 따로 있다. 범죄 현상에 관해 우리가 알고 있다고 믿는 사실들은 어디에서 유래한 걸까? 혹시 우리의 믿음 뒤에 누군가의 의도가 감추어져 있는 건 아닐까?

미셸 푸코Michel Foucault는 바로 이러한 질문에 대한 해답을 제시한 철학자다. 그는 현대 사회 속에서 은밀하게 작동하면서 사람들의 의식과 행동을 교묘하게 지배하는 메커니즘을 고발한다. 우리의 삶을 통제하고 지배하는 권력은 일종의 관계망으로서 마치 모세혈관처럼 사회 전체에 촘촘하게 퍼져서 개인의 생각, 행위, 태도

속에 스며들어 있다.

규율 중심적 권력은 완전히 공개적인 것이 될 수도 있고, 동시에 은밀한 것일 수도 있다. 공개적인 것이 될 수 있는 이유는 권력이 도처에서 항상 경계하면서 원칙적으로 어떠한 애매한 부분도 남겨 놓지 않으며 통제의 책임을 맡고 있는 사람들조차 끊임없이 통제하기 때문이다. 동시에 권력이 완전히 '은밀해지는 것은' 그것이 언제나 그리고 대부분의 경우, 은밀하게 기능하기 때문이다.[132]

이러한 유형의 권력은 과거 권위주의 정부가 휘두르던 노골적인 권력보다 사람들을 통제하는 데 더 효과적이다. 명시적으로 드러나는 권력 행사의 주체가 없기 때문에 사람들은 자신이 어떤 외부의 힘에 의해 지배당하고 있다는 걸 자각하지 못한다. 권력이 사람들의 몸속으로 스며들어 마치 자신의 의지에 따라 생각하고 행동하는 것으로 착각하게 만든다. 외부의 강압적인 명령 없이도 내면에 장착된 자기통제 기제에 따라 스스로를 규율한다.

푸코가 말하는 권력은 일종의 체화된 권력이라는 점에서 프랑스 사회학자 피에르 부르디외Pierre Bourdieu가 말하는 '아비투스'와 유사하다. 아비투스는 사회의 계급구조가 내재화된 육체다. 지배계급의 권력은 불평등한 사회질서를 자연스러운 것으로 받아들이는 다른 계급의 승인에서 비롯된다. 습관처럼 몸에 배어버린 사회질서는 무의식적으로 행동을 통해 반복적으로 발현되고 이런 방식으로 지배-피지배 관계는 재생산을 거듭한다. 이러한 행동은 일상생활 속에 너무 자연스럽게 이루어지기 때문에 사람들은 마치 개인의 의도와 의지의 산물인 것으로 오인한다.[133]

그런데 푸코는 권력이 지식을 배경으로 작용하기 때문에 보다 세련된 방식으로 개인을 통제할 수 있다고 보았다. 권력은 지식을 통해 작용한다. 어떤 의미에서 지식 자체가 권력이기도 하다. 푸코는 둘 사이의 떼려야 뗄 수 없는 관계를 '권력-지식'이라는 용어로 표현한다. 지식은 대상을 설명하는 말 또는 담론으로 구성된다. 대상을 원하는 방식으로 통제하기 위해서는 대상에 대한 지식이 만들어지고, 축적되고, 널리 유포되어야 한다. 지식이 마치 '진리'인 것처럼 인식되면 강압적 물리력에 의존하지 않고도 대상을 손쉽게 통제할 수 있게 된다.

> 오히려 우리가 인정해야 할 것은 권력은 어떠한 지식을 창출한다는 점이며, 권력과 지식은 상호 직접 관여한다는 점이고, 또한 어떤 지식의 영역과의 상관관계가 조성되지 않으며 권력적 관계는 존재하지 않으며, 동시에 권력적 관계를 상정하거나 구성하지 않는 지식은 존재하지 않는다는 점이다.[134]

푸코에게 보다 중요한 문제는 지식의 내용 자체보다는 누가 어떤 의도로 지식을 생산하는가에 있었다. 이러한 점에서 18세기와 19세기 유럽에서 발전했던 '인간과학' science of man 은 인간 신체에 대한 통제력을 높여 잘 길들여진 몸을 만들기 위한 '권력-지식'이었다. 대표적인 사례로 근대 교도소 내의 규율과 감시를 들 수 있다. 중세의 과도하고 비합리적인 신체형 중심의 형벌을 대체한 근대 교도소는 단순히 범죄자의 자유를 박탈하는 데 머무르지 않았다. 교도소 중앙부의 탑 꼭대기에서는 감시의 눈이 재소자들의 일거수일투족을 감시했다. 당시 전문가들은 재소자들의 행동을 관찰하여 개인의 범죄성을 개선하고 행동 변화를 이끌어내기 위한 방법을 고안해냈다. 그 결과 재소자는 규율을 최적화하기 위해 조직된 시간과 공간의 좌표 위에 배치되었다. 촘촘하게 짜진 일과표 위에 재소자들의 24시간과 활동공간이 세밀하게 분할되었다. 지속적인 규율과 감시 속에서 재소자는 점차 스스로의 행동을 통제하도록 훈련되어졌다. 끝내 재소자는 지배 세력의 의도대로 권력 관계를 내면화하고 스스로를 권력에 예속시킨 것이다.

18세기에 범죄학criminology이란 지식체계가 탄생하고 발전하게 된 계기도 상당 부분 교도소 덕분이라고 말할 수 있다. 근대적 형태의 교도소가 탄생하기 전에는 주된 관심이 범죄를 저지른 행위자가 아닌 법 위반행위 자체에 있었다. 그런데 교도소에 범죄를 저지른 사람들이 고립되면서 사람들의 관심이 행위자에게로 옮겨갔다. 그러면서 범죄는 일반인의 위법행위라기보다 특별한 사람들에 의한 행위로 인식되었다. 초기 범죄학자들의 주된 관심이 재소자들과 교도소 밖 '정상인'의 차이점을 규명하는 데 있었던 것은 바로 이 때문이다.

근대 범죄학의 선구자인 롬브로소의 연구가 처음 시작된 곳도 다름 아닌 교도소였다. 롬브로소와 그의 제자들은 교도소 안에 갇혀 있는 사람 사이의 공통적인 특징을 밝혀 범죄의 원인을 규명하려 했다. 그들의 눈에 재소자는 세상 사람과 구별되는 특징을 가진 특별한 부류의 인간이었다. 그래서 이 특별한 인간을 '범죄인'criminal man이라고 부르기 시작했다.

그래서 푸코는 교도소가 범죄자를 발견한 것이 아니라 범죄자라는 존재를 창조한 것에 가깝다고 했다. 과거에는 단순히 일반적 의미의 '법 위반자'에 불과했으나 교도소에 격리되면서 정상인과 구별되는 특징을 지닌 '범죄인'이 탄생한 셈이다. 권력체제는 교정시스템으로 개인의 신체를 외부와 격리시키고 학자들은 격리된 자들을 집중적으로 연구하여 지식을 생산했다. 그래서 범죄학도 '권력-지식' 복합체의 산물이라고 말할 수 있다.

권력으로서의 지식은 심각한 범죄의 의미에 대한 사람들의 인식 속에서 쉽게 발견된다. 범죄학자 스티븐 박스Steven Box는 우리가 알고 있는 심각한 범죄는 모두 '이데올로기적 신화'에 불과하다고 단언한다.[135] 주로 하층계급이 저지르는 범죄를 심각하다고 여기지만 진짜로 심각한 범죄는 사회 특권층과 부유층에 의해서 저질러진다고 말한다.

우리나라에서 한 해에 대략 5백여 명의 사람이 타인의 폭력에 의해 살해당하고 있다. 그런데 이보다 4배 많은 2천여 명의 근로자가 매해 산업재해로 사망하고 있다. 2020년 사회적참사 특별조사위원회는 가습기살균제로 인한 사망자의 수를 대략 1만 4천 명으로 추산했다. 대기업들이 제조하고 유통시킨 독성 물질은 그 어떤 연쇄살인범보다 무고한 생명을 훨씬 더 많이 앗아갔다.

1997년 IMF 외환위기는 정부의 외환관리정책 실패, 정경유착, 금융기관의 부실경영 등이 초래한 사건이었다. 그 결과 실업자가 폭증하고 생활고를 이기지 못한 수많은 사람이 노숙자가 되거나 스스로 생을 마감했다. 2008년 미국 월가에서 시작된 금융위기는 전 세계적으로 대규모 구조조정을 초래하고 실업률을 급등시키며 경제침체를 초래했다. 세계적인 투자은행들의 탐욕과 금융당국의 부실한 관리, 신용평가회사의 도덕적 해이가 합작한 금융참사였지만 그로 인한 피해와 고통은 고스란히 일반 국민이 떠안아야 했다.

영화 《내부자들》의 권력 카르텔이 저지르는 온갖 권한 남용, 뇌물, 여론조작, 정경유착, 사법방해 행위는 국가 전체에 해악을 끼치는 이루 말할 수 없이 심각한 범죄다. 그런데도 사회 최고위층의 범죄가 얼마나 심각한지에 대해서는 잘 알려져 있지 않다. 일단 이들의 범죄행위 자체가 베일에 가려져서 일반인의 눈에 잘 보이지 않는다. 혹여 범죄행위 중 일부가 겉으로 드러난다고 해도 힘 있는 자들에게 응분의 처벌을 부과하기란 쉬운 일이 아니다. 박스는 정치인과 사법부가 우리 사회의 진정한 범죄자의 비호세력이라고 비판한다. 정치인은 입법과정에서 자신을 포함한 최상위층의 범죄행위가 중대한 범죄로 다루어지는 것을 용인하지 않는다. 사법부는 재판이 힘 있는 자에게 유리하게 편파적으로 진행되는 것을 묵인하거나 심지어 조장하기까지 한다. 그 결과 상위계층의 범죄는 아예 처음부터 형법전의 범죄행위 목록에서 누락되거나, 위법행위가 발각되더라도 처벌을 면하거나 솜방

망이 처벌로 끝나기 십상이다.

언론도 상위계층의 범죄에 주목하기보다는 하위계층들이 저지르는 소위 '거리 범죄'street crime를 부각하는 데 열을 올린다. 전문가 집단도 이러한 '신화창조' 과정에서 주요한 역할을 담당한다. 범죄학자, 형법학자, 변호사, 프로파일러 등 소위 범죄 전문가들은 각종 방송매체에 등장해서 해당 사건에 대한 세간의 관심을 증폭시킬 뿐만 아니라 자신의 전문적 지식으로 사안의 중대성을 객관화한다. 이러한 과정을 거쳐 하위계층의 범죄만이 심각하게 인식되며, 우리의 안전을 위협하는 자는 대부분 하위계층에 속할 것이라는 잘못된 인식이 대중 사이에 퍼져나간다.

누구를 위한 전쟁인가?

영화 《브이 포 벤데타》(2006)는 미래 어느 시점 제3차 세계대전이 끝난 이후의 영국을 배경으로 하고 있다. 극우 성향의 독재 정권에 의해 시민의 자유와 권리가 억압받고 있는 상황이다. 어느 날 가이 포크스 가면을 쓴 브이라는 이름의 한 남자(휴고 위빙)가 중앙 형사재판소 건물을 폭파한다. 정부의 지시를 받은 방송국은 붕괴 위험 때문에 건물을 일부러 폭파한 것이라고 부랴부랴 허위 보도를 내놓지만 방송국에 침투한 브이는 생방송으로 자신이 폭파범이라고 세상에 알린다. 그리고 일 년 뒤에 국회의사당을 폭파시킬 계획이며 그때 시민들이 직접 전체주의에 맞서 봉기하라는 메시지를 전한다.

한편 브이를 뒤쫓던 형사(스티븐 레아)는 현 독재 정권의 탄생

과정과 브이의 복수극에 관한 비밀을 알게 된다. 과거에 정부는 반정부 인물, 유색인종, 무슬림 등을 수용소로 끌고 가 생명에 치명적인 바이러스 생산을 위한 생체실험을 했다. 브이도 실험대상자였는데 실험 도중 이상 반응이 일어나 오히려 강인한 신체적 능력을 갖게 되었다. 브이는 지금껏 정부를 무너뜨릴 계획을 준비해왔던 것이다. 더욱 놀라운 사실은 그 당시 누군가 전염병을 일으키는 바이러스를 정수장에 풀어 8만 명의 시민이 목숨을 잃는 테러가 발생했는데 그 배후에 바로 지금의 정부가 있다는 점이다. 참혹한 테러는 시민들을 공포로 몰아 위기의식을 고조시키고 전체주의를 강화하기 위해 정부가 주도한 자작극이었던 것이다.

영국의 범죄학자 스탠리 코언Stanley Cohen은 어떤 상황, 사건, 또는 특정 집단에 의해 사회의 안녕이나 이익이 중대한 위협에 직면하고 있다는 대중적 인식을 '모럴 패닉'moral panic이라고 불렀다.[136] 모럴 패닉의 특징은 대중이 느끼는 두려움이 해당 문제의 객관적인 심각성 수준에 비해 과도하게 높다는 데 있다. 또한 문제에 대한 원인 분석과 대응 방식이 객관성과 적정성을 상실하는 경우가 많다. 코언은 모럴 패닉이 형성되는 원인에 있어서 언론 매체와 정부의 책임이 크다고 주장한다. 언론은 과장되고 편향된 보도로 해당 문제에 대한 대중적 관심을 끌어 모은 뒤 엉뚱한 방향으로 몰고 가기도 한다. 대중의 염려가 고조되어 히스테리 수준에 이르면 의회는 법 제정, 정부는 법 집행을 수단으로 문제해결에 나선다. 특히 범죄와 관련된 문제에 있어서는 법질서 수호

라는 레토릭을 대의명분으로 엄벌주의와 강력대응의 원칙이 강조된다.

언론의 독립성과 자율성이 보장되지 않는 사회에서는 언론이 정부의 나팔수 역할을 담당하고 정부는 언론 보도를 지렛대 삼아 정책을 추진한다. 영화《브이 포 벤데타》는 모럴 패닉이 어떻게 정부와 언론에 의해 조작되고 그 결과가 어떻게 권력자의 이익으로 돌아가는지를 잘 보여준다. 정권은 전염병 테러사건을 조작해서 시민들의 마음에 공포심을 불어넣고 겁에 질린 사람들로부터 자유와 권리를 찬탈해 가버렸다. 공공의 안전과 질서 유지라는 명목 하에 시민은 침묵을 강요당하고 정부의 감시는 일상이 되어버렸다. 브이는 생방송 연설에서 상황이 이렇게까지 된 데에는 시민들의 책임도 크다고 질타한다. 정부 말만 믿고 지나치게 겁을 먹어버린 결과라는 것이다.

> 이 지경이 되도록 방관한 것은 바로 여러분입니다. 왜 그런지 압니다. 두려웠던 거죠. 누군들 아니겠습니까? 전쟁, 테러, 질병, 수많은 문제가 연쇄 작용을 일으켜 여러분의 이성과 상식을 마비시켰죠. 공포에 사로잡힌 여러분은 서틀러 의장에게 구원을 요청했고, 그는 질서와 평화를 약속하며 침묵과 절대 복종을 요구했지요. - 영화《브이 포 벤데타》중

모럴 패닉은 사회적 갈등과 혼란을 무마하기 위해 활용되기도 한다. 1970년대 영국 사회는 경기 둔화와 실업률 증가 때문에 파

업과 폭동이 빈발했다. 경제 위기로 가장 큰 타격을 받은 사람들은 일자리를 잃고 길거리로 내몰린 하위직 노동자층이었으며 그 중에서도 특히 소수민족 노동자들이었다. 생계수단이 막막해진 이들 중 일부는 노상강도를 저지르기 시작했다. 그러자 영국 정부는 언론매체를 통해 사람들의 관심을 아프리카계 흑인 남성들의 노상강도 문제에 집중시켰다. 얼마 지나지 않아 런던의 젊은 흑인 남성을 향한 대중의 두려움이 시민들 사이에 급속도로 퍼져 갔다. 모럴 패닉이 발생한 것이다. 공포심에 사로잡힌 런던 시민은 강력한 치안을 요구했고 경찰은 흑인 남성에게 단속과 체포를 집중함으로써 이러한 요구에 부응했다. 그런데 나중에 확인해 보니 이 기간 동안 노상강도 발생률의 증가 속도는 오히려 10년 전에 비해 둔화된 것으로 나타났다. 노상강도를 둘러싼 모럴 패닉에 객관적인 근거가 결여된 것이다.

사회학자 스튜어트 홀Stuart Hall은 당시 모럴 패닉이 형성된 데에는 영국 정부의 이해관계가 개입되어 있다고 비판한다.[137] 경제 위기로 인해 사회 전체적으로 불안한 상태가 지속되자 정부는 국면을 전환시킬 희생양이 필요했던 것이다. 더욱이 경제 위기의 책임이 본질적으로 자본주의 시스템의 모순과 한계에 있다는 점에서 사람들의 관심을 경제 문제가 아닌 다른 곳으로 돌려야만 하는 상황이었다. 그때 마침 흑인 남성들에 의한 노상강도 사건이 연이어 발생하자 정부는 언론의 힘을 빌려 이 문제를 이슈화하는 데 성공한 것이다.

미국에서는 모럴 패닉이 정치적 반대세력을 억압하거나 자신의 정치적 입지를 강화하기 위한 도구로 사용되었다는 비판이 제기되어왔다. 이러한 비판의 중심에 범죄와의 전쟁이 있다. 정치인들은 범죄의 심각성, 사회도덕의 몰락을 부각해 유권자의 마음에 공포심과 위기감을 불어넣은 뒤 자신과 자신이 속한 정당이 문제 해결의 적임자라고 자처해왔다.

정치가의 입장에선 범죄 문제를 전쟁이라는 프레임 속에서 다루는 것이 여러 가지 측면에서 유리하다. 첫째, 전쟁에서는 아군과 적군의 구분이 분명하다. 마찬가지로 범죄와의 전쟁에서도 소수의 범죄자와 다수의 시민 사이에 선명한 경계선이 그어진다. 정치인은 시민의 편에 서서 범죄자를 공공의 적으로 지목하는 방식으로 손쉽게 다수로부터의 지지를 확보할 수 있다. 둘째, 전쟁의 목적은 승리이며 이를 위해 적을 굴복시키기에 충분한 무력을 갖추는 것이 필수적이다. 힘의 논리가 절대적인 상황에서 고차방정식은 불필요하다. 범죄와의 전쟁에서 승리하기 위한 전략 역시 단순하다. 힘으로 제압하는 것이다. 그렇기 때문에 정치인은 강력 대처와 엄정 처벌을 단순 반복적으로 강조한다. 범죄 문제를 근원적으로 해결하기 위한 다양한 방안을 내놓기 위해 고심할 필요도 없다는 걸 잘 알고 있다. 셋째, 전쟁은 국가의 존망이 걸려있는 중대한 사건이다. 그래서 가용할 수 있는 모든 자원이 동원되는 총력전의 양상을 띤다. 범죄와의 전쟁이 수행되면 범죄 문제는 여타 이슈들에 대한 상대적 우위를 점하게 된다. 그 결과 전시상황이라는 명목 아래 시민들의 다양한 요구는 묵살되고 이해관계를 둘러싼 갈등은 강제로 봉합된다. 정치인의 입장에서 전쟁은 자신에게 불리한 상황과 조건을 한순간에 덮어버릴 수 있는 거대한 담요 역할을 한다.

미국에서는 1960년대부터 범죄 문제가 본격적으로 정치 이슈로 부상하기 시작했다. 당시 공화당 대통령 후보였던 리처드 닉슨Richard Nixon이 범죄 문제를 선거 공약에 포함시켰다. 1968년 대선에 재출마하여 승리한 닉슨 대통령은 마약 남용을 미국 사회 공공의 적 1호로 지목하고 마약과의 전쟁을 선포했다. 전쟁을 효과적으로 수행하기 위해 경찰 인력과 치안 예산도 대폭 늘렸다. 경찰은 마약범죄에 대한 강력한 단속을 실시했고 법원은 체포된 마약사범에 대해 엄한 처벌을 부과했다. 바야흐로 법질서law and order의 시대가 시작된 것이다. 그 결과로 마약 관련 위반자들이 대거 검거되어 교도소로 보내졌다. 그런데 이러한 성과는 부수적인 전리품에 불과했다. 실제로 마약과의 전쟁이 겨냥했던 주적은 닉슨의 정치적 반대자였다. 흑인 정치운동, 반전운동, 여성해방운동, 동성애자 해방운동 등을 주도하는 세력들이 여기에 포함되었다. 특히 닉슨은 전쟁에 반대하는 좌파세력, 흑인과 싸우기 위한 정치적 도구로 마약과의 전쟁을 동원했고 이들을 무너뜨리는 데 성공했다.[138, m]

마약과의 전쟁은 레이건 정부에 이르러 최고조에 이른다. 로널드 레이건Ronald Reagan 대통령이 집권했던 1980년대에는 속칭 '크랙'이라는 신종 마약이 크게 유행했다. '크랙'은 코카인 가루를 베이킹 소다와 함께 가열해 만든 고체 형태의 마약이다. 크랙은 잘게 쪼개서 싼 가격에 팔기 용이해 흑인 빈민가를 중심으로 빠르게 확산되었다. 이에 대응하여 1982년 레이건 대통령은 마약과의 전쟁을 선포했고 미국 의회는 강력한 처벌 법안을 신속히 통과시켰다. 마약범죄에 대한 대대적인 단속과 검거, 무거운 형량이 그 뒤를 이었다.

하지만 레이건 정부의 시도에도 불구하고 마약사범은 급격히 증가했다. 그리고 역시나 마약범죄자 중에는 흑인, 히스패닉 등 유색인종의 비율이 높았다. 주된 원인은 크랙 소지죄의 과도한 처벌에 있었다. 새로운 처벌법에 의하면 가루 코카인 소지죄보다 크랙 소지죄의 형량이 거의 백배 높았다. 예를 들어, 크랙 100그램과 가루 코카인 1그램에 같은 형량이 부과되도록 규정한 것이다. 크랙과 가루 코카인은 같은 원료에서 추출되며 약효는 오히려 가루 코카인이 더 강하다. 그럼에도 불구하고 경찰의 마약단속은 유색인종 주거지역을 중심으로 크랙 거래에 집중되었다. 전쟁은 가난하고 못 배운 수많은 흑인, 히스패닉 남자를 교도소로 보냈다. 소수민족 지역사회에는 남편, 아빠, 아들을 잃은 가정들이 늘었고 지역 경제는 갈수록 쇠락해져 갔다. 결과적으로 보면 레이건 시대에 전개된 마약과의 전쟁은 유색인종, 흑인 또는 빈민층에 대한 전쟁과 별반 다르지 않았다.

과거 우리나라에서도 범죄와의 전쟁이 선포된 적이 있다. 1990년 10월 13일, 민생치안을 강화할 목적으로 범죄와 폭력에 대한 전쟁을 선포한다는 노태우 대통령의 목소리가 생방송을 통해 흘러나왔다.

저는 우리의 공동체를 파괴하는 범죄와 폭력에 대한 전쟁을 선포하고 헌법이 부여한 대통령의 모든 권한을 동원해서 이를 소탕해 나가겠습니다. (…) 모든 외근 경찰관을 무장시켜서 범죄와 폭력에 대해 정면으로 대응토록 하겠습니다. (…) 흉악범과 우범자에 대해서는 온정주의적인 형사정책을 전환해야 할 것입니다. 저는 이와 관련한 입법과 또 법률 집행에 있어서 국회와 법원의 적극적인 협조를 기대합니다. - 노태우 대통령, 10·13 특별선언(1990)

노태우 정부는 주요 타깃으로 인신매매, 가정파괴, 조직폭력, 마약, 부정식품 등 5대 사회악을 지목하였다. 전쟁을 수행할 경찰인력 1만 6천 명을 추가적으로 선발하였다. 업소를 집중적으로 단속했고 대대적인 검거활동이 전개되었다. 그 결과 조직폭력배가 대거 검거되면서 상당수의 폭력조직들은 와해되었다.

갑작스럽게 범죄와의 전쟁이 선포된 표면적 배경은 강력 범죄 급증과 음란퇴폐문화의 확산이었다. 하지만 실제로는 정치적 위기에 몰린 노태우 정부가 국면 전환용으로 전쟁 카드를 들고 나왔다는 주장에 힘이 실린다. 범죄와의 전쟁 선포가 있기 9일 전, 국군 보안사령부(현 국군기무사령부)가 민간인을 상대로 저질러온 불법사찰이 세상에 알려졌다. 보안사에 근무하던 윤석양 이병이 탈영하면서 가지고 나온 사찰활동자료를 공개한 것이다. 공개된 자료에는 야당 정치인을 비롯하여 노동계, 종교계의 반정부 인사들을 상대로 보안사가 수집해온 각종 사생활 정보가 담겨있었다. 이 사건에 대한 국민적 분노가 거세게 일어났고 노태우 정권의 퇴진을 요구하는 집회가 이어졌다. 이런 상황 속에서 난데없이 대통령이 직접 나서 범죄 문제를 뿌리 뽑겠다는 특별선언을 한 것이다. 따라서 특별선언 이면에 정치적 계산이 고려되었을 것이라고 충분히 의심해 볼 수 있다."

다른 정권들도 어지러운 사회 분위기를 쇄신하기 위해 비슷한 방식을 사용해왔다. 1961년 쿠데타 이후 박정희 정권이 전국에 선포했던 '깡패 소탕령'이나 1980년 전두환 정권이 사회악 사법을 소탕하겠다고 실시했던 '삼청계획'도 결국 정당성이 결여된 정권이 국민들 사이에 공포 분위기를 조성해 권위를 인정받으려는 목적에서 실시되었다고 말할 수 있다. 근래에는 박근혜 정권이 집권 초기부터 가정폭력, 학교폭력, 성폭력, 불량식품 등 소위 4대 사회악을 뿌리 뽑겠다고 두 팔을 걷어 부친 바 있다. 비록 전쟁이라는 단어를 사용하진 않았지만 특정한 범죄 문제를 공공의 적으로 설정해 놓고 범정부적 차원에서 총력 대응했다는 점에서 전쟁과 별반 차이는 없다.

근거 없는 모럴 패닉과 이에 편승한 주전론主戰論으로 인간의 자유는 위축된다. 영화 《트루먼 쇼》(1998)의 주인공 트루먼(짐 캐리)은 겉으로 보이기에는 그냥 평범한 보험회사 직원으로 매일매일 반복되는 일상을 이어가고 있다. 그에게는 한 가지 꿈이 있는데 그것은 바로 피지로 여행을 떠나는 것. 하지만 어릴 때 아버지가 바다에서 목숨을 잃은 사건을 겪은 이후 바다 공포증이 생겨서 꿈을 포기하고 살아간다.

그런데 사실 그 사건은 만들어진 기억에 불과했다. 트루먼은 신생아일 때부터 방송사가 기획한 리얼리티 쇼에 출연하고 있었다. 게다가 그의 일거수일투족이 생방송으로 24시간 전 세계에 방영되고 있었다. 그 내면의 물에 대한 공포는 그가 세트장을 벗어나지 않도록 제작진이 인위적으로 조작한 결과이다. (가짜)아빠가 물에 빠져 죽는 장면을 어린 트루먼의 눈앞에서 연출함으로써 말이다.

우리가 느끼는 범죄에 대한 공포도 단지 사회적으로 구성된 산물에 불과하지 않을까? 어쩌면 우리는 객관적 실체가 결여된 대상을 두려워하고 있는 건지도 모른다. 어쩌면 사회에 만연한 공포심의 배후에 우리의 생각과 행동을 통제하려는 힘이 작동하고 있을지도 모를 일이다.

영화 속 트루먼의 과거부터 현재까지 모든 기억과 행동 속에 연출되지 않은 것이 거의 없을 정도다. 하지만 그는 노예와 같은 자신의 처지를 전혀 모른 채 소소한 행복을 누리며 살아간다. 그러다가 점차 그의 삶에 전 방위적으로 작동하는 거대하고 은밀한 권력을 눈치채기 시작한다. 마지막에 자신을 가로막는 거친 파도를 뚫고 공포의 바다를 통과하자 비로소 세트장의 전모가 드러난다. 우리 사회의 범죄 문제에 대한 인식도 이와 비슷하지 않을까? 모럴 패닉, 범죄와의 전쟁 그리고 엄벌주의의 버뮤다 삼각지대를 통과한 후 비로소 범죄 현상의 실체를 마주할 수 있을지 모른다.

2017년 말 미국 대통령 선거 결과가 발표되자마자 최대 민영

교도소 업체인 CoreCivic의 주가가 43%나 폭등했다. 2위 업체인 GEO 그룹의 주가도 21%나 상승했다. 평소 범죄와 불법 이민자 문제에 강경한 태도를 보여 왔던 트럼프의 당선이 대중의 기대감을 높였기 때문이다. 선거기간 동안 트럼프는 줄곧 도시에 만연한 폭력이 불법 이민자 때문이며 이러한 문제가 통제할 수 없는 수준에 이르렀음을 수차례 강조한 바 있었다. 그동안 미국의 민영교도소 업체들은 정부의 강경일변도 형사정책을 등에 업고 성장을 거듭해왔다. 특히 미국 공화당 정부가 주도해 온 범죄와의 전쟁, 마약과의 전쟁으로 법정형과 수감 기간이 늘어나자 교도소 수감 인구도 덩달아 증가했다. 민영교도소는 전쟁의 일차적 수혜자였다. 2014년 양대 민영교도소 업체가 벌어들인 매출액이 무려 33억 달러(약 3조 7천억 원)으로 2006년에 비해 거의 두 배 이상을 벌어들였다.

 우리는 왜 범죄자를 처벌하는가? 아마도 교정당국은 저지른 죄에 대한 대가를 치르게 하고 처벌의 두려움 때문에 출소 후에라도 같은 짓을 반복하지 않게 하고 더 나아가 교화과정을 통해 건전한 시민으로 되돌리려는 것이라고 말할 것이다. 정말 처벌은 이러한 목적만을 수행하는 걸까?

 프랑크푸르트학파의 게오르그 뤼세Georg Rusche와 오토 키르히하이머Otto Kirchheimer는 진짜 처벌의 목적이 다른 데 있다고 보았다.[139] 이들에 따르면 처벌은 단순히 범죄행위에 따른 처분이나 범죄에 대한 사회의 반응 이상이다. 형벌제도 속에는 못 가진 자를 통제하기 위한 가진 자들의 전략이 숨어 있다. 겉으로는 범죄자를 처벌하는 것이 정의를 실현하고 안전한 사회를 만들기 위한 것처럼 보이지만 사실은 이 모든 것이 이데올로기적 착시현상에 불과하다고 비판한다. 뤼세와 키르히하이머가 말하는 처벌의 진짜 기능은 경제적 상위계층의 이익을 보호하고 증진시키는 데 있다.

　16세기 이전까지 유럽에서 범죄자를 처벌하는 방법은 대부분 사형 아니면 신체형이었다. 그러다가 근대로 접어들면서 새로운 처벌 방법이 등장하기 시작했다. 갤리 노역이 대표적이다. 갤리는 노를 젓는 힘으로 움직이는 배를 말하는데 영화 《벤허》(2016)에서 주인공 벤허(잭 휴스턴)가 노예로 잡혀가 노를 젓던 장면을 떠올리면 된다. 15세기 후반부터 18세기 사이에 프랑스와 스페인에서는 중범죄자와 부랑자에 대한 처벌로 갤리의 노 젓기를 부과했다. 이러한 처벌은 나중에 범선이 등장하여 갤리가 사라질 때까지 계속되었다. 당시 각광받던 다른 처벌로 유배형이 있었다. 일부 중범죄자는 식민지로 보내져 그곳의 부족한 노동력을 메꾸는 데 유용하게 사용되었다. 그러나 뭐니 뭐니 해도 근대의 가장 보편적인 형벌은 징역형이었다. 범죄를 저지른 자뿐만 아니라 떠돌아다니거나 구걸하는 자까지 붙잡아다가 교도소에 가두고 강제노동에 동원했다. 재소자는 수감 기간 동안 자본가에게 공짜 노동력을 제공해야 했다.

　중세 말기부터 농촌인구가 대거 이동하면서 유럽의 대도시에는 범죄가 급증하였고 국가는 잔혹하고 과도한 형벌로 범죄자와 부랑자를 엄하게 다스렸다. 그 결과 사형과 신체형이 무분별하게 부과되었고 그러다가 근대로 넘어오면서 점차 징역형이 신체형을 대신하게 되었다. 고전주의 범죄학에서는 이러한 변화가 인권을 중시하는 계몽사상의 영향 때문이라고 주장한다. 하지만 뤼세와 키르히하이머는 형벌제도의 변화를 이끈 힘은 바로 경제적 필요였으며 당시 신흥세력인 자본가의 이익과 직접적으로 관련되어 있다고 말한다. 16세기 말에 이르러 유럽은 연이은 기근, 전쟁, 전염병의 여파로 인구가 급감하게 되었다. 그리고 비슷한 시기에 유럽 각국은 중상주의의 기치 아래에 새로운 무역항로와 식민지를 개척하였으며 그 결과 시장이 확대되고 생산과 무역이 급속히 증가하였다. 자본가는 국내와 식민지 양쪽 모두에서 노동력 부족을 절실히 느끼고 있던 터였다. 그러자 유럽의 각국 정부는 부족한 노동력을 충당할 목적으로 범죄자에게 사형과 신체형 대신에 노역 중심의 처벌을 부과하기 시작했다. 자본가의 이해관계와 정부의 형사정책이 손을 맞잡은 순간이다.

그러다가 산업혁명을 거치면서 형벌제도는 또 한 번 큰 변화를 거치게 된다. 기계식 대량생산체제가 도입되어 노동력의 가치가 하락하면서 재소자 노동력의 필요성이 줄어들었다. 이 와중에 유럽사회 전반에 걸쳐 혼란과 불안이 높아져만 갔다. 자본주의 체제에 내재된 근본적 모순이 드러나면서 대량 실업과 극빈층이 늘어났고 동시에 범죄율도 치솟았다. 지배계급은 중세 말기의 가혹한 형벌제도로 복귀하고 싶었지만 이미 사회 전반에 계몽주의가 퍼져있는 상황에서 그럴 수 없었다. 그래서 범죄자를 가급적 사회로부터 오랫동안 격리시키는 쪽으로 형벌의 기능을 전환한다. 그에 따라 재소자는 그나마 노동력으로서의 가치마저 상실한 채 교도소에 방치된다. 교도소는 노동시장이 원하지 않는 잉여 노동력을 소진하는 공간으로 변했다. 자본계급에게 이익이 되지 않으면서 사회의 불안만 가중하는 잉여 노동력의 폐기처리장이 된 셈이다.

그렇다면 오늘날 형벌제도는 어떠한가? 미국이 세계 1등 교도소 국가가 되는 데 기여한 중요한 요인 중 하나는 바로 '삼진아웃 법'이다. 간단히 말해 중범죄를 세 번 저지른 범죄자에게 종신형까지 부과할 수 있도록 만든 법이다. 판사의 재량도 축소되어 법에서 정해 놓은 최소 형량보다 낮게 부과할 수 없다. 예를 들어, 캘리포니아 주에서 중범죄를 세 번째 저지르면 최소 징역 25년이 선고된다. 삼진아웃 법이 시행되자 장기수가 늘어났고 교도소마다 넘쳐나는 재소자들로 포화상태가 되었다. 주 정부들은 교도소를 추가로 건설하고 급증한 교도소 운영경비를 대느라 엄청난 재정적 부담을 떠안게 되었다. 하지만 흥미롭게도 이 모든 상황들이 누군가에게는 경제적 이득으로 돌아가고 있으며 이러한 사실은 대중에게 잘 알려져 있지 않다. 영화 《미국 수정헌법 제13조》는 뤼세와 키르히하이머의 주장이 여전히 유효하다는 사실을 여실히 보여준다.

영화는 삼진아웃 법이 발의된 배후에 알렉American Legislative Exchange Council, ALEC이라는 사설 단체가 결정적인 역할을 했다는 점을 고발하는 데 집중한다. 알렉은 기업들이 제안한 법안이 정치인을 통해 발의되도록 일종의 재계와 정계 사이의 징검다리 역할을 하는 회사이다. 그런데 알렉에 가입한 회원들 중 삼진아웃 법와 밀접한 관련이 있는 민영교도소 업체 CoreCivic이 있다. 민영교도소는 재소자의 규모에 따라 수익이 결정되는 구조이기 때문에 삼진아웃 법의 도입으로 재소자 수와 수감 기간이 늘어나면서 CoreCivic 측은 수십억 달러의 이익을 올렸다. 또한 CoreCivic은 2010년 애리조나 주에서 통과된 신규 이민법(소위 SB 1070)을 배후에서 지원한 것으로 알려져 있다. 신규 이민법은 애리조나 주의 경찰에게 불법 이민자를 불심검문하고 체포 및 구금할 수 있는 권한을 부여하는 내용이 핵심이다. 경찰의 단속이 강화되자 출입국관리소 구금시설은 체포된 불법 이민자들로 가득 채워졌다. CoreCivic이 이러한 구금시설을 운영하면서 막대한 수익을 올렸으리라 쉽게 예상할 수 있다.

1980년대와 1990년대의 마약과의 전쟁, 그리고 2000년대부터 테러와의 전쟁을 수행하는 과정에 미국의 교도소 산업은 괄목할 만한 성장을 이루었다. 교도소마다 넘쳐나는 재소자로 인해 연방정부와 주정부는 교정시스템 밑으로 천문학적 규모의 예산을 쏟아 붓고 있다. 이런 상황이지만 재소자 규모를 줄이기는 쉽지 않다. 범죄와의 전쟁, 그리고 범죄자 대량 투옥으로 막대한 이득을 본 회사들이 재소자의 수를 유지하려고 필사적인 로비를 펼치고 있기 때문이다. 이러한 회사에는 민영교도소뿐만 아니라 교도소에 서비스와 물품을 공급하는 다양한 유형의 업체도 포함된다. 예를 들어, 통신업체는 재소자가 가족이나 친구에게 전화를 걸 때 높은 통화료를 부과하여 상당한 수익을 올리고 있다. 교도소에 급식을 제공하는 업체, 재소자들에게 의료 서비스를 제공하는 업체도 독점적이며 안정적인 수익을 올리고 있다. 민간업체는 더 많은 범죄자가 더 오랫동안 교도소에 머무르게 하려고 강력한 형사정책을 지지하며, 관련 정치인에게 로비한다. 정치인의 입장에서도 기업인에게 유리한 정책과 법안은 손해가 되지 않는다. 범죄 문제에 관해서만큼은 어쨌든 강경한 자세를 취하는 게 더 많은 유권자들로부터 지지를 이끌어 내는 데 유리하기 때문이다.

이러한 이유로 범죄학자 제프리 레이먼Jeffrey Reiman과 폴 레이튼Paul Leighton은 미국의 형사정책이 세 가지 측면에서 실패한 정책이라고 비판한다.[140] 첫째, 범죄를 줄일 수 있는 효과적인 정책을 알면서도 이러한 정책을 도입하는 데 실패한 것. 무수한 연구를 통해 밝혀진 가장 대표적인 범죄의 원인은 경제적 불평등, 빈곤, 실업, 총기 소지, 마약, 범죄전과 등이다. 그런데 미국 정부는 이러한 문제를 해결하기보다는 오로지 엄벌주의 정책만을 고집하고 있다. 둘째, 가진 자와 권력층이 사회에 더 해악이 되는 범죄를 저지르고 있지만 이를 심각한 범죄로 다루지 않고 있는 것이다. 형사사법기관은 권력형 범죄, 기업범죄 등 고위층의 화이트칼라 범죄에는 대체로 무관심하거나 관대하면서도 하층민이 저지르는 생활형 범죄, '거리 범죄'는 엄하게 대응하고 있다. 마지막으로, 형사사법시스템 내에 존재하는 불평등 요소를 제거하는 데 실패했다. 법 앞의 평등은 그저 공허한 레토릭일 뿐 고질적인 '유전무죄 무전유죄' 상황을 방치하고 있다.

가장 심각한 것은 이러한 실패가 잘 몰라서 저지르는 실수가 아니라 다분히 의도적이라는 것이다. 미국 정부는 범죄 문제를 해결하려고 수십 년에 걸쳐 마약과의 전쟁, 범죄와의 전쟁을 벌여왔다. 세상의 모든 전쟁은 이기는 데 목적이 있다. 그런데 범죄와의 전쟁은 어차피 패배할 수밖에 없다는 걸 알면서도 벌이는 전쟁이다. 그래서 레이먼과 레이튼은 미국 정부의 전쟁을 향해 고의로 지고 있는 전쟁이라 말한다. 애초부터 사회의 지배계층은 범죄로부터 안전한 사회를 만드는 데 그다지 관심이 없다. 무엇보다도 자신들의 정치적, 경제적 이득에 일차적 관심을 두고 있다. 패배하는 전쟁, 패배할 수밖에 없는 전쟁을 계속하는 이유도 바로 그들에게 이익이 되기 때문이다.

알렉의 사례처럼 범죄와의 전쟁은 정치인에게는 표를, 기업인에게는 돈을 가져다준다. 전시 상황을 유지하면 할수록 정치인은 지지 세력을 결집하기에, 기업인은 이윤을 창출하기에 유리하다. 하지만 전쟁의 이익은 그 뿐만이 아니다. 자본주의 체제 하에서의 형벌제도는 잉여노동력의 규모를 조절하는 기능을 수행한다. 일정한 규모의 잉여노동력은 자본가의 이윤을 보장하기 위해 필수적이다. 그래야만 낮은 임금에도 불평하지 않고 노동력을 제공할 사람을 충분히 확보할 수 있기 때문이다. 교도소의 재소자는 바로 이러한 잉여노동력의 중요한 한 축을 담당한다. 출소 이후에도 마찬가지다. 전과자라는 딱지 때문에 노동시장 밖으로 밀려나 잉여노동력으로서 자본가의 노동비용을 낮춰주는 데 기여한다. 어렵게 취업에 성공해도 마찬가지다. 노동계층 피라미드의 가장 밑바닥에 위치한 채로 열악한 노동조건과 최저임금에 만족하며 값싼 노동력을 제공할지 아니면 또다시 불법에 몸담을지 선택을 강요받는다.

미국에서도 프랑스에서도 형벌 제도의 재편은 노동시장의 재편을 보완하고 지탱하는 식으로 동시 진행되고 있다. 형무소는 이 새로운 노동시장에서 완전 가장자리로 밀려난 자를 '쓸어다 담는' 동시에 '쓸어다 버리는' 두 역할을 함께 하고 있는 것이다.[141]

프랑스 사회학자 로익 바캉Loïc Wacquant은 교도소가 노동시장의 필요에 따라 잉여노동력의 규모를 늘리고 줄이는 역할을 담당하고 있다고 지적한다. 방리유와 같은 게토는 잉여노동력을 '쓸어다 담고', '쓸어다 버리는' 공간이다. 이곳의 외국계 청년들은 사회적으로 또한 공간적으로 고립되고 노동시장에서도 주변화된 존재들이다. 노동시장에서 버림받은 채 위험집단으로 분류되어 게토와 교도소를 왕복하면서 살아간다. 어떤 의미에서 게토와 교도소라는 두 개의 고립된 공간은 기능적으로 연결된 듯 보인다. 잉여노동력의 관리에 있어 게토와 교도소는 협업체제를 구축하고 자본가의 이익을 보장하고 있다.

하지만 전쟁이 주는 근본적인 유익은 기득권층에게 유리한 지배체제를 유지해준다는 점이다. 자본주의 체제의 결함은 사회보장 확대, 고용 증대 및 안정성 보장, 소득 양극화 해소를 통해서 시정되어야 한다. 하지만 자본 권력이 지배하는 사회에서는 자본가의 이익과 충돌하지 않는 보다 손쉬운 방법인 형벌제도를 채택한다. 엄벌주의와 전쟁 프레임은 자본주의 체제의 근본적 모순에서 비롯된 사회적 불안이 마치 범죄와 무질서 문제처럼 보이게 하는 효과가 있다. 이러한 착시현상으로 불평등과 착취의 주범인 자본 권력을 겨누어야 할 칼날이 소수의 하위계층 범죄자를 향한다. 일반 대중의 관심을 엉뚱한 곳으로 돌려 경제적·사회적 모순을 제대로 깨닫지 못하게 만든다. 경제적 불평등, 삶의 질 저하, 고용 불안정, 사회보장 결핍 등 인간의 삶을 위협하는 문제를 시급히 해결해야 한다는 사실, 그리고 이를 위해서는 기존의 경제적·정치적·사회적 구조를 개혁하지 않으면 안 된다는 인식이 범죄와의 전쟁이 내세우는 사태의 위급성과 심각성 앞에서 힘을 잃어버리고 만다.

지배계층을 향해 쏘아 올려야 할 개혁의 요구는 소수의 하층계급 범죄자에 대한 공포와 증오로 대체된다. 일종의 '공격 대상 전환'이다. 범죄와의 전쟁은 위로부터의 위협을 아래로부터의 위협으로 전환하는 효과가 있다. 하층계급의 범죄를 공격 대상으로 삼고 패배가 예정된 전쟁을 계속 수행하는 가운데 후방에서는 전쟁의 거의 유일한 승리자라고 할 수 있는 우리 사회의 경제적·정치적 지배자들이 승리의 축배를 든다.

광화문광장의 기억

2013년 봄, 경찰대학은 전례 없는 행사로 무척 분주했다. 매주 일요일이면 경찰교향악단과 의장대 대원들은 광화문광장으로 달려갔다. 우스꽝스럽게 분장한 대원들은 경찰복을 입고 싸이의 '젠틀맨'에 맞추어 춤을 췄다. 노래 가사는 4대 사회악을 뿌리 뽑자는 내용으로 바뀌어 있었다. 일요일마다 두 차례 열렸던

'4대 사회악 아웃 콘서트'였다. 그해 경찰대학 치안정책연구소는 4대 사회악을 다룬 연구보고서를 집중적으로 쏟아냈다. 가을에 열린 국제학술세미나의 대주제도 '4대악 근절'이었다. 경찰대학 도서관 열람실에는 '4대 사회악 도서 코너'가 새로이 마련되기도 했다. 그땐 어딜 가나 4대 사회악을 이야기하는 듯 했다.

　박근혜 정부는 출범 초기부터 4대악 범죄 근절을 주요 국정과제로 내세우고 엄벌주의 기조를 이어갔다. 5년간 4대악 범죄 단속에 소요된 예산만 대략 750억 원이었다. 가정폭력, 학교폭력, 성폭력, 불량식품을 반드시 뿌리 뽑겠다는 대통령의 의지에 모든 형사사법기관이 신속하게 보조를 맞추었다. 그 결과 우리 사회에서 4대악은 얼마나 사라졌을까?

　성폭력은 박근혜 정부 임기 동안 줄기는커녕 오히려 증가했다. 같은 기간 동안 학교폭력도 별다른 변화가 없었고 오히려 학교폭력은 그 영역을 사이버 세상으로 넓혔다. 가정폭력도 마찬가지다. 4대악 근절 정책 도입 첫 해에는 다소 감소되는 듯 했으나 곧이어 가정폭력 재범률이 반등했다. 지금도 우리나라 여성 10명 중 1명은 배우자로부터 폭력 피해를 당하고 있다. 이에 반해 4대악 근절 노력이 가져온 두드러진 변화가 있다. 바로 교도소 재소자의 규모다. 전국 교정시설 수용인원이 2013년 4만 8천명에서 2017년 5만 7천명으로 무려 19% 이상 증가하면서 14년 만에 최고치를 기록했다. 수용정원보다 1만 명 가까이 초과 수용하다보니 6인실에 8명 이상을 배정해야만 했다. 이로 인해 재소자들 간 폭력행위가 증가하였고 교도관의 업무량도 폭증했다. 요란스럽게 시작된 4대악과의 전쟁은 교정시설만 포화상태로 만들어 놓고 슬그머니 중단됐다.

누군가는 이렇게 물을지도 모르겠다. 사회악에 맞서 정부가 강경 대응하는 게 뭐가 문제인가? 흉악범들을 엄하게 처벌하는 게 뭐가 잘못되었단 말인가? 이 질문에 대답하기 전에 우리는 다음과 같은 질문에 대해 먼저 생각해 볼 필요가 있다.

첫째, 강력한 처벌이 과연 사회악을 사라지게, 아니 최소한 줄어들게 할 수 있는가? 처벌이 범죄 문제를 해결해주지 못한다는 사실은 범죄학계의 정설이다. 그동안 범죄학자는 경험적 연구를 통해 이러한 사실을 반복적으로 입증해왔다. 무분별한 형벌지상주의는 도리어 전과자를 양산하여 재범률만 높일 뿐이다. 러시아의 문호 톨스토이도 국가의 과도한 형벌은 사회 전반에 '관대함이나 자비보다는 비정함과 야만성'을 키워 오히려 더 많은 범죄를 저지르도록 부추긴다고 비판한 바 있다.

둘째, 강력한 처벌 말고는 사회악에 대응할만한 다른 방법은 없는 걸까? 국가 간 비교 연구는 엄벌주의가 모든 국가에서 나타나는 보편적인 현상이 아니라는 사실을 말해준다. 범죄자의 처벌 수준과 구금 비율은 그 나라의 범죄율보다 사회적 신뢰와 포용 수준과 보다 밀접한 것으로 보인다. 서유럽 국가의 성범죄 발생률은 영미국가보다 더 높지만 엄벌주의는 상대적으로 약하다. 성범죄자의 교화가능성이 거의 없다고 보는 영미국가와 달리 서유럽 국가에서는 치료를 통해 행동 변화가 가능하다고 보기 때문이다.[142] 한 예로 2018년 네덜란드의 재소자 비율은 인구 10만 명당

54.4명 정도다. 대략 7백 명인 미국의 8% 수준에도 미치지 못할 정도로 재소자 수가 적다. 네덜란드 정부는 15년 전부터 재소자 수를 줄이기 위해 중범죄자라고 할지라도 반드시 필요한 경우가 아니면 교도소에 수감시키지 않는 원칙을 지키고 있다. 대부분의 범죄자는 교도소에 가는 대신 벌금형을 선고받거나 법원이 명령한 중재에 참여한다. 재범위험성이 높은 중범죄자들은 특별히 고안된 정신재활 프로그램 치료를 받도록 하고 있다.[143] 이러한 재활 위주 형사정책의 배경에는 처벌은 재범률만 높일 뿐이라는 인식과 함께 범죄자의 사회 복귀를 일차적 목표로 삼고 있는 교정철학이 존재한다.

엄벌주의는 그 나라의 경제적 이념과도 무관하지 않다. 유럽의 사회민주주의 복지국가는 소득 재분배, 사회보장, 복지에 있어서 적극적인 정책을 추구한다. 이런 사회일수록 사회 통합과 공동체의식을 강조하면서 보다 포용적이며 관용적인 사회적 분위기가 조성된다. 자연스럽게 형사정책에서도 범죄자에게 낙인을 부여하고 배제하기보다는 재사회화를 통한 사회로의 복귀가 우선시된다. 이에 반해 자본주의가 발달한 나라일수록 시장원리가 강조되며 경제적 불평등과 빈부격차를 해결하는 데 소극적이다. 사회 전반에 팽배한 성공지상주의와 능력주의로 인해 집단 간, 개인 간의 경쟁은 과열 양상을 띠게 된다. 이런 분위기 속에서 범죄자는 낙오자이며 패배자로 간주되고 이들에 대한 사회적 배제가 당연하게 여겨진다. 이러한 경향은 1980년대 이후 신자유주의의 확산으로 더욱 강화되었다.

미국과 영국 등 신자유주의 국가에서는 기업규제 완화, 민영화 등 시장친화적인 정책들이 추진되었다. 반면 정부의 복지예산과 사회보장 규모는 대폭 줄어들었고 저임금 노동자, 외국 이민자, 실업자 등 사회경제적 약자는 사회안전망의 외곽으로 내몰리게 되었다. 그 즈음 위험사회에 관한 담론이 고조되었고 형사정책은 강력 처벌을 중심으로 보수화되었다.

마지막으로, 지금 우리가 싸우고 있는 적은 진정한 사회악인가? 공격 대상을 제대로 선택한 것인가? 박근혜 정부가 4대악으로 지목한 범죄들이 모두 심각한 사회 문제라는 점에는 이견이 없다. 하지만 국가공동체에 미치는 해악의 중대성을 기준으로 순위를 매긴다면 과연 1등에서 4등에 해당한다고 말할 수 있을까? 4대 사회악과의 전쟁을 진두지휘했던 대통령은 임기를 채우지 못한 채 파면되었다. 헌법재판소는 박 전 대통령이 민간인 최서원(최순실)이 함부로 국정에 개입하고 사익을 추구하는 데 관여하게끔 지원한 행위는 위헌·위법적이라고 판단하여 탄핵안을 인용하였다. 국민은 현직 대통령이 파면되는 초유의 사태와 이후 진행된 국정농단사건의 재판과정을 보면서 우리 사회의 근간을 위협하는 진짜 악의 실체를 깨닫게 되었다.

지금으로부터 약 100년 전 쯤 인도의 정치지도자 마하트마 간디Mahatma Gandhi는 자신이 창간한 주간지 《청년 인도》Young India에 '7대 사회악'Seven Social Sins이라는 제목의 글을 게재한 적이 있다.

- 원칙 없는 정치 (politics without principle)
- 노동 없는 부 (wealth without work)
- 양심 없는 쾌락 (pleasure without conscience)
- 인성 없는 지식 (knowledge without character)
- 도덕성 없는 상업 (commerce without morality)
- 인간성 없는 과학 (science without humanity)
- 희생 없는 신앙 (worship without sacrifice)

당시 혼란스러웠던 인도사회를 향한 메시지였지만 지금의 우리의 상황과도 무관하지 않다. 어쩌면 우리가 경계해야 할 진짜 공공의 적이 이런 것들이 아닐까?

범죄학 돋보기

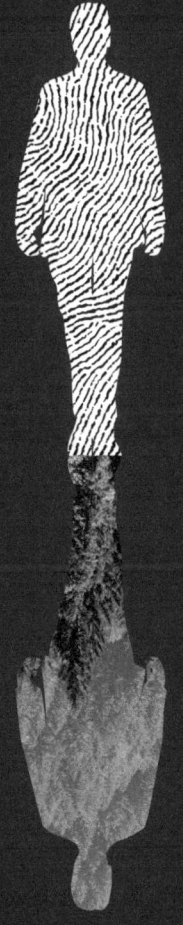

범죄학은 범죄의 본질과 원인 그리고 범죄 대응에 관한 지식 체계이다. 19세기 말 이탈리아 법의학자에 의해 범죄학은 과학의 한 분야로서 탄생했다. 자연현상을 설명하는 데에만 국한되었던 과학의 방법적 원리는 19세기에 접어들어 오귀스트 콩트 Auguste Comte의 실증철학 영향으로 사회 현상에까지 적용되기에 이르렀다.

　　실증주의의 세례를 받고 태어난 범죄학에 있어서 범죄 현상은 과학적 연구의 대상이었으며 당연히 엄격한 연구방법과 인과관계 논리가 적용되어야 했다. 이후 지금까지 범죄에 관한 수많은 이론들이 다양한 학문분야를 배경으로 제시되어 왔지만 주류 범죄학 내에서 실증주의의 교조적 지위는 흔들림 없이 지켜져 왔다.

　　그런데 이처럼 범죄학을 근대 과학주의의 산물로 여기는 시각은 범죄학을 사회과학의 한 분야로 좁게 해석할 때만 유효하다. 범죄, 법, 정의 등의 주제는 이미 고대부터 오랜 시간에 걸쳐 철학적 탐구의 대상으로 존재해 왔다. 플라톤의 도덕철학은 범죄를 통제되지 못한 기개와 욕망에서 비롯되는 것으로 보았고, 중세의 종교철학은 인간의 죄악된 본성과 악령의 지배와 유혹에서 범죄의 근원을 찾았다. 이후 근대의 합리주의 철학자들에게 범죄는 이성적이고 쾌락추구적인 인간 본성과 자유의지가 결합된 산물이었다. 존재와 인식에 관한 철학적 물음은 범죄 현상에도 동일하게 제기될 수 있다. 범죄는 보편자로서 실재하는가, 아니면 개별자로서만 존재하는 현상에 불과한가? 범죄를 하나의 대상으로서 객관적으로 관찰하고 인식하는 것이 가능한가? 범죄행위를 도덕적으로 판단하기 위한 보편적 기준은 무엇인가?

하지만 19세기 말 유럽의 지성계는 실증주의의 확산으로 전통적인 철학의 영역마저 자연과학주의의 지배를 받기에 이르렀다. 에드문트 후설Edmund Husserl은 실증주의가 철학의 목을 잘라버렸다며 철학의 퇴조를 비판했다. 이러한 지적 환경 속에서 범죄에 대한 철학적 사유는 과학적 탐구에게 자리를 내주었다. 이러한 관점에서 19세기 실증학문으로서 등장한 범죄학은 새로운 학문의 탄생이라기보다는 오히려 철학에서 과학으로의 학문적 변환에 가깝다고 보는 게 타당할 것 같다.

객관주의에 바탕을 둔 실증학문의 인식론은 후대 철학자들로부터의 비판에 직면하게 된다. 주체와 대상을 엄격히 분리하는 근대적 인식론은 연구 대상으로서의 사회현상이 관찰자와 별개로 객관적이며 독립적으로 존재한다고 전제한다. 이에 대해 현상학자들은 주체와 대상은 완전히 분리되어 있지 않을뿐더러 주체가 대상을 객관적으로 인식하는 자체가 불가능하다고 말한다. 인간은 세계 밖에서 관찰하는 존재가 아니라 이미 세계 속에 있으면서 사회현상을 주관적으로 경험하는 존재이다. 주체가 인식하는 대상 역시 별개의 객관적 형태로 외재하는 것이 아니라 주체 속에 내재한다.

구조주의, 특히 1980년대부터 본격적으로 등장한 포스트구조주의도 실증주의의 토대 위에 쌓아올린 지식과 진리에 대해 의문을 제기한다. 객관성과 중립성의 외피를 입은 지식은 현상을 왜곡하고 진리를 위장하며, 더 나아가 억압과 지배의 권력 관계를 유지·강화하는 역할을 할 뿐이다. 인과관계 논리는 뉴턴역학의 핵심으로 자연과학의 발전을 견인했지만 이러한 과학적 방법으로 사회현상의 실재를 파악하는 데 한계가 있음이 드러났다.

일찍이 데이비드 흄David Hume은 인과관계는 실재하는 것이 아니라 단지 개별적인 사건을 인과관계로 인식하는 인간의 습관에 기인할 뿐이라고 말한 바 있다. 더욱이 포스트모더니즘에 이르면 과학적 방법은 실재를 인식하기 위한 도구에서 단지 지식생산에 유용한 방법 수준으로 전락하고 만다.

철학을 떠나 과학과 손잡은 범죄학은 실증 학문의 가정과 전제를 고스란히 물려받았다. 범죄 현상은 과학적 탐구의 대상으로 객관적이며 인식 가능한 실재라는 점에 의심의 여지가 없었다. 자연현상과 마찬가지로 범죄 현상을 지배하는 보편적 법칙이 있으며 범죄학의 지상과제는 인과관계에 입각하여 이러한 법칙을 증명하는 데 있었다. 하지만 실증주의 범죄학은 칼 마르크스Karl H. Marx로부터 영향을 받은 일군의 비판적 범죄학자에 의해 신랄한 비판을 받는다. 범죄를 형법전에 기록되어 있는 객관적이고 가치중립적인 대상처럼 대하는 실증주의 범죄학자는 너무 순진하거나 고의로 진실을 은폐하려 한다는 비난을 받았다. 비판적 범죄학자의 눈에 비친 범죄는 권력계층의 이익과 대립되는 행위일 뿐이며 이러한 범죄의 의미가 현실 행위에 적용되는 과정을 통해 범죄의 사회적 실재가 형성된다. 자본주의 시스템에 내재된 만성적 불평등과 노동력 착취, 그리고 근원적 사회경제적 구조의 모순을 은폐하고 자본권력층의 이익을 지속적으로 보장할 목적으로 범죄가 구성되고 형벌이 동원된다.

1990년대에 이르러 포스트모더니즘 범죄학이 등장하면서 결정론, 인과관계 그리고 절대주의의 초석 위에 쌓아 올린 범죄학 지식을 향한 반성적 인식이 더욱 힘을 받았다. 실증주의 범죄학의 대안으로 구성적 범죄학constitutive criminology, 평화주의 범죄학peacemaking criminology 그리고 최근의 문화 범죄학cultural criminology 등이 등장했다. 이러한 기존의 범죄학 지식에 대한 문제 의식과 새로운 학문적 시도의 저변에는 에드문트 후설, 마르틴 하이데거Martin Heidegger, 장 폴 사르트르Jean Paul Sartre로 이어지는 현상학 및 실존주의 철학, 미셸 푸코Michel Foucault, 자크 데리다Jacques Derrida 등의 포스트구조주의 그리고 상징적 상호작용주의, 사회구성주의 등 사회학 패러다임으로부터 흘러 들어온 철학적 자양분이 있었다. 21세기에 들어서 영미국가를 중심으로 범죄 현상에 대한 다양한 철학적 주제들을 종합하려는 학문적 노력이 시도되고 있다. 철학적 범죄학philosophical criminology이라는 학문적 울타리가 형성되고 그 안에서 존재론, 인식론, 도덕철학, 미학의 철학적 테마는 범죄 현상과 조우하고 있다.

- **범죄** 법률로 금지된 행위나 도덕 및 사회규범이 금기시하는 행위를 어겨 형벌을 받게되는 행위

- **범죄학** 범죄의 본질와 원인, 범죄 대응에 관한 지식 체계를 연구하는 학문이다. 19세기 말 이탈리아 법의학자에 의해 과학의 한 분야로 탄생했다.

- **사이코패스** 선천적으로 타인의 감정을 공감하지 못하고 후회나 자책감을 느끼지 못하는 정신 질환을 앓고 있는 사람. 반사회적 인격장애증이라고도 하며, 주로 범죄행위를 저지르며 밖으로 드러나는 경우가 많다.

- **범죄 학습** 범죄자가 사회적 경험과 학습을 통해 생겨난다는 이론에서 나온 용어. 19세기 프랑스 범죄학자 가브리엘 타르드가 주장했다. 이후 미국 사회학자 에드윈 서덜랜드가 초창기 학습 이론의 체계를 갖추어 주장했다.

- **범죄인** 근대 범죄학의 선구자인 체사레 롬브로소가 교도소 안의 재소자를 가리켜 부른 용어. 롬브로소는 범죄를 저질러 교도소 안에 갇힌 이들을 일반인과 구별해 그들이 가진 특징을 밝혀 범죄의 원인을 규명하려 했다.

- **피해자 없는 범죄** 사람들이 일반적으로 범죄를 폭행, 절도, 살인 등으로 생각하는 것과 달리 마약, 도박, 성매매 등의 범죄를 일컫는다.

- **묻지마 범죄** 사회로부터 받은 모욕감을 되갚아줄 목적으로 불특정 타인을 겨냥해 무차별적 폭력을 가하는 범죄행위. 묻지마 범죄를 저지르는 이는 사회에 대한 적개심을 드러내는 편이 많고, 자신의 패배의식을 불공정한 사회에 대한 분노로 돌려 범죄를 저지른다.

- **거리 범죄** 사회의 하위계층이 저지르는 소위 '거리'에서 일어나는 범죄. 상위계층의 범죄를 대신해 언론에 부각되는 경우가 많아, 대중 사이에서 '범죄자=하위계층'의 잘못된 인식을 퍼뜨린다.

주

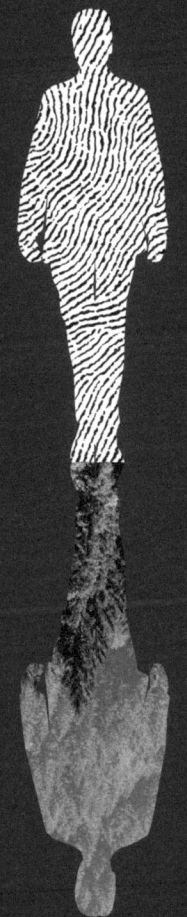

주석

a 하버드대학교 생물학자 스티븐 제이 굴드는 헨리 고다드의 칼리카크가 연구에서 사진을 조작했다는 주장을 제기했다.
b 미국에서는 1970년대까지 경찰이 가정폭력 문제에 대한 불간섭 원칙을 고수하다가 1980년대 초 미니애폴리스 가족폭력 실험연구를 통해 가해자 남편을 체포할 때 재범위험성이 가장 낮다는 사실이 입증되면서 가정폭력 가해자에 대한 체포를 의무화하는 정책들이 본격적으로 실시되었다.
c 주인공 네오가 빨간 알약을 선택하여 매트릭스의 허상에서 벗어나 진짜 세계로 들어간 장면에서 유래했다.
d Incel은 involuntary celebrate의 줄임말로서 여성과의 성관계를 원하지만 그러지 못하는 남성을 의미한다. 엘리엇 로저는 2014년 미국 캘리포니아 주의 산타바바라 카운티에서 무차별 총기를 난사해 6명을 죽이고 스스로 목숨을 끊었다. 사건이 있기 전 남긴 유튜브 동영상에서 그는 여자들이 다른 남자들에게는 애정과 섹스, 사랑을 줬지만 자신에게젠 한 번도 준 적이 없다며 기숙사의 여대생들을 모조리 죽이겠다고 말했다.
e 우리나라에서는 1999년 남녀고용평등법이 개정되면서 '성희롱'이 처음으로 법률로 명문화되었다.
f 독일어로 'da'(거기)와 'sein'(있음)의 합성어인 다자인(Dasein)을 번역한 단어.
g 이슬람교의 성지인 메카 순례를 마친 사람을 일컫는 말.
h 물론 밀이 자유의 한계로 해악의 원칙(The harm principle)을 제시한 목적은 자유가 제한될 수 있음을 강조하려는 게 아니라 개인의 자유에 대한 국가와 사회의 개입의 한계를 명확히 하려는 데 있었다.
i 칸트의 사상을 승계한 쇼펜하우어는 칸트가 현상계와 물자체를 구분한 것처럼 전자를 표상으로서의 세계, 후자를 의지로서의 세계로 표현했다.
j 폭력(violence)과 사회화(socialization)를 합성하여 만든 신조어다.
k 이탈리아어 프레카리오(precario, 불안정한)와 독일어 프롤레타리아(proletariat, 무산 노동계급)를 합성한 신조어
l 판넨베르크는 예수의 부활이 인류가 종말에 이를 때 일어날 죽은 자들의 부활을 앞당겨 보여준 것이며 이를 통해 인류는 미래를 미리 보게 된 것이고 이러한 경험이 현재의 삶에 영향을 미친다고 주장했다.
m 이러한 사실은 닉슨의 수석정책보좌관으로 일했던 존 에를리히만의 인터뷰 내용이 공개되면서 세상에 알려졌다. 그의 말에 의하면 반전히피들은 대마초로, 흑인들은 헤로인으로 엮어서 교도소에 보내 이들의 활동기반을 무너뜨리는 것이 마약과의 전쟁이 궁극적으로 목표한 것이었다.
n 범죄와의 전쟁이 선포된 당일 발행된 동아일보 기사에 의하면 경찰관계자들은 생방송 도중 대통령이 느닷없이 범죄와의 전쟁을 선포해서 어리둥절했다고 한다. 특히 경찰인력 대폭증원과 외근경찰 무기지급은 이미 내무부장관과 치안본부장이 여러 차례 강조한 내용이라서 새로울 게 없는 내용이라는 것이었다.(동아일보, 1990. 10. 13. 16면)

출처

1 1906년 이탈리아 토리노에서 열린 제6회 범죄인류학 학술대회에서 한 체사레 롬브로소의 기조연설 중(Marvin E. Wolfgang, 「Pioneers in Criminology: Cesare Lombroso(1835-1909)」, The Journal of Criminal Law, Criminology, and Police Science, Vol. 52, No.4, 1961, p369).
2 Henry H. Goddard, 《The Kallikak Family: A Study in the Heredity of Feeble-Mindedness》, Macmillan Co, 1912.
3 Sarnoff A. Mednick, William F. Gabrielli Jr., & Barry Hutchings, B., 「Genetic Influences in Criminal Convictions: Evidence from an Adoption Cohort」, Science, Vol. 224, Issue 4651, 1984, pp891-894.
4 Adrian Raine, 《The Anatomy of Violence: The Biological Roots of Crime》, Vintage, 2014, pp38-39.
5 르네 데카르트, 《성찰》, 이현복 옮김, 문예출판사, 1997.
6 베네딕투스 데 스피노자, 《에티카》, 황태연 옮김, 피앤비, 2011, 134-135쪽.
7 Sam Harris, 《Free Will》, Simon & Schuster, 2012.
8 존 스튜어트 밀, 《자유론》, 서병훈 옮김, 책세상, 2018.
9 존 스튜어트 밀, 《여성의 종속》, 서병훈 옮김, 책세상, 2018.
10 시몬 드 보부아르, 《제2의 성》, 이희영 옮김, 동서문화사, 2017, 14쪽.
11 미셸린 이샤이, 《세계인권사상사》, 조효제 옮김, 길, 2005, 203쪽.
12 조효제, 《인권의 문법》, 후마니타스, 2007, 179쪽.
13 정희진, 《페미니즘의 도전》, 교양인, 2013, 160쪽.
14 론 로크, 《통치론》, 문지영 옮김, 까치글방, 1996.
15 조효제, 《인권의 문법》, 후마니타스, 2007, 183쪽.
16 김상애 외 5인, 《페미니즘 고전을 찾아서》, 에디투스, 2019.
17 다이애나 E. H. 러셀·질 래드퍼드, 《페미사이드: 여성혐오 살해의 모든 것》, 전경훈 옮김, 책세상, 2018, 41쪽.
18 김영현 기자, "파키스탄서 전 주한대사 딸 참수 피살 참변...시위·추모 확산", 연합뉴스, 2021. 7. 30, https://www.yna.co.kr/view/AKR20210730160300077.
19 UN Woman, 「Facts and figures: Ending violence against women」, 2022, https://www.unwomen.org/en/what-we-do/ending-violence-against-women/facts-and-figures.
20 Edwin H. Sutherland, 《Principles of Criminology》, New York: Lippincott, 1947.
21 Talcott Parsons, 「Certain primary sources and patterns of aggression in the social structure of the western world」, Psychology 10(May), 1947, pp167-181.
22 Freda Adler & Herber M. Adler, 《Sisters in crime: The rise of the new female criminal》, New York: McGraw-Hill, 1975.
23 Rita J. Simon, 《Women and crime, Lexington》, MA: Lexington Books, 1975.
24 케이트 밀렛, 《성 정치학》, 김유경 옮김, 쌤앤파커스, 2020.
25 수잔 브라운밀러, 《우리의 의지에 반하여: 남성, 여성 그리고 강간의 역사》, 박소영 옮김, 오월의 봄, 2018.
26 한스 페터 뒤르, 《음란과 폭력: 성을 통해 본 인간 본능의 역사》, 최상안 옮김, 한길사, 2004, 557쪽.

27 Catherine MacKinnon, 《Toward a Feminist Theory of the State》, Cambridge, MA: Harvard University Press, 1989.
28 슐라미스 파이어스톤, 《성의 변증법: 페미니스트 혁명을 위하여》, 김민예숙·유숙열 옮김, 꾸리에, 2016.
29 안드레아 드워킨, 《포르노그래피: 여자를 소유하는 남자들》, 유혜련 옮김, 동문선, 1996.
30 American Psychological Association, 「APA guidelines for psychological practice with boys and men」, APA GUIDELINES, 2018.
31 Talcott Parsons, 「Age and Sex in the Social Structure of the United States」, American Sociological Review, 7(5): 604-16, 1942.
32 Albert Cohen, 《Delinquent Boys: The Culture of the Gang》, New York: Free Press, 1955.
33 Raewyn W. Connell, 「The State, Gender, and Sexual Politics: Theory and Appraisal」, Theory and Society, 19(4): 507-44, 1990.
34 James W. Messerschmidt, 《Masculinities and Crime, Lanhm》, MA: Rowman & Littlefield Publishers, Inc, 1993.
35 Candace West & Don H. Zimmerman, 「Doing gender」, Gender and Society, 1(2), 1987 pp125-151.
36 한스 페터 뒤르, 《음란과 폭력: 성을 통해 본 인간 본능의 역사》, 최상한 옮김, 한길사, 451쪽.
37 한스 페터 뒤르, 《음란과 폭력: 성을 통해 본 인간 본능의 역사》, 최상한 옮김, 한길사, 461-463쪽.
38 서울중앙지방법원 2016. 2. 4. 선고 2015고합927 판결.
39 서울서부지방법원 2018. 8. 14 선고 2018고합75 판결.
40 Catherine A. MacKinnon, 《Toward a Feminist Theory of the State》, Cambridge, MA: Harvard University Press, 1989.
41 Ann Jones, 《Women Who Kill》, Fawcett Books, 1981(조국, 《형사법의 性편향》, 박영사, 2020, 1쪽에서 재인용).
42 Robin West, 「The Difference in Women's Hedonic Lives: A Phenomenological Critique of Feminist Legal Theory」, Wisconsin Women's Law Journal 15, 149-215, 2000, p153.
43 대법원 2018. 4. 17. 선고 2017두74702 판결.
44 강은영·강민영·박지선, 「성폭력피해자 진술의 신빙성에 대한 형사사법기관 판단 및 개선방안: 성인지감수성을 중심으로」, 한국형사정책연구원, 2021, 280-281쪽.
45 Ellison V. Brady (1991) (양현아, 「실증주의 방법론과 여성주의 법학」, 서울대학교 법학 46권 2호, 2005, 198-235, 222쪽에서 재인용).
46 Donald G. Dutton & Susan K. Golant, 《The Batterer: A Psychological Profile》, BasicBooks, 1997.
47 롤로 메이, 《권력과 거짓순수》, 신상근 옮김, 문예출판사, 2013.
48 프리드리히 니체, 《아침놀》, 박찬국 옮김, 책세상, 2004, 356쪽.
49 롤로 메이, 《권력과 거짓순수》, 신장근 옮김, 문예출판사, 2013, 41쪽.
50 장재은 기자, "30대 男 고시원 방화…흉기난동…6명 `참변'(종합3보)", 연합뉴스, 2008. 10. 20, https://www.yna.co.kr/view/AKR20081020217000004
51 신정원 기자, "[종합]신정동 '묻지마 살인'..."행복해보여서 범행"", 뉴시스, 2010. 9. 12, https://newsis.com/view/?id=NISX20100912_0006156547
52 이웅혁, 「연쇄살인범에 대한 범죄심리학적 분석」, 경찰학연구, 8호, 2005, 141쪽.

53 장 폴 사르트르, 《존재와 무》, 손우성 옮김, 삼성출판사, 1993, 95쪽(변광배, 《장 폴 사르트르: 시선과 타자》, 살림, 2004에서 재인용).
54 프리드리히 니체, 《즐거운 학문 메시나에서의 전원시 유고(1881년 봄-1992년 여름)》, 안성찬·홍사현 옮김(책세상, 2005), 83쪽.
55 Stanton E. Samenow, 《Inside the Criminal Mind》, New York: Times Books, 1984(Wayne Morrison, 《Theoretical Criminology: from modernity to post-modernism》, Routledge-Cavendish, 1995, p349 에서 재인용)
56 Jack Katz, 《Seductions of Crime: Moral and sensual attractions in doing evil》, New York: Basic Books, 1988, p3.
57 Stephen Lyng, 《Edgework: the Sociology of Risk-Taking》, Routledge, 2004, pp17-49.
58 Wayne Morrison, 《Theoretical Criminology: From Modernity to Post-Modernism》, Routledge-Cavendish, 1995, pp360-361.
59 카츠는 사이코패스를 냉혈한 살인자(senseless murderers)라고 표현한다.
60 프리드리히 니체, 《선악의 저편·도덕의 계보》, 김정현 옮김, 책세상, 2002, 276쪽.
61 헤르만 헤세, 《데미안》, 이순학 옮김, 더클래식, 2016, 182쪽.
62 표도르 도스토예프스키, 《죄와 벌》, 홍대화 옮김, 열린책들, 2009, 712쪽.
63 개빈 에번스, 《컬러 인문학: 색깔에 숨겨진 인류 문화의 수수께끼》, 강미경 옮김, 김영사, 2018, 112쪽.
64 마르틴 하이데거, 《숲길》, 신상희 옮김, 나남출판, 2008, 454쪽.
65 슬라보예 지젝, 《폭력이란 무엇인가》, 정일권·김희진·이현우 옮김, 난장이, 2011, 100-101쪽.
66 슬라보예 지젝, 《폭력이란 무엇인가》, 108쪽.
67 에드워드 사이드, 《오리엔탈리즘》, 박홍규 옮김, 교보문고, 2015.
68 슬라보예 지젝, 《폭력이란 무엇인가》, 105쪽.
69 필립 짐바르도, 《루시퍼 이펙트》, 이충호·임지원 옮김, 웅진지식하우스, 2007, 467쪽.
70 노자, 《도덕경》, 오강남 평역, 현암사, 1995, 23쪽.
71 Henri Tajfel, 「Social Identity and Intergroup Behavior」, Social Science Information, Vol. 13, Issue 2, 1974.
72 Mark M. Lanier & Stuart Henry, 《Essential Criminology》, Westview Press, 1998, p283.
73 Jeremy Waldron, 《The Harm in Hate Speech》, Harvard University Press, 2012, p4.
74 임마누엘 칸트, 《순수이성비판》, 백종현 옮김, 아카넷, 2006.
75 슬라보예 지젝, 《폭력이란 무엇인가》, 이현우, 김희진, 정일권 옮김, 난장이, 2011년, 80쪽.
76 노자, 《도덕경》, 오강남 평역, 현암사, 1995, 19쪽.
77 존 로크, 《인간지성론》, 정병훈·이재영·양선숙 옮김, 한길사, 2014, 150쪽.
78 장 자크 루소, 《인간불평등 기원론》, 주경복·고봉만 옮김, 책세상, 2003, 104쪽.
79 로렌 슬레이터, 《스키너의 심리상자 열기(세상을 뒤바꾼 위대한 심리 실험 10장면)》, 에코의 서재, 2005.
80 John B. Watson, 《Behaviorism》, W.W. Norton & Company, 1970(스티븐 핑커, 《빈 서판》, 김한영 옮김, 사이언스북스, 2004, 51쪽에서 재인용).
81 Terrie E. Moffitt et al., 「A Gradient of Childhood Self-Control Predicts Health, Wealth, and Public Safety」, Proceedings of National Academy of Sciences of the United States of America, Vol.

108, No. 7, 2011, pp2693-2698.
82 Edwin H. Sutherland, Donald, R. Cressey & David F. Luckenbill, 《Principles of Criminology》, AltaMira Press, 1992.
83 Herbert Blumer, 《Symbolic interactionism: Perspective and Method》, Englewood Cliffs: Prentice Hall, 1969, pp73-74.
84 Lonnie H. Athens, 《The creation of dangerous violent criminals》, Champaign, IL: University of Illinois Press, 1992.
85 헤르만 헤세, 《데미안》, 안영희 옮김, 문학동네, 2013, 10쪽.
86 스티븐 J. 굴드, 《인간에 대한 오해》, 김동광 옮김, 사회평론, 2003, p292.
87 James R. Flynn, 《Are We Getting Smarter?: Rising IQ in the Twenty-First Century》, Cambridge, UK: Cambridge University Press, 2012.
88 K. S. Kendler, E. Turkheimer, H. Ohlsson, J. Sundquist, & K. Sundquist, 「Family environment and the malleability of cognitive ability: A Swedish national home-reared and adopted-away cosibling control study」, Proceedings of the National Academy of Sciences of the United States of America, 2015.
89 김승연·최광은·박민진, 「장벽사회, 청년 불평등의 특성과 과제」, 서울연구원, 2020.
90 센딜 멀레이너선·엘다 샤퍼, 《결핍의 경제학》, 이경식 옮김, 알에이치코리아, 2014.
91 에밀 뒤르켐, 《에밀 뒤르켐의 자살론》, 황보종우 옮김, 청아출판사, 2008.
92 Clifford R. Shaw & Henry D. McKay, 《Juvenile Delinquency and Urban Areas; A Study of Rates of Delinquents in Relation to Differential Characteristics of Local Communities in American Cities》, University of Chicago Press, 1942.
93 Robert K. Merton, 「Social Structure and Anomie」, American Sociological Review, Vol. 3, No. 5, 1938, pp672-682.
94 Ian Taylor, Paul Walton & Jock Young, 《The new criminology: For a social theory of deviance》, London: Routledge, 2003.
95 마이클 샌델, 《돈으로 살 수 없는 것들》, 안기순 옮김, 와이즈베리, 2012.
96 질 들뢰즈·펠릭스 가타리, 《앙띠 오이디푸스》, 최명관 옮김, 민음사, 2000.
97 칼 마르크스, 《자본》, 강신준 옮김, 길, 2008, 207쪽.
98 Steven F. Messner & Richard Rosenfeld, 《Crime and the American Dream》, Wadsworth, 2013.
99 존 스타인벡, 《분노의 포도》 2권, 김승욱 옮김, 민음사, 2008, 255쪽.
100 Karl Marx, 《Early writings [of] Karl Marx》, Harmondsworth: Penguin, 1975, p326(주디 콕스, 「마르크스의 소외론」, 김인식 옮김, 마르크스 21, 3호, 2009에서 재인용)
101 Richard Quinney, 《Class, State and Crime》, David McKay Company, Inc, 1977.
102 Stephen, James Fitzjames, Liberty, Equality, Fraternity and Three Brief Essays, The University of Chicago Press, 1991, p.162.
103 Harry V. Jaffa, 《Homosexuality and the Natural Law》, Clamont Institute of the Study of Statesmanship and Political Philosophy, 1990, pp3-4.(루이스 포이만, 제임스 피저, 《윤리학: 옳고 그름의 발견》, 울력, 2009, 48-49쪽에서 재인용)
104 Martin v. Ziherl, 607 S.E.2d 367 (Va. 2005)
105 아담 스미스, 《도덕감정론》, 박세일·민경국 옮김, 비봉출판사, 2009, 253쪽.

106 조지 허버트 미드, 《정신·자아·사회: 사회적 행동주의자가 분석하는 개인과 사회》, 나은영 옮김, 한길사, 219쪽.
107 Gresham M. Sykes & David Matza, 「Techniques of Neutralization: A Theory of Delinquency」, American Sociological Review, Vol. 22, No. 6(1957), pp664-670.
108 한나 아렌트, 《예루살렘의 아이히만: 악의 평범성에 대한 보고서》, 김선욱 옮김, 한길사, 2006, 379쪽.
109 필립 짐바르도, 《루시퍼 이펙트: 무엇이 선량한 사람을 악하게 만드는가》, 임지원·이충호 옮김, 웅진지식하우스, 2007, 43쪽.
110 Lon L. Fuller, 《Morality of law》, New Haven: Yale University Press, 1969.
111 김수영, 《멈추지마, 다시 꿈부터 써봐》, 위즈덤하우스, 2016, 99쪽.
112 알프레드 노스 화이트헤드, 《과정과 실재: 유기체적 세계관의 구상》, 오영환 옮김, 민음사, 2003.
113 Terrie E. Moffitt, 「Adolescent-Limited and Life-Course-Persistent Antisocial Behavior: A Developmental Taxonomy」, Psychological Review, Vol. 100, No. 4, 1993, pp674-701.
114 Robert J. Sampson & John H. Laub, 《Crime in the Making: Pathways and Turning Points through Life》, Harvard University Press, 1995.
115 정혜원, 「성매매 탈출의 전환점 연구」, 한국범죄학, 제11권, 제1호, 2017, 141-168쪽.
116 Shadd Maruna, Louise Wilson & Kathryn Curran, 「Why God is Often Found Behind Bars: Prison Conversions and the Crisis of Self-Narrative」, Research in Human Development, Vol. 3, No. 2&3, 2006, pp177-178.
117 Baumeister, R. F, 《Meaning of Life》, The Guilford Press, 1991, pp325-326.
118 Shadd Maruna, 《Making Good: How Ex-Convicts Reform and Rebuild Their Lives》, American Psychological Association Books, 2001.
119 요한복음 5장 1절~9절.
120 John H. Laub & Robert J. Sampson, 《Shared Beginnings, Divergent Lives: Delinquent Boys to Age 70》, Cambridge, MA: Harvard University Press, 2006.
121 빅터 프랭클, 《죽음의 수용소에서》, 이시형 옮김, 청아출판사, 2005.
122 판넨베르크는 예수의 부활이 인류가 종말에 이를 때 일어날 죽은 자들의 부활을 앞당겨 보여준 것이며 이를 통해 인류는 미래를 미리 보게 된 것이고 이러한 경험이 현재의 삶에 영향을 미친다고 주장했다.
123 볼프하르트 판넨베르크, 《신학과 하나님 나라》, 이병석 옮김, 대한기독서회, 2014, 73쪽.
124 제임스 길리건, 《왜 어떤 정치인은 다른 정치인보다 해로운가》, 이희재 옮김, 교양인, 2011, 114쪽.
125 천종호, 《내가 만난 소년에 대하여》, 우리학교, 2021, 22-23쪽.
126 HHS Press Office, "National survey reveals the scope of behavioral health across the nation, Vera Institute of Justice", HHS, 2017. 9. 7, https://www.hhs.gov/about/news/2017/09/07/national-survey-reveals-scope-behavioral-health-across-nation.html
127 이기라·양창렬 외, 《공존의 기술》, 그린비, 2007.
128 레프 니콜라예비치 톨스토이, 《국가는 폭력이다: 평화와 비폭력에 대한 성찰》, 조윤정 옮김, 달팽이, 2008, 160쪽.

129 Donald Black, 《The Behavior of Law》, Emerald Publishing, 2010.
130 황준범 기자, "노회찬 의원 판결 461건 분석 '횡령도 유전무죄'", 한겨레신문, 2006. 8. 16, https://www.hani.co.kr/arti/society/society_general/149631.html
131 최한수, 「법원은 여전히 재벌(범죄)에 관대한가?」, 법경제학연구, 16(1), 2019.
132 미셸 푸코, 《감시와 처벌》, 오생근 옮김, 나남, 2016, 279-280쪽.
133 피에르 부르디외, 《구별짓기》, 최종철 옮김, 새물결, 2005.
134 미셸 푸코, 《감시와 처벌》, 59쪽.
135 Steven Box, 《Power, Crime and Mystification》, Routledge, 1984.
136 Stanley Cohen, 《Folk Devils and Moral Panics》, Routledge, 2011.
137 Stuart Hall, Chas Critcher, Tony Jefferson, John Clarke, & Brian Roberts, 《Policing the Crisis: Mugging, the State and Law and Order》, Macmillan Press, 1978.
138 이러한 사실은 닉슨의 수석정책보좌관으로 일했던 존 에를리히만의 인터뷰 내용이 공개되면서 세상에 알려졌다. 그의 말에 의하면 반전히피들은 대마초로, 흑인들은 헤로인으로 엮어서 교도소에 보내 이들의 활동기반을 무너뜨리는 것이 마약과의 전쟁이 궁극적으로 목표한 것이었다. Tom LoBianco, "Report: Aide says Nixon's war on drugs targeted blacks, hippies", CNN, 2016. 3. 24, https://edition.cnn.com/2016/03/23/politics/john-ehrlichman-richard-nixon-drug-war-blacks-hippie/
139 Georg Rusche & Otto Kirchheimer, 《Punishment and Social Structure》, Transaction Publishers, 2009.
140 Jeffrey Reiman & Paul Leighton, 《The Rich Get Richer and the Poor Get Prison: Ideology, Class, and Criminal Justice》(Routledge, 2016).
141 로익 바캉, 《가난을 엄벌하다》, 시사IN북, 2010, 126쪽.
142 추지현, 「엄벌주의 보편성에 대한 비판적 검토: 연구의 동향과 쟁점, 형사정책연구」, 제28권 제2호, 2017.
143 Senay Boztas, "Why are there so few prisoners in the Netherlands?", The Guardian, 2019. 12. 12, https://www.theguardian.com/world/2019/dec/12/why-are-there-so-few-prisoners-in-the-netherlands